# 경기지역의
# 역사와 지역문화

# 경기지역의 역사와 지역문화

강진갑 지음

북코리아

이 책은 필자가 여러 계제에 경기지역사, 지역문화, 그리고 지역문화 정책을 주제로 발표한 글 14편을 모은 것이다. 지역사와 지역문화, 문화 정책을 한 권의 책으로 묶은 것은 지역사연구가 지역문화 연구의 출발점이고, 지역의 역사문화 콘텐츠가 지역문화 진흥의 기반이 된다고 보기 때문이다.

필자는 그동안 여러 대학에서 한국사와 지역문화에 대해 강의를 해왔다. 그 기간에 경기도와 여러 시·군에서 지역사 편찬 업무를 담당하였고, 경기문화재단에서 문예진흥실장을 맡아 전통문화연구 개발 및 지역문화를 진흥하는 일에 매진하였다. 이 때 많은 글을 발표했고, 이 책에 담은 글들이 그 일부이다.

이 책은 크게 세 부분으로 구성되어 있다.

1부에서는 경기지역 문화의 역사적 성격을 밝히고자 하였다. 경기도는 하나의 지방이지만, 그 문화적 성격은 다른 지방과의 관련성보다는 수도 서울과 밀접한 관련을 갖고 상호 보완하면서 발전해 왔음을 밝혔다. 그리고 20세기 후반 분단의 시대에 경기도는 분단으로 많은 피해를 입었지만 남북관계가 대립에서 화해 국면으로 나아가면서 경기도가 남북교류의 현장이자, 통일의 길목이 되고 있음을 서술하였다.

2부 「경기지역의 역사」는 일제의 한국침략과 이에 대한 저항이 지역사회에서 어떻게 나타났는가와 해방 후 한국전쟁과 남북 분단이 경기 지역사회에 미친 영향을 살펴보았다. 한말 일제강점기 관련 세 편의 글은 전자(前者)에 대한, 연천과 파주, 대성동에 대한 글은 후자(後者)에 대한 관심의 결과물이다. '남한산성과 산성리 마을의 역사'는 1998년 경기문화재단에서 남한산성을 역사주제공원으로 복원하는 사업을 기획하면서 집필한 글인데, 지역의 역사와 문화유산이 지역문화 진흥의 훌륭한 자원임을 다시 한 번 확인 할 수 있었다.

3부 「경기지역문화와 문화정책」은 지역의 역사 자원을 콘텐츠화하는 사업에 참여하면서 집필한 글이다. '정조시대 전통무예전 평가'는 24기무예를 지역축제로 발전시키는 일을 맡으면서, 축제의 방향에 대해 학술심포지엄에서 발표한 글이다. '경기지역 향토자원 활용실태와 발전방향'은 농촌진흥청 농촌자원연구소의 향토산업 자원화 사업에 참여하면서 쓴 글이다. '21세기 지식기반사회 문화정책의 방향'은 경기도 문화정책 방향을 제언하기 위해 기고한 글이고, '경기도를 새로운 문화환경으로 디자인하자'는 한국문화정책개발원의 문화환경가꾸기사업 진단위원으로 활동하면서 경기도 문화환경 가꾸기 방향을 고민하면서 집필한 글이다. '수원지역 문화콘텐츠 제작 현황과 활성화를 위한 제언'은 필자가 디지털콘텐

츠에 큰 관심을 가지면서 수원문화사연구 창립기념세미나에서 발표한
글이다.

이 글들은 필자가 지역사 편찬과 문화 현장에서 여러 가지 일을 하는
동안 집필한 글이다. 하나의 체계를 가지고 같은 시기에 쓴 것은 아니지
만, 필자의 학문적 관심사인 지역사 연구, 그리고 역사와 문화유산을 콘
텐츠로 개발하는 두 가지는 이 책에서 일관되게 나타나고 있다.

그러나 이를 하나의 꼴을 갖춘 책으로 묶는 일은 쉬운 일이 아니었다.
자료를 정리하는데 경기대학교 대학원 김경표 씨와 딸 혜원이가 많은 도
움을 주었다. 또 편집과정에서 광주시사편찬위원회 주혁 상임위원과 이
성복 연구원의 도움이 없었다면 이 책은 나오기 힘들었을 것이다. 그리
고 어려움 속에서도 책을 출판해 준 북 코리아 이찬규 사장에게도 감사
드린다.

2007년 8월
강진갑

# [ 차 례 ]

제 **1** 부

경기문화의 역사적 성격

# 조선시대 경기문화의 역사적 성격

## 1. 머리말

경기도는 한반도의 중심부에 위치하고 있다. 삼국시대에는 백제가 한강유역에 도읍을 정하였고, 고려·조선왕조 이후 지금까지 경기도는 서울을 에워싸고 있다. 경기도는 한국사회 전체적인 관점에서 보면 하나의 지방사회에 불과하지만, 이 같은 지정학적 위치로 인하여 다른 지방과는 달리 한국사 전개과정에서 중심부적 역할을 수행하여 왔다.

경기도에 사람이 살기 시작한 것은 구석기시대부터이며, 연천 전곡리 구석기유적이 대표적 유적이다. 경기도가 한국사에서 처음 중요한 무대로 등장한 것은 기원전 1세기 무렵 백제가 위례성에 도읍 하면서부터였다. 삼국시대에는 한강유역을 차지하는 세력이 주도권을 차지할 수 있었으므로, 이 지역을 둘러싼 치열한 쟁탈전이 펼쳐졌다. 구리 아차산 고구려유적[1]·연천의 호로고루[2]를 비롯하여 임진강에서 한강에 이르는 여

---

1) 아차산 고구려 유적에 대해서는 강진갑 외, 1994, 『아차산의 역사와 문화유산』, 구리시·구리문화원; 임효재 외, 『아차산 제4보루』, 서울대학교박물관·구리시·구리문화원(2002); 최종택, 「고구려 성곽」, 『경기도의 성곽』(2003) 참조.

러 산성들이 그 격전의 현장이었다. 한강유역을 최종적으로 차지한 것은 신라이다. 신라는 이를 바탕으로 삼국을 통일하였다.

신라는 삼국을 통일한 후 삼국융합책을 실시하였다. 그러나 이는 각기 분립되어 발전한 삼국을 하나의 국가로 통합하기에는 미흡한 것이었다. 통일신라의 수도를 국가의 중앙이 되는 위치로 천도하지 않고, 동쪽 변두리인 경주를 고수한 것이 그 한 예이다. 이처럼 통일신라가 경주를 중심으로 한 지역적 한계를 벗어나지 못하였기에, 삼국의 화학적 통합은 이루어질 수가 없었다. 신라 하대에 들어 반 신라세력이 과거 백제와 고구려 지역에서 일어난 것은, 여기에 그 연유가 있는 것이다.

분열된 후삼국의 통일은 경기도를 근거지로 한 세력에 의해 이루어졌다. 송악 지역 출신인 왕건이 고려를 건국하고 919년에 수도를 송악으로 정하고 한반도를 재통일하였다. 이로써 경기도 지역은 골품제의 폐쇄성을 바탕으로 하는 고대 신라체제를 극복하고, 보다 개방적이고 통합성을 갖춘 중세적 성격의 고대국가 중심지가 되었다

고려시대에 우리 역사상 처음으로 '경기(京畿)'라는 행정구역이 설정되었고, 그 위치는 개경 주변 지역이었다. 조선왕조가 개창되고 한양으로 천도하면서, 경기도의 지리적 위치는 크게 변하였다. 개경 주변 지역에서 한양 주변 지역으로 변한 것이다. 이때 오늘날의 경기도 경계가 대체로 형성되었다.

'경기'라는 말 자체가 왕경(王京) 주변 지역을 지칭하는데서 알 수 있듯이, 경기도의 역사는 수도인 도성(都城)과 분리시켜 생각할 수 없다. 그래

---

2) 호로고루에 대해서는 심광주 외, 1999, 『연천 호로고루-정밀지표보사보고서』, 토지박
   물관 학술조사총서 2집 참조.

서 경기도는 개성과 한양으로 이어지는 수도와 하나의 정치·경제권을 이루고, 한국 정치경제사에서 중심적 역할을 수행하여 왔다. 그러나 경기도의 학문은 다른 모습을 보여준다. 서울과는 다른 내용으로 다양하게 발전한 것이다.

경기도의 이 같은 양면성에 주목하여 조선시대 경기도의 역사적 성격을 살펴보고자 한다.

## 2. 정치적 성격

### 1) '경기'의 성립과 변천

'경기'라는 용어는 중국에서 유래된 것으로, '경(京)'은 중국 천자가 도읍한 곳을 가리키며, '기(畿)'는 천자가 도읍한 왕성 주변의 땅을 지칭하는 것이었다. 그러던 중 '경기'의 뜻은 점차 왕도(王都) 주변 지역을 지칭하는 뜻으로 변하였다.

우리나라 역사에서 '경기'란 용어가 처음 등장하는 것은 고려 현종 9년(1018)의 일이다. 앞서 성종 14년(995)에 설치된 개경 일대의 적현(赤縣) 여섯과 기현(畿縣) 일곱 중 왕경지역을 제외한 나머지 12현을 하나의 행정단위로 묶고, 이를 '경기'라 하였다. 이후 경기는 점차 확장되었다. 문종 23년(1069)에는 13개 주현에서 52개 주현으로 일시 확장되었다가 곧 본래대로 환원되기도 하였다. 경기는 왕실과 도성을 보위하는 울타리이기에 중앙정부에서 직접 예속시켜 특별히 관리하였다.

경기가 크게 확장된 것은 고려 말 공양왕 2년(1390)의 일이다. 이때 경기는 좌·우도로 나누어졌으며, 장단·임강·토산·임진·송림·마전·적성·파평현은 좌도에, 개성·강음·해풍·덕수·우봉은 우도에 귀속되었다. 아울러 양광도·교주도·황해도(서해도)에 속한 31개 현이 좌·우도에 나누어 편입된 것이다. 이는 과전법을 시행하기 위한 준비의 일환이었다.[3]

경기도의 지리적 위치가 크게 변한 것은 조선왕조가 건국되고 태조 3년(1394)에 개성에서 한양으로 천도하면서부터이다. 경기도가 수도를 에워싼 행정구역이므로, 천도로 인하여 서울의 위치가 달라짐에 따라 경기도의 관할구역에 변화가 일어난 것이다. 경기좌우도(京畿左右道) 관할군현 중 한양과 멀리 떨어져 있는 평산·배천·곡산·수안과 재령·서흥·신은·협계는 경기좌우도에서 분리되어 황해도에 이속되었다. 대신 한양과 가까운 양광도의 광주·수원·양근·용구·처인·이천·천령·지평은 경기도에 귀속되었다. 그리고 태조 7년(1398)에는 충청도의 진위현을 경기좌도에 붙였다.

태종 2년(1402)에 경기좌도와 경기우도를 합쳐 '경기좌우도성'이라 하였다. 태종 13년(1413)에 다시 경기도의 행정구역 조정이 있었다. 한양과의 거리를 참작하여 연안·배천·우봉·강음·토산을 황해도에 이속시키고, 이천을 강원도에 귀속시킨 대신, 충청도의 여흥·안성·양지·음죽과 강원도의 가평현을 경기도에 예속시켰고, 동시에 '경기좌우도'를 '경기도'라 하였다. 오늘날 경기도의 경계는 대체로 이 시기에 이루어진 것이다.[4]

---

3) 안병우, 1997, 「京畿制度의 성립과 경기의 위상」, 『경기도 역사와 문화』, 경기도, 98~101쪽.
4) 이존희, 1997, 「8도체제와 경기관찰사」, 『경기도 역사와 문화』, 경기도, 156쪽.

이상에서 살펴본 바처럼 경기는 왕실과 도성을 보위하기 위해 설치한 것이다. 그리고 여말선초에 경기는 크게 확장되었는데, 이는 과전법의 실시와 깊은 관련을 가지고 있다. 과전법에는 "중앙관청에 근무하는 관료들에게 지급하는 과전은 경기도에 있는 토지만 지급한다"는 원칙이 있었고, 지급해야 할 과전의 증대가 경기의 확장을 가져온 것이다. 아울러 위치도 크게 변했는데, 이는 서울의 위치가 변했기 때문이다.

## 2) 도성을 지키는 최후보루로서의 경기도[5]

경기도는 한양을 지키는 최후보루였다. 그래서 외적의 침입에 대비한 많은 성곽이 소재해 있다. 임진왜란 당시 경기도에서 우리 군사와 왜군 사이에 격전이 전개되었는데, 오산의 독산성과 고양의 행주산성도 그 중 하나이다. 독산성은 권율 장군이 근왕병 2만 명을 이끌고 왜병을 물리친 곳이다. 행주산성도 권율 장군이 지휘하는 2,000여 명의 군관민이 왜군 3만 명을 물리쳐 큰 승리를 거둔 곳이다.

한편 임진왜란 당시 임금과 신료들이 북으로 피난을 한 쓰라린 경험을 한 조정은 임진왜란 이후 한양 주변의 성을 대대적으로 수축(修築)하였다. 이는 유사시 그 곳에 들어가 항전하기 위해서이다.

통일신라시대 때 초축(初築)된 이후 오랫동안 방치된 남한산성의 수성(修城)이 시작된 것은 광해군 13년(1621)이며, 본격적인 축성 작업은 1626년 인조 때이다. 인조는 남한산성을 개축하고 성안에 수어청(守禦廳)을 설치

---

5) 조선시대 경기도 성곽에 대해서는 유재춘, 2003, 「조선 성곽」, 『경기도의 성곽』, 경기 문화재단 참조.

하여 요새로 만들었다. 이후 남한산성은 17세기부터 19세기 초까지 대대적인 시설 보완 작업이 이루어졌으며, 특히 숙종 37년(1711) 종묘를 모신 좌전과 사직을 모신 우전이 건립되는 등 유사시 왕이 피난하여 임시수도로서의 역할을 수행할 수 있도록 시설이 갖추어졌다.

한편 1636년 병자호란이 발발하자, 인조는 백관을 거느리고 남한산성에 들어가 후금과 맞서 싸웠다. 각 도에서 출병한 원군들이 남한산성에 도달하기도 전에 무너지고, 강화도가 함락되어 그 곳에 피신해 있던 왕자 봉림대군 등이 후금의 군대에 포로로 잡혔다. 그리고 산성 내 식량마저 떨어졌기에, 인조는 삼전도로 나가 굴욕적인 항복을 하고 말았다. 그러나 병자호란 당시 남한산성은 끝내 함락당하지 않았으며, 남한산성이 있었기에 인조는 50여 일간 항전할 수 있었다. 따라서 남한산성은 우리 역사의 치욕의 장소가 아니라 민족자존을 지켜준 성지이다.[6]

호란을 겪은 후 광주와 수원에 유수부가 설치되었다. 숙종 9년(1683)에 광주부가 유수부로 승격되었으며, 광주유수는 수어사를 겸하였고, 휘하에 6,439명의 병력을 두었다. 정조 17년(1793)에는 수원이 유수부로 승격되었다. 정조는 화성을 축성하였고, 수원유수부에는 국왕호위부대인 장용영(壯勇營)의 외영(外營)을 주둔시켰다.[7] 이처럼 유수부는 군사적 성격이 매우 강한 행정기구였으며, 이곳은 한양을 지키는 군사방어도시였다.

그리고 북한산성의 수축도 시작하였다. 숙종 37년(1711)에 시작하여 이듬해 완성하였다. 북한산성의 수축은 유사시 도성을 외적에게 내주지 않

---

6) 강진갑 외, 1999, 『남한산성 품에 안긴 산성마을』(한국향토사연구전국협의회); 강진갑, 2000, 「역사적 배경」, 『남한산성 문화유적』(한국토지공사 토지박물관·광주시).
7) 이존희, 1990, 『조선시대 지방행정제도연구』, 일지사, 286쪽.

고 이곳으로 옮겨와 외적과 싸우겠다는 국방상의 전략 변화이고, 의지의
표현이었다.

한양 주변의 관방기지 중 빼놓을 수 없는 곳이 강화도이다. 강화도는
서해에서 한강을 통해 한양으로 들어가는 입구에 위치하고 있어, 한양
방어의 요충지이다. 뿐만 아니라 서울 근거리에 위치하고 있어, 유사시
왕실과 조정이 신속히 피난할 수 있으며, 바다로 둘러싸인 섬이어서 육
로로 침입한 적으로부터 방어하기가 쉽다는 천연의 조건을 갖추고 있다.
그래서 고려시대에 몽고가 침입하였을 때 고려는 이곳으로 천도하여 대
몽항쟁을 펼쳤다. 인조 5년(1627)에는 후금의 홍타이지가 조선을 침공하였
을 때 인조와 중신들이 일시 여기에 피난하였다. 그리고 1636년 병자호
란 때에도 왕자 일행이 강화도로 피난하였으며, 인조 역시 뒤따르다가
청군이 길을 차단해서 할 수 없이 남한산성에 들어갔던 것이다.

강화도가 이와 같이 지정학적으로 중요하였기에 인조 5년에 유수부
를 설치하였으며, 그 휘하에 1만 8,352명의 군졸을 두었다. 그리고 강화
도의 방비시설을 강화하기 위해 숙종 17년(1691) 외성을 축조하였고, 영조
18년(1742)에는 파괴된 외성을 벽돌로 다시 개축하여 1744년 완공하였다.
내성은 고려 고종 때 축조된 것이나 그 후 파괴된 것을 효종 3년(1652)에
일부 수리하고, 숙종 3년(1677)에 넓혀서 새로 쌓았으며, 숙종 37년에 수축
을 완료하였다.[8]

강화도가 외적의 침입으로부터 한양을 방어하는 관방시설로서의 역
할을 훌륭히 수행한 것은 고종 3년(1866) 프랑스군이 침입한 병인양요와
고종 8년 미국이 침공해 온 신미양요 때의 일이다. 두 양요 때 관군은 비

8) 이형구, 1994, 『강화도』(대원사), 83~84쪽.

록 많은 피해를 입었지만 결국 침략군을 물리쳤다.

이처럼 경기도는 도성을 지키는 최후보루였으며, 그 소임을 다하기 위해 거대한 성곽이 축조되거나, 수축되었던 것이다.

## 3. 경제적 성격

### 1) '경기과전(京畿科田)' 원칙과 경기 농민의 부담 증가

고려말인 우왕 14년(1388)에 위화도회군으로 권력을 장악한 이성계와 신진사대부 세력들은 공양왕 3년(1391)에 토지개혁인 과전법을 실시하였다. 그리고 이를 기반으로 다음해인 1392년 조선왕조를 건국하였다.

과전법은 양반관인층(兩班官人層)을 비롯하여 왕실과 국가기구 등 지배층 및 국가기구에 수조지를 지급하는 제도이다. 그런데 여기서 과전을 지급한다는 것은 토지의 소유권을 지급하는 것이 아니라, 토지로부터 조(租)를 거두어들이는 권리를 해당 개인 및 기관에 지급하는 것을 의미한다. 이 제도의 시행으로 조선왕조 관료들은 탄탄한 경제기반을 확보할 수 있었다.

관료들에게 지급하는 과전은 앞에서 살펴본 바처럼 경기도의 토지만 지급되었다. 이는 관료들의 경제기반에 대한 국가의 통제권을 강화하기 위해서였다. 한편 공신에게 지급되는 공신전도 대부분 경기도의 토지가 지급되었다. 그 결과 태종 2년(1402) 경기도 내의 간전(墾田) 14만 9,000여 결 가운데 과전·공신전(功臣田)·사사전(寺社田) 등이 11만 9,000여 결이나 되었고, 이 밖의 여러 명목의 과전을 합하면, 경기도 토지의 대부분은

과전법에 의해 개인 및 특정기관에게 지급되었다.9)

이는 경기도 농민의 토지 대부분이 국가가 아닌 개인에게 조를 납부하게 되었다는 것을 의미하며, 경기도 농민에게 여러 가지 불리한 결과를 초래하였다. 과전법은 한 해 수확량의 많고 적음에 따라 차등 있게 조를 거두어들이도록 하였는데, 이 수확량의 조사를, 과전을 지급 받은 전주(田主)가 실시토록 하였다. 이 과정에서 전주의 자의적 수확량 책정이 이루어졌다. 뿐만 아니라 과전으로 지급된 토지는 전주의 수조권 보호를 위하여, 농민이 소경전(所耕田 : 농민이 소유하면서 경작하는 토지)을 함부로 매매 내지 증여하지 못하도록 하였다.

이 같은 조치로 불이익을 당한 농민의 반발이 심해지자, 조정은 세종 원년(1419)에 수확량에 대한 조사를 지방 관아에서 직접 실시토록 하여 전주의 수탈을 막는 조치를 취하였다. 그리고 세종 6년(1424)에는 경기관찰사의 요청에 의해 과전으로 지급된 토지라 할지라도 매매를 허용하였다.10)

나아가 성종 대에는 관수관급제(官收官給制)를 실시하였다. 이는 관아가 직접 과전으로부터 조를 거두어들이고 이를 다시 해당 전주에게 지급하는 제도이다. 이 역시 국가가 경기도 농민들의 요구를 수용하여 취한 조치이다.

그러나 부세(賦稅) 부분에서 경기도 농민의 불이익은 여전하였다. 당시 전세(田稅)와 요역, 그리고 공물과 같은 국가의 주요 부세항목이 모두 소경전의 넓고 좁은 것을 기준으로 부과되었다. 그럼에도 불구하고 경기도

---

9) 이상백, 1962, 『韓國史 近世前期篇』, 을유문화사, 361쪽.
10) 김태영, 1997, 「과전법체제와 경기지역의 사회경제적 형편」, 『경기도 역사와 문화』, 경기도, 167쪽.

에 농장을 소유하고 있는 고위 관인층들은 그들이 납부해야 할 몫을 제대로 납부하지 않았고, 그 부담은 고스란히 농민들에게 전가되었다.

그리고 왕실 및 고관들의 능과 묘가 경기도에 모여 있어, 이들의 장례를 위한 노동력 징발이 경기 농민에게 집중되었다. 뿐만 아니라 임금님의 진상(進上)이 경기지역에 과다하게 부과된다든지, 중국 사신 대접을 위해 경기 농민이 동원되는 등, 경기지역은 다른 도에 비하여 요역이 갑절이나 되었다.

이러한 여러 요인들이 경기도 농민을 피폐하게 만들어 몰락을 재촉하였다. 그래서 16세기경 경기도에는 일반 농민이 토지를 소유하는 경우는 거의 없고, 사족층만이 토지를 소유하는 현상이 나타났다.[11]

## 2) 거대도시 한양을 배경으로 한 경기도 상업과 수공업의 발달

17세기 이후 농업생산력의 발전에 따라, 경기도는 도시근교의 상업적 농업이 활성화되었다. 왕십리의 무, 살곶이다리의 순무, 석교의 가지·오이·수박, 청파의 미나리, 이태원의 토란 등이 한양을 소비시장으로 하여 생산되었다. 이는 쌀이나 보리 등 주곡을 생산하여 판매하는 것보다 이익이 5배가량 높았다.[12] 아울러 쌀의 상품화도 이루어졌는데, 쌀의 품질이 좋기로 이름난 이천의 자채쌀은 한양 대갓집 사람들로부터 크게 인기를 끌었다.[13] 이와 같은 상업적 농업의 발달은 한양과 같은 대도시를 끼고 있었기에 가능한 일이었다.

---

11) 김태영, 위의 글, 174~176쪽.
12) 고동환, 1997, 「상공업 발달과 장시의 확대」, 『경기도 역사와 문화』, 경기도, 240쪽.
13) 김현선, 1997, 「경기도의 특산물, 서민생활사」, 『경기도 역사와 문화』, 경기도, 453쪽.

18세기에 들어, 경기도에서는 자급자족적이거나 부업 수준이던 수공
업도 점차 전업화하고 상품화를 목적으로 물품을 생산하기 시작하였다.
강화의 화문석과 안성유기가 그 한 예이다. 특히 안성유기는 전국적인
상품으로 등장하였고, '안성맞춤'이라는 유명한 이름까지 얻게 되었다.
이처럼 조선시대 경기도에서 수공업생산이 활발하게 전개된 것도 전국
적 시장권의 중심도시인 한양을 끼고 있었기 때문이었다.

조선후기 농업과 수공업에서의 상품생산의 발전은 결국 경기지역 내
의 상품유통시장, 즉 농촌장시와 포구시장을 확대·발전시키는 중요한
토대가 되었다. 16세기 중엽을 전후하여 삼남지역 농촌에서 일반화된 장
시가, 경기지역에까지 확대된 것은 임진왜란 이후였다. 그 전에는 소비도
시인 한양으로 외방의 물자를 쉽게 반입하기 위해서 경기지역의 장시를
금지시키고 있던 터였다. 그러나 임진왜란 과정에서 경기도 농민들은 정
부의 금압정책을 극복하고 장시를 보편화시켜 나갔다. 그리고 18세기 중
엽에 이르면 경기도에는 사평·광진·누원·검암(黔巖)·송파장 등 모두
101개 5일장이 개설되었다.

18세기 후반에 이르면 상품유통의 거점인 대장(大場)이 형성되기 시작
하였다. 『만기요람(萬機要覽)』에 전국에서 손꼽히는 대장 15개가 소개되어
있는데, 그 중에는 광주의 사평장·송파장, 안성의 읍내장, 교하의 공릉
장 등 4개의 장시가 경기도에 포함되어 있었다. 전체 대장의 4분의 1이
넘는 숫자가 경기도에 몰려있는 것은 그만큼 이 지역의 상품유통이 발달
했음을 보여주는 사례라고 할 수 있다.[14]

18세기 이후 해상교통의 발달은 포구시장의 발달을 가져왔다. 이러한

---

14) 고동환, 앞의 글, 242~243쪽.

포구시장권의 중심은 경강(京江)이었다. 경강은 광나루에서 양화진까지 서울을 끼고 흐르는 한강을 지칭하는 용어였다. 경강의 발달은 한양이라는 거대한 소비시장이 있었기에 가능하였다. 경강상인은 한양 도성 주민을 상대로 미곡·목재·어물·소금·젓갈·주류 등을 도매 또는 소매로 판매하였다.

한양을 중심으로 춘천·가평·충주·여주·지평·양근·이천·용인·양천·김포·통진·교하·영평·마전·장단·풍덕 등의 지역이 한강수로를 매개로 하나의 시장권으로 통합되었다. 여기서 남한강 상류의 여주 백애촌, 임진강 연안의 연천 징파도와 장단의 고랑포가 경기도의 중심포구로 성장하였다. 19세기 초에 이르면 경강은 전국 모든 물화의 집산지일 뿐만 아니라 전국의 상품가격을 조절하는 중심시장의 기능을 수행하였다.

경기도에서 상업이 발달함에 따라 한양의 배후도시인 수원, 상품유통 거점인 송파장과 누원점(樓院店) 등지가 상업도시로 성장하였다. 개성 역시 지리적으로 한양과 가까우면서도 서쪽으로 평양—의주—중국을 잇는 대청무역의 중간경로에 위치하였기 때문에 일찍부터 상업도시로 성장하였다. 특히 개성상인이 남긴 『송도사개문서(松都四介文書)』는 세계 최초의 복식부기방식의 문서로서 개성상인의 업무처리가 얼마나 체계적이고 합리적이었나를 보여주는 사례이다.[15]

정조대에 계획도시로 건설된 수원도 18세기말 이후 상업유통의 중심지로 성장하였다. 정조 연간 노량진과 수원 사이에 신작로가 개설됨으로써 수원의 상업도시화는 더욱 촉진되었다. 한양이 18세기 이후 전국적

---

15) 고동환, 위의 글, 244~249쪽.

시장권의 중심도시로서 성장하면서 한양 외곽의 광주 송파장과 양주의 누원점이 동북지역과 삼남지역과 연결되는 유통거점도시로 성장하였다.

요컨대 조선후기 들어 경기도에서 상업과 수공업이 크게 발달한 것은 한양이라는 거대 소비도시를 끼고 있었기에 가능한 일이기도 하였다.

## 4. 문화적 성격

이중환은 조선시대 대표적 지리서인 『택리지』에서 경기도를 "300년 동안이나 명성과 문화의 중심지역이 되어 유풍(儒風)이 크게 떨치고, 학자가 무리 지어 나왔으니 엄연한 하나의 작은 중화(中華)였다"라며, 우리나라 학문의 중심지였다고 평가하였다.16) 당대에 이 같은 평가가 나온 것은 경기도에서 다양한 유파의 학문이 성립 발전되었기 때문이다.

16세기 이후 조선 사상계는 이황의 영남학파와 율곡의 기호학파 두 학파가 이끌어갔다. 이 중 기호학파는 파주를 중심으로 하는 율곡 이이의 문하에서 학문을 수업하거나 교유를 나눈 문인들로 주로 경기지방을 중심으로 충청·전라도 사람들로 형성된 학파이다.17)파주에는 율곡 이이를 봉사(奉祀)한 자운서원이 있다. 자운서원은 율곡 사후 광해군 7년(1615) 지방 유림들이 뜻을 모아 창건한 서원이다. 서원 뒤에는 율곡과 그의 어머니인 신사임당의 묘가 있다.18)

---

16) 李重煥著, 李翼成 譯, 1994, 『擇里志』, 을유문화사, 110쪽.
17) 최홍규, 1997, 「학문과 사상-기호학파, 근기학파, 강화학파」, 『경기도 역사와 문화』, 경기도, 196쪽.
18) 강진갑 외, 1995, 『파주의 역사와 문화』, 파주군·파주문화원, 194~196쪽.

18세기에는 주자학의 극복을 주장하는 양명학이 경기도에서 성립 발전하였다. 양명학의 본격적인 연구는 숙종 35년(1709) 양명학자 정제두가 당화(黨禍)를 피해 안산에서 강화 하곡으로 옮겨 살면서부터이다. 양명학은 정제두의 손서(孫壻) 이광명(李匡明)과 신대우(申大羽)로 이어졌고, 이들 가문을 중심으로 200여 년간에 걸쳐 강화학파란 독특한 학맥을 형성하였다.[19]

조선후기 실학은 서울과 남한강을 따라 경기지방을 중심으로 형성된 개혁적인 학자들에 의하여 주도되었다. 이들 실학의 유파는 흔히 근기학파라는 지방적 특성이 담긴 이름으로 불릴 만큼 경기지방은 조선후기 실학의 발생·전개에 온상이 되어 왔다. 안산 첨성촌(瞻星村)에 거주하며 연구에 매진한 성호 이익과 광주 출신의 다산 정약용이 그 대표적 인물이다. 이밖에 많은 실학자들이 근기지방에 살면서 각기 혈연·지연·교우 관계를 통해서 학문 경향을 같이하는 유파를 형성하였다.[20]

그리고 경기도는 한국 천주교의 발상지이다. 이벽, 이승훈, 권철신, 정약용 형제 등이 중국에서 유입된 서학, 즉 천주교를 학문으로 연구하다가 신앙으로 받아들인 것이다. 그리고 한국 천주교회사 최초의 사제인 김대건 신부가 용인 골배마실을 본거지로 하여 안성 미리내와 광주, 이천 일대에서 활발하게 전교활동을 펼쳤다. 현재 광주시 퇴촌면 천진암 옛 터에 정약종, 이승훈, 이벽, 권일신, 권철신의 묘가 있으며, 용인 골매마실에는 김대건 신부 동상이, 안성 미리내에는 김대건 신부 묘가 있다.

이상에서 살펴본 바처럼 조선후기 경기도에서는 다양한 학문이 성립,

---

19) 최홍규, 앞의 글, 207~209쪽.
20) 경기실학에 대해서는 박석무 외, 2002, 『한국실학의 원류 경기실학』, 경기문화재단, 참조.

상호 비판하며 발전하였다. 성리학이 중심이 된 조선의 사상계를 주도한 율곡학파가 성립되었으며, 보수적 지배이념으로 경직화된 성리학을 비판한 강화학파와 실학의 근기학파가 경기도에서 형성되어 주도되었고, 서학을 받아들이기도 했던 것이다. 이처럼 경기도는 조선후기 사상계를 주도하는 위치에서 우리나라 문화사의 발전을 주도하였다.

## 5. 맺음말

첫째, 경기도는 조선왕조의 도성인 한양과 왕실을 지키는 울타리였으며, 한양과 분리될 수 없는 하나의 정치권을 이루었다.

이는 경기도의 성립과 변화가 도성과의 관련 속에서 이루어진데서 확인할 수 있다. 우리 역사에서 '경기'라는 명칭을 지닌 행정구역이 처음 나타난 것은 고려시대인데, 고려왕실과 도성을 지키기 위해 개경 주변지역을 '경기'라고 설정하였던 것이다.

조선시대에는 경기도의 지리적 위치가 크게 변하였다. 이는 한양으로 천도하면서 도성의 위치가 변한데 따른 당연한 결과이다. 아울러 경기도는 크게 확장되는데, 과전을 경기도의 토지만 지급한다는 원칙이 있었고, 지급해야할 과전의 증대가 가져온 결과였다.

둘째, 경기도는 국방상 한양을 지키는 최후의 보루였으며, 유사시 왕실과 신료들이 피난하는 임시수도로서의 기능을 지녔다. 조선시대에 남한산성, 강화성, 북한산성 등이 대대적으로 수축되고, 경기지역 내에 군사적인 기능을 지닌 4개의 유수부가 설치된 것도 외침에 대비한 것이었다. 병자호란 당시 남한산성이 있었기에 외적의 침입 속에서 왕실이 피난하여 50여 일간 항전할 수 있었으며, 한말 병인양요와 신미양요 때에는 강화성에서 프랑스와 미국의 침입을 막을 수 있었다.

셋째, 경기지역은 조선시대 경제의 중심지인 한양을 둘러싸고 있었기에 상업과 수공업이 발달하였으며, 상업적 농업이 번창하였다. 한양과 지방간에 물산이 오고가는 길목에 자리 잡은 경강은 전국 물화의 집산지였고, 전국 상품가격을 조절할 정도의 중심시장으로 발전하였다. 강화의 화문석과 안성유기가 전국적인 상품으로 등장한 것은 최대 소비도시인 한양과 가까운 거리에 있었기에 가능한 일이었다.

한편 '과전경기'의 원칙에 따라 경기지역 토지 대부분이 과전으로 지급되어, 경기지역은 한양에 거주하는 관료들의 경제적 기반이 되었고, 그 결과 경기지역 농민은 불이익을 당하였다. 과전주(科田主)로부터 수탈을 당하였고, 소경전의 매매도 제한되었으며, 부세상의 불이익도 있었다. 그리고 한양에 이웃한다는 이유만으로 노동력도 집중적으로 징발되었다.

이처럼 조선시대 경기지역의 경제는 한양을 끼고 있었기에 상업과 수공업이 크게 발전할 수 있음과 동시에, 농민의 생활은 크게 제약을 받았다

넷째, 조선시대 경기문화는 개방적이고 개혁적이었다. 조선후기에 들어 성리학이 한계를 드러내자, 이를 비판적으로 극복하고자 한 실학이 발생·발전한 곳이 경기지역이었으며, 양명학이 학문적으로 체계를 이룬 곳도 경기지역이었다. 그리고 새로운 근대사회를 준비한 서학이 발생하고 전파된 곳도 경기지역이다

이상에서 살펴본 바처럼 조선시대의 경기와 한양은 분리될 수 없는 하나의 정치·경제권을 이루었으며, 그 역할이 분담된 상호보완적 관계

였다.[21]

그리고 문화는 실학이 발생하고 발전하는 등 개혁적이고 실질적인 문화풍토를 지니고 있었는데, 한양과는 달리 매우 개방적이며, 다양성을 지니고 있었다. 양명학이 꽃피우고, 서학이 발생하고 발전한 곳이 경기지역이기 때문이다. 경기문화의 다양성과 포용성은 이미 고려시대에도 나타난 바 있다. 경기지역 출신인 왕건 세력이 중심이 되어 후삼국을 통일하였으며, 고려사회를 이끌어 갔다. 이는 경기지역의 문화가 후삼국을 포용할만한 수준이 되었기에 가능한 것으로 보인다. 이 같은 면은 통일을 앞둔 한국 사회에서 또 다시 경기도의 포용성이 크게 기대되는 이유이기도 하다.

(『경기향토사연구』 4, 2003.12)

---

21) 강진갑, 2000, 「경기도 문화의 위상과 21세기 발전전략」, 『연천문화』 9, 연천문화원, 62쪽.

# 분단시대 경기문화의 성격,
# 분단의 현장에서 통일의 길목으로

## 1. 머리말

경기도는 분단의 현장 북쪽으로 군사분계선이 그어져 있고, 그 양쪽에는 남북의 군사력이 집중 배치되어 있다. 이로 인해 경기도는 행정적으로, 경제적으로 주민생활면에서 많은 제약과 피해를 입었다. 경기도는 분단의 현장 한가운데서, 분단으로 인한 피해를 한 몸에 안고 분단의 역사를 헤쳐 왔다고 볼 수 있다. 그러나 1970년대 들어 남북관계가 대립에서 대화 국면으로 전환되면서부터 경기도는 남북교류의 통로가 되었고, 통일의 길목 역할을 하고 있다

본고는 경기도가 분단의 현장에서 통일의 길목으로 변화한 역사를 살펴본 글이다.

## 2. 분단의 현장

### 1) 군사분계선과 비무장지대 설정

1953년 7월 27일 휴전협정이 체결되면서, 남북 교전병력 쌍방이 대치한 접촉선이 군사분계선이 되었다. 쌍방의 병력은 군사분계선에서 남북으로 각각 2km씩 철수하여 비무장지대라는 완충지대, DMZ를 설정하였다. 비무장지대는 남북간의 충돌을 방지하기 위해 설정한 구역이다.

그래서 이곳에는 군대의 주둔이나 무기의 배치, 군사시설의 설치가 금지되었으며, 휴전과 더불어 이미 설치된 시설을 철거하였다. 군사분계선과 비무장지대는 6개의 강, 1개의 평야, 2개의 산맥이 지나고 있다. 그 안에 70개의 마을이 있었으나, 주민들의 거주가 금지되고 판문점 인근의 대성동에만 거주가 허용되었다. 그리고 군사분계선 상에는 모두 1,292개의 표식판이 세워졌다. 서쪽 임진강 하구에 표식판 제0001호가, 동쪽 강원도 고성 동해안 동호리에 마지막 표식판 제1,292호가 세워져, 155마일의 군사분계선을 표시하고 있다.[1]

남북 간 충돌을 방지하기위해 설정된 비무장지대 양쪽에는 세계에 유례를 찾아보기 힘들 정도로 남북 쌍방의 군사력이 집중되어 배치되어 있었다. 비무장지대와 그 주변지역은 1960년대 말까지 숨막힐듯한 긴장감이 감돌았고 군사적 충돌도 그치지 않았다.

---

1) 경기도, dmz 비무장지대(http://www.dmz.ne.kr).

## 2) 민간인 통제구역과 통일촌

비무장지대 남방한계선으로부터 5~20km 남쪽에 민간인 출입을 통제하는 민간인통제선이 설정되어 있는데, 민간인출입통제선과 남방한계선 사이의 지역이 민간인통제구역이다.2) 민간인 통제구역은 군사분계선 일대의 군 작전 및 군사시설보호와 보안 유지를 목적으로 설정된 것으로, 북위 37도 38~40분 사이의 한반도 중심을 가로지르고 있다. 행정구역상으로는 경기도 파주·연천·김포, 인천광역시 강화, 강원도 고성·인제·화천·양구·철원군 북부지역이 포함되어 있다3)

민통선의 전신은 민간인의 귀농을 규제하는 귀농선이다. 이는 1954년 2월 미 8군 사령관 직권으로 설정된 것으로, 이 선 북방으로 민간인의 출입을 금지하였다. 그 후 휴전선 방어임무를 국군이 담당하면서 1958년 6월 군 작전 및 보안상 지장이 없는 범위 내에서 출입영농과 입주영농이 허가되었고 귀농선은 민간인 통제선으로 명칭이 바뀌었다.

1959년부터 민간인통제구역에 99개의 자립안정촌이 건설되었으며, 1968~1973년 사이에 재건촌이, 1973년에는 2개의 통일촌이 건설되었다. 그러나 1972년 제정된 「군사시설보호법」으로 인해 이 지역 주민들은 기본권을 제한받게 되었다. 즉, 지역의 특수한 환경 때문에 거주 및 이전의 자유, 직업선택의 자유, 주거의 자유, 사유재산권의 보장 등 헌법에 보장된 국민의 기본권이 제한되고 있는 것이다.

뿐만 아니라 민간인 통제구역은 경제성장 과정에서 개발의 사각지대

---

2) 함광복, 1991, 「민간인 통제구역」, 『한국민족문화대백과사전』 8, 한국정신문화연구원, 694~695쪽.
3) 내무부, 1992, 『민통선 북방지역 실태조사표』, 5쪽.

로 방치되어 왔다. 지역의 개발은 군의 통제 및 승인 아래 이루어졌다. 따라서 이 지역은 지역경제의 생산력이나 토지의 이용에 한계가 있을 수밖에 없고, 또한 투자우선순위가 낮아 매우 낙후된 모습을 보이고 있다. 이러한 지역적 고립성으로 인해 생활 및 생산활동의 제약, 저조한 생산성 및 이용도, 낮은 인구밀도, 기반시설의 한계, 시장체제의 비연계성 등의 특징을 보이고 있다.4) 이처럼 민간인 통제구역 및 그 인근지역 주민들은 경제 및 생활에서 많은 제한을 받고 있다. 그러나 그 제약으로 인해 자연환경 및 생태자원이 잘 보존되어 생태계의 보고가 되었다.

민간인 통제구역 내에 여러 형태의 마을이 있으나, 대표적인 마을이 통일촌이다. 통일촌은 1972년 5월 대통령이 적십자사 전방사무소를 순찰 시 "재건촌의 미비점을 보완한 전략적 시범농촌을 건설하라"는 지시에 따라 1973년 조성된 마을이다

이전에 조성된 재건촌은 종합개발계획 없이 영세민을 입주시킴으로써 많은 문제를 야기 시켰다. 외래인과 지역 연고인들의 혼합 입주로 주민들은 서로 화합하지 못하였으며, 향토애는 결핍되어 있었다. 그리고 토지 및 주택 사유를 인정받지 못하였기에 거주민들은 재건촌을 임시거주지 정도로만 생각하였고, 심지어 자신이 사는 주택마저 제대로 관리하지 않았다. 이 같은 문제점을 보완하면서 건설한 민통선 내 마을이 통일촌이다. 통일촌은 경기도의 경우 파주시 군내면 백연리와 강원도 철원군 김화읍 유곡리 두 곳에 건설되었다.

통일촌 입주대상자는 군복무를 필한 사람, 5인 가족 이내로 노동력 2인 이상인 기혼남자, 새마을 정신이 투철하고 국가관이 확실한 사람, 신

---

4) 함광복, 앞의 글, 694~700쪽.

체건강하고 영농능력이 있는 사람, 사상이 건전하고 전과가 없는 사람, 주벽·도벽 및 채무가 없는 사람 중에서 선정하였다. 그 결과 백연리 통일촌에는 제대를 앞둔 하사관 40세대와 예비군 자격을 가진 지역 원주민 40세대 등 총 80세대가 입주하였다.[5]

백연리 입주자에게는 많은 논과 밭이 제공되어, 1호당 평균 경지면적은 2.7ha에 이르렀으며, 경지면적에 비해 노동력이 부족한 까닭에 농기계를 이용한 효율적인 영농을 하고 있어, 타 지역 농촌 가구보다 높은 소득을 올릴 수 있었다. 통일촌은 매년 장단콩축제를 열어 지역의 이미지를 제고시킴과 동시에 소득증대도 꾀하고 있다.[6]

## 3. 분단으로 인한 경기도의 피해

한국전쟁 이후 남북 간의 긴장은 경기도 북부지역 주민에게 많은 피해를 주었다. 우선 민간인통제구역이 설정되고, 군사시설보호법[7]이 시행됨에 따라 경제활동과 생활에 많은 제약을 받았다. 긴장된 남북관계와 간간이 이어지는 경기 북부지방에서의 군사적 충돌은 이 지역에 대한 투자심리를 위축시켰고, 1960~1970년대 경제성장 과정에서 개발의 사각지대로 소외되었다. 그래서 기반시설은 부족하였으며, 생산성은 저조하

---

5) 한국지방행정사편찬위원회, 1988, 『한국지방행정사(1948~1986)』 상권, 내무부 지방행정연구원, 1,320쪽.
6) 한상복·정종호, 1987, 「경기도 민통선 북방지역의 사회·문화적 특징」, 『민통선 북방지역 자원조사보고서』, 경기도, 192~213쪽.
7) 연천군의 99.8%, 포천시의 36.8%가 군사시설보호구역이다(『중부일보』, 2005년 5월 11일).

였고, 인구밀도는 낮았다.

그리고 임진강과 한강 하류에서의 어로활동도 제한을 받았다. 일부 지역은 통금 해제조치가 전국 어느 지역보다 늦게 이루어졌을 뿐만 아니라 북쪽에서의 총격사건으로 인해 주민이 부상당하기도 하였다. 또한 휴전선과 가까운 지형조건으로 군부대가 밀집되어 있어 다른 지역보다 군 훈련으로 인한 피해를 많이 입었는데, 포 사격 오발과 헬기 추락으로 인한 피해가 그 대표적 예이다.

한편 이곳은 군사적 요충지이기에 많은 미군이 주둔하고 있다. 미군의 주둔은 고용증대, 지역개발 기여 등 긍정적인 면도 있으나, 매춘, 범죄문제, 훈련 중 사고로 인한 피해 등 부정적인 요소도 적잖이 지니고 있다.

## 1) 군사충돌과 '무장간첩' 사건

한반도에 정전협정이 조인된 이후 군사분계선과 비무장지대에서 많은 군사적 충돌이 있었다. 충돌은 무력시위 자체가 목적인 경우도 있었으나, 남북 쌍방이 상대편 진영에 간첩을 침투시키고 귀환시키는 과정에서 일어나기도 하였다.

경기도 파주를 지나는 군사분계선이 군사분계선 중 서울과 가장 가까운 거리에 있고, 파주 서북으로 임진강이 흐르고 있어, 임진강과 파주를 낀 군사분계선은 북한의 가장 주요한 대남침투로가 되었다.[8] 북한의 간첩침투가 활발하였던 1970년대 이전 시기 이 지역 일대에서 군사적 충돌

---

8) 중앙정보부, 1973, 『북한대남공작사』 2권 참조.

은 끊이지 않았다.

1968년 1월 발생한 김신조가 포함된 북한 124부대의 청와대 공격조도 경기도 파주를 거쳐 서울로 들어왔다. 그들은 서부전선 미군경계지역을 통과한 후 결빙된 임진강을 건너 미타산을 경유, 법원읍 동북방을 지나 서울로 들어왔다.9) 앞서 1961년 국가재건최고회의 의장 박정희와 접촉하기 위해 북한에서 특파된 황태성도 임진강을 건너 문산을 경유 서울로 들어왔었다.10)

1967년 9월 5일부터 15일까지 열흘 사이, 3명 1개조로 구성된 7개조의 북한 공작팀이 남한에 침투하였는데 이들은 철로에 시한폭탄을 매설해 기차를 전복시켰다. 파괴 대상은 서울에서 문산 방향의 경의선과 춘천 방향의 경춘선 구간이었다. 9월 5일에는 경의선 초정역 구내에 설치된 폭탄이 터져 철로가 파괴되어 열차가 탈선하였고, 이로 인해 차량이 전복되어 승객이 부상을 입었다. 9월 7일에는 문산 남쪽 500m지점 철로가 파괴되었고, 9월 13일에는 운정 간이역 남방 50㎞지점에서 열차가 통과할 무렵 폭탄이 터져 열차가 탈선하는 사건이 발생하였다.11)

이외에도 북한 간첩이 침투하여 국군과 미군을 습격하기도 하였고, 간첩이 침투 또는 북으로 돌아가는 과정에 국군과 경찰에 발견되어 총격전이 벌어지기도 하였다. 이 같은 간첩에 의한 군사적 충돌은 1980년대 중반 이후 현저히 줄어들었다.

한편 군사적 충돌과 무장간첩사건 못지않게 남한사람에게 위협적으

---

9) 중앙정보부, 위의 책, 617쪽.

10) 위의 책, 484쪽.

11) 『동아일보』 1967년 9월 13일; 중앙정보부, 위의 책, 401~403쪽; 황일호, 1993, 「울진 삼척 공비침투사건의 진상」, 『월간 중앙』 7월호.

로 느껴진 것은 군사분계선 지하에 뚫린 땅굴이다. 그 중 대표적인 것이 1978년 10월 17일 발견된 3땅굴이다. 판문점에서 4㎞, 군사분계선 남방 435m 지점인 경기도 파주시 군내면 원당리에서 발견된 것으로, 아치형의 대규모 땅굴로 남쪽 출구는 세 갈래로 나누어져 있었다. 당시 시간당 무장병력 3만 명이 통과할 수 있다고 발표되어 많은 사람에게 큰 충격을 주었다.[12]

## 2) 총격으로 인한 피해

한국전쟁이 끝난 후 남북은 때로는 화해 국면이 전개되기도 하였으나, 기본적으로 긴장관계가 지속되어 왔다고 할 수 있다. 그 팽팽한 긴장은 휴전선에서 폭발되기도 하였으며, 그 결과 휴전선을 끼고 있는 파주 군민들이 많은 피해를 입었다. 북한의 예상치 못한 총격으로 주민이 부상을 당하는 사례가 그 하나이다.

유엔군 사령부는 1970년 6월 3일 밤 11시 50분경 서부전선 임진강 남쪽으로 북한군 4명이 침투해 오는 것을 발견, 교전 끝에 격퇴했다고 발표했다. 그런데 이날 밤 북한군 4명이 임진강 남쪽으로 도강하는 것을 발견하고 사격을 하자 임진강 북쪽 초소에서도 121.5mm기관포로 응사하여 약 30분간 총격전이 벌어졌는데, 이때 탄현면 금산리에 사는 이인승과 부인 김지숙이 북한군 포격에 부상을 입었다.[13]

또한 1970년 9월 7일 새벽에는 임진강 하류 북안에 위치한 북한군이

---

12) 한국반공교육원, 1984, 『북한만행 40년사』, 473~477쪽; 파주군, 1989, 『내고장 파주』, 96쪽; 백봉종, 1991, 「땅굴」, 『한국민족문화대백과사전』, 471~472쪽.
13) 『동아일보』, 1970년 6월 5일.

간첩의 북상을 엄호하기 위해 강 남쪽 국군초소에 기관포 사격을 가하였다. 이로 인하여 초소 가까이 거주하는 박규석의 여섯 살짜리 딸이 집 벽을 뚫고 들어온 총탄에 왼팔 관통상을 입었다.[14]

이러한 북한의 공격은 휴전협정을 위반한 것으로서, 군사정전위원회 제305차 본회의가 북한 측 요청으로 8일 판문점에서 열렸을 때 유엔군 측 수석대표 캐믹스. M. 토저스 미 공군소장은 북한이 7일 상오 임진강 하류에 300여 발의 기관포를 쏘아 주민 1명에게 부상을 입힌 것을 비롯하여, 6월 이래로 네 차례나 휴전협정을 위반한 사실을 따졌다. 그러나 이날 본회의가 열리고 있는 동안에도 북한은 임진강 북방으로부터 유엔군진지를 향해 7일에 이어 또다시 기관포 사격을 하였다. 이날 북한은 오후 2시 20분께 기관포 약 55발을 유엔군진지에 퍼부었으나 피해는 없었다고 한다.[15]

## 3) 군 훈련 사고로 인한 피해

경기도 북부지역은 군사적 요충지이기에 많은 미군이 주둔하고 있고, 훈련과정에서 주민들이 많은 피해를 입고 있다. 2002년 6월 13일 경기도 양주군 광적면 효촌리 56번 지방도로에서 신효순, 심미선 두 여중생이 훈련중이던 미2사단 공병대 소속 장갑차에 의해 깔려죽은 사건이 발생하였다. 이 사건으로 인해 한국민들은 크게 분노하였고, 가해 미군을 한국 법정에 세워 재판할 수 있기를 희망하였다. 그러나 한미행정협정에 따라

---

14) 『한국일보』, 1970년 9월 8일.
15) 『한국일보』, 1970년 9월 9일.

이 사건 재판 관할권은 미군에게 있었다. 한국정부 법무부는 7월 10일 들끓는 여론을 이기지 못해 가해 미군을 한국법정에 세우기 위해, 역사상 처음으로 미군에 재판관할권 포기를 요청하였다. 그러나 미군은 이를 거절하였고, 분노한 한국국민들은 촛불 시위로 상징되는 반미시위를 연일 계속하였다. 이 사건은 한미행정협정의 불평등성을 다시 한 번 크게 부각시키는 계기가 되었다.16)

미군 군사훈련으로 인한 주민 피해의 또 한 가지 유형은 헬기 추락으로 인한 피해이다. 1992년 3월 16일 미2사단 2항공대 소속 14인승 헬기가 문산 칠정말 민가에 추락하였고, 이로 인해 화재가 발생하여 마을은 큰 피해를 입었다. 그런데 미군측에서 전혀 보상을 해주지 않아 주민들이 크게 반발하였다.

한국군 훈련 중 일어난 사고로 인한 주민피해도 심각하였다. 군부대의 포격 연습 중 발생하는 오발사격도 그 한 예이다. 1993년 11월 22일 오후 2시경 적성면 구읍리 민가 앞 깨밭에 105㎜ 전차 포탄이 날아와 터지는 사고가 발생하였다. 경기 북부지역, 특히 파주군에서 포사고가 사회문제화된 것은, 앞서의 사고 보름 후인 1993년 12월 9일 김씨 집에서 걸어서 10분 정도 거리인 적성면 마지리 적성종합고등학교에 90㎜ 전차 포탄이 떨어지면서부터였다.17) 포탄이 떨어질 당시 학생들이 기말고사를 마치고 대부분 집으로 돌아간 뒤여서 인명피해는 없었다.18) 그러나 운동장에는 지름 150㎝, 깊이 70㎝의 웅덩이가 파였고, 웅덩이에서 30m 떨어

---

16) 미군장갑차 여중생 고 신효순·심미선 살인사건 범국민대책위원회, 2002, 「1차 형사 재판권 포기를 강력히 촉구합니다」.
17) 『한겨레신문』, 1993년 12월 24일.
18) 『경기일보』, 1993년 12월 9일.

진 주차장까지 흙이 날아가 차량 위로 쏟아졌으며, 운동장 사열대 지붕 천막이 완전히 찢어졌다.[19] 사고는 여기서 끝나지 않고 1주일 후인 12월 16일 월롱면 능산1리 조석래 집 축사에서도 발생하였다. 105㎜ 포 유탄 두 발이 축사에 떨어져 축사가 불타고, 돼지 35마리가 불에 타 죽거나 그을렸다. 모두 1,700여만 원의 재산 피해가 발생하였다.[20]

그런데 파주군의 사고는 다른 지역의 사고와는 달리 군부대 사격장에서 직접 민가로 포탄이 날아들었다는 데에 문제가 있었다. 월롱면 사고는 이웃 부대가 M16 소총사격장에서 105㎜ 박격포탄 대신 검지손가락 크기의 1/10 축사탄으로 연습하다가 거리조정을 잘못해 100m 미만 거리의 표적을 훨씬 넘어 872m 지점의 축사로 떨어진 것으로, 군 자체 조사 결과 잠정결론이 나왔다. 여기서 근본적인 문제는 M16 소총사격장에서 축사탄 사격연습을 했다는 것이다. 사고 직후 부대장은 사격장의 폐쇄를 약속했다.

적성면에서 발생한 두 번의 사고는 오발의 가능성이 매우 희박한 전차포 직사탄에 의한 것이었다. 곡사포는 포신의 높이, 장약의 장전량에 따라 탄착지점이 크게 달라짐으로 오발이 날 가능성이 높다. 그러나 직사포 특히 전차포의 경우 포신의 각도를 5도 이하로, 표적을 2㎞ 이내로 잡고 쏘기 때문에 오발이 나도 표적을 크게 벗어나지는 않는다. 사격장은 사고지점인 구읍리와 마지리의 남쪽에 붙은 무건리 야산지역으로, 경기 북부지역의 상당수 부대가 이곳에서 사격연습을 한다고 한다. 이곳은 면적이 10㎢가량이며, 해발 200~400m의 산으로 첩첩이 둘러싸인 산악

---

19) 『한겨레신문』, 1993년 12월 24일.
20) 『한겨레신문』, 1993년 12월 17일.

지대이다. 즉 포탄이 민가로 떨어지려면 겹겹의 산을 넘어야 하기 때문에 직사탄에 의해 사고가 날 확률이 거의 없는 곳이었다.

그런데 두 번이나 사고가 발생한 것은 문제의 포탄이 도비탄이었기 때문이다. 도비탄이란 포탄이 땅에 떨어질 때 뇌관부위가 먼저 땅에 닿지 않고 포탄의 옆 부위가 바위 같은 단단한 물체에 부딪히면서 포탄이 튀어올라, 다시 엉뚱한 곳에 떨어지는 것을 말한다. 도비탄의 경우 17~18㎞까지 날아가기 때문에 이런 사고가 가능하며 예전에도 도비탄이 목표지점을 크게 벗어나 논이나 밭에 떨어지는 사고가 가끔씩 있었다고 한다. 도비탄은 사수가 정확히 조준한다 해도 언제나 발생할 수 있는 것이기에, 포사격장 인근 주민들은 언제나 위험에 노출되어 있다고 하겠다.[21]

## 4. 남북교류 현장으로의 변화

### 1) 판문점

판문점은 남북분단의 아픔을 가장 극명하게 드러내주는 대립의 현장인 동시에 통일로 향해가는 화해의 창구이다. 판문점은 경의선과 동해선 남북연결도로가 개통되기 전, 육로로 남북을 연결해주는 유일한 통로였다.

---

21) 『한겨레신문』, 위의 기사.

## (1) 남북대립 현장으로서의 판문점

판문점은 1951년 10월 25일 개성에서 열리던 휴전회담이 옮겨오면서 부터 세계의 이목이 집중되었고, 한국 분단 역사를 상징하는 장소이다.

1953년 7월 27일 긴 휴전회담 끝에 판문점에서 휴전협정이 조인되었고, 그해 1953년 8월 5일부터 9월 6일까지 판문점에서 포로교환이 이루어졌다. 남측은 북한포로 7만 183명, 중국인민지원군 포로 5,604명 등 모두 7만 5,823명을, 북측은 국군 7,862명, 유엔군 4,911명 등 모두 1만 2,773명을 각각 송환하였다.[22]

정전협정과 동시에 판문점은 군사정전위원회 회담장으로 다시 태어나게 되었다. 군사정전위원회는 정전협정의 이행을 감시하고 위반사건을 협의 처리하기 위하여 설치된 공동기구이다.

판문점은 남북공동경비구역이다. 1954년 11월 8일자 협약에 따라 판문점 내 군사정전위원회 본부지역을 중심으로 지름 800m의 공동경비구역이 설정되었다. 이에 따라 판문점은 적대하는 쌍방군대가 공동으로 경비하는 지구상 그 유례를 찾아보기 힘든 지역이 되었다.

적대하는 쌍방이 공동으로 경비하는 구역이기에 군사적 충돌이 일어나지 않을 수 없었다. 1967년 9월 12일 미군과 북한경비병 간의 집단난투극이 발생하였다.[23] 1984년 11월 23일에는 북한측 지역을 관광하던 마실리 아코블레비치 마투조크가 군사분계선을 넘어와 남쪽으로 망명하자 북측 경비병이 발포하였고, 유엔군이 응사하면서 벌어진 교전에서 국군 1명이 사망하고 미군 1명이 부상을 입었으며, 북한경비병도 3명이 사망

---

22) 정토웅, 1990, 「전선교착과 휴전」, 『한국전쟁사』 1, 477쪽.
23) 『동아일보』, 1967년 9월 12일.

하고 2명이 부상을 입는 사건이 발생하였다.

판문점에서의 가장 큰 군사적 충돌은 1976년 8월 18일 발생한 '도끼사건'이다. 판문점 공동경비구역 내 미루나무 가지치기를 하는 미군을 북한 경비병이 공격하여 유엔군 2명이 사망하고 9명이 부상을 입은 사건이다.[24] 미국은 북한에 해명과 보상을 요구하고 보복도 불사하겠다는 뜻을 시사하였다. 사건 3일 뒤인 8월 21일 유엔군사령부는 전투기 엄호 하에 110명의 한미양국 기동타격대를 출동시켜 문제의 미루나무를 제거하였다. 그리고 같은 날 열린 군사정전위원회에서 북한측이 앞으로 그 같은 사건을 재발하지 않겠다는 성명을 낭독하면서 사건은 수습 국면으로 접어들었다. 휴전협정의 산실이었던 판문점이 거꾸로 전쟁발단의 장소가 될 뻔했던 사건이었다.

이 사건 이후 판문점에도 높이 5㎝의 콘크리트 군사분계선이 그어졌다. 남북 공동경비구역이었던 판문점도 군사분계선을 경계로 남북이 분할 경비하는 구역이 되었다.

### (2) 남북대화 현장으로서의 판문점

남북관계는 1960년대 말까지 긴장과 상호 불신으로 일관되었다. 특히 1960년대 후반에 들어 베트남전쟁이 미군의 북폭으로 확전되고, 국내적으로는 1·21사태, 푸에블로호사건, 울진·삼척 간첩사건, 북한군의 판문점 주변지역 공격 등으로 한반도 주변 정세는 일촉즉발의 위기상황으로 치달았다. 따라서 판문점에서 열리는 군사정전회담은 유엔군측과 북한측의 말씨름하는 장소, 상호 체제를 선전하는 장소에 불과했다.

---

24) 『동아일보』, 1976년 8월 18일.

그러다가 1970년대에 접어들면서 판문점에는 커다란 변화의 물결이 밀려왔다. 1971년 8월 12일 남한이 제안한 남북적십자회담 개최를 북한이 받아들였고, 8월20일 한국전쟁 후 처음으로 남북의 역사적인 첫 만남이 판문점 중립국감독위원회 회의실에서 이루어졌다. 이후 1970년대 중반까지 중립국감독위원회 회의실은 적십자회담 실무접촉과 예비회담 장소로 활용되었고, 북측지역의 판문각과 남측 지역의 자유의집이 본회담 장소로 이용되었다.

이외에도 판문점은 남북조절위원회, 남북체육회담, 남북경제회담, 남북국회회담 등 남북한간 직접적인 접촉과 회담을 위한 장소로 활용되기 시작하였다. 이제 판문점은 대립의 장소에서 대화의 장소로 바뀌어 갔다.[25]

### (3) 남북 통로로서의 판문점

판문점은 8 · 15 광복 이후 숱한 사람이 오고간 남북의 통로이다. 휴전협정 조인 후 전쟁포로가 판문점에서 교환되었고, 1959년에는 소련 『프라우다』지 평양주재 기자 이동준이, 1968년에는 이수근이 판문점을 넘어 남쪽으로 넘어왔다. 그 후 1972년 이후락 중앙정보부장과 박성철 북한 부수상이 극비리에 판문점을 통해 서울과 평양을 오가며 7 · 4남북공동성명의 전초작업을 벌였다.

그 후에도 이산가족 고향방문단 및 예술공연단, 남북체육인과 음악인, 1989년에는 외국어대 임수경과 문규현 신부, 남북의 총리와 국회의원, 1993년 미전향장기수 이인모의 송환에 이르기까지 실로 많은 사람들이

---

25) 강진갑, 1995, 「통일의 길목, 파주」, 『파주군지』 하권, 42~52쪽.

저마다 깊은 뜻과 사연을 안고 판문점을 거쳐 남북을 오갔다. 경의선, 동
해선 임시남북연결도로가 개통되기 전까지, 남북을 육로로 이어주는 유
일한 통로였기에 많은 사람들이 오고 갔던 것이다.[26]

## 2) 남북교류와 남북출입사무소 개설

남북간의 교류협력은 1988년 7·7 선언 이후 정부 및 민간차원의 노
력으로 정착되었다. 경제교류협력과 사회문화 교류협력을 통해 남북간
긴장을 완화하고 평화분위기가 조성되었으며, 1998년 국민의 정부 출범
이후 남북한 교류는 확대되었고, 남북간 인적·물적 교류가 크게 늘어났
다. 2000년 6월 남북정상회담 이후에 남북간 교류협력은 활성 화 차원을
넘어 안정 구축단계에 진입하고 있다.

2000년 7월부터 9월 사이 열린 1·2차 남북장관급회담과 2002년 4월
이루어진 특사방북을 통해서, 남한과 북한은 남북 철도·도로를 연결시
키기로 합의하였다. 이어 2002년 9월 남북철도·도로 연결실무협의회 제
1차 회의가 열렸고, 철도·도로 연결에 필요한 자재·장비를 남한측이
북한측에 제공키로 함으로써 남북 철도·도로 연결사업은 큰 진전을 보
게 되었다. 2002년 서해교전, 2003년 북한의 핵개발 의혹 등 국내외의 부
정적 여건에도 불구하고 꾸준한 교류협력이 추진되었다.

남한의 자재·장비가 북한 땅으로 운반되는 일이 빈번해지고 금강산
육로관광이 본격화되자, 정부는 2003년 2월부터 남북출입업무를 상시 다
루는 임시출입사무소를 운영하기 시작하였다. 이어 2003년 11월 20일에

---

26) 강진갑, 위의 책, 53~59쪽.

는 정식으로 남북출입사무소 업무를 개시하였다.

남북출입사무소는 남북한 철도 및 도로의 운영에 관한 사항, 남북한
간 열차 및 차량운행과 관련된 사항, 남북한간 출입에 따른 긴급상황의
처리에 관한 사항, 남북한간 수송장비의 운행 승인 및 물자 반출·반입
승인에 대한 신청서의 접수 및 사실 관계의 확인 등의 업무를 관장하고
있으며, 현재는 남북철도·도로 연결 자재 장비의 운송, 금강산관광객 및
개성공단 개발과 관련한 인적·물적 출입업무를 관할하고 있다. 도라산
역사에 본부 사무실을 두고, 경기도 도라산에 경의선 남북출입사무소, 강
원도 고성에 동해선 남북출입사무소를 운영하고 있으며, 법무부·관세
청·보건복지부·농림부 등 관계부처 직원들이 경의선과 동해선 지역에
서 각각 20여 명씩 근무하고 있다.[27]

## 3) 경의선 철도·도로 연결

남북은 남북정상회담 직후인 2000년 7월에 개최된 제1차 남북장관급
회담과 8월에 개최된 제2차 남북장관급회담에서 서울-신의주간 경의선
철도와 문산-개성간 도로 연결을 합의하였다. 2000년 9월 18일 남한은
경의선 철도·도로 연결공사를 착공하였다. 철도공사는 2001년 12월말
완료하였으며, 최북단 역인 도라산 역사는 2002년 4월 30일 준공하였다.

이후 2002년 8월에 개최된 제7차 남북장관급회담에서 경의선 철도·
도로와 동해선 철도·도로의 착공에 합의하였고, 2002년 9월 18일 경의
선 철도·도로와 동해선의 철도·도로 연결공사 착공식이 남북에서 동

---

27) 경기도, dmz 비무장지대(http://dmz.ne.kr).

시에 개최되었다. 2002년 8월 개최된 남북경제협력추진위원회 제2차 회
의에서 남한이 북한측에 경의선·동해선 철도·도로 연결공사에 필요한
자재·장비를 제공하기로 합의하고, 이어 남한이 북한측에 철도·도로
기초공사에 필요한 1차분 자재·장비를 제공하였다.

그리고 2003년 2월 11일에는 동해선 임시도로 개통식을 갖고 금강산
육로 시범관광을 실시하였다. 2003년 6월 14일에는 분단 반세기 동안 끊
어져 있던 경의선·동해선 철도 궤도를 남북이 동시에 연결하였다. 실제
로 열차가 다니는 것은 아니지만 철도·도로 연결공사를 조속히 완공한
다는 쌍방의 의지를 다짐하는 기회가 되었다. 남한은 2002년 12월 31일
경의선 철도를, 2003년 10월 31일 경의선 도로 공사를 각각 완료하였다.

남과 북은 2003년 1월 27일 남북 군사실무회담 수석대표 접촉에서 「
동·서해지구 남북관리구역 임시도로 통행의 군사적 보장을 위한 잠정
합의서」에 서명하였다. 이 합의서가 바로 발효됨에 따라, 경의선·동해
선 임시도로를 이용하여 금강산 육로 관광, 자재·장비 수송, 평양체육관
행사 인원 등의 통행이 이루어졌다.


## 5. 맺음말

20세기 한국사회의 가장 큰 특징은 분단이다. 따라서 경의선 복원 과
정에서 수거되는 대부분의 물건들은 분단을 상징하는 이 시대 문화유산
이다.

그런데 경의선 연결 철로 및 도로 공사를 급하게 서두름에 따라 많은
문제가 야기되었다. 경의선 복원을 위해 옛 철로를 걷어내고, 공사과정에

서 수거된 철조망, 지뢰, 복원구간에 널려 있는 여러 전쟁 유물들은 공사를 진행시키는데 제거해야할 장애물로만 인식하고 공사를 진행하였기 때문이다.[28] 그리고 경의선 복원과정에 수거된 철로와 철도 침목은 어디서 보관하고 있는지 아직도 확인되고 있지 않다.

필자는 2001년 경기도 2청회의에서, 경의선 복원과정에서 수거된 유물의 중요성을 제기하고, 수집된 유물을 모아 가칭 비무장지대 박물관의 건립을 제안한 바 있다. 현재 수거물 중 일부가 파주시 군내면 사무소 창고에 보관되어 있는 점이 그나마 다행이라 하겠다.[29]

남북이 첨예하게 대립할 때 경기도는 분단으로 인해 많은 피해를 입었다. 그러나 남북간에 화해 무드가 조정되면서 경기도는 분단의 현장에서 남북교류 현장, 통일의 길목으로 변하였다.

향후 경의선 철도가 완전히 개통되고, 시베리아 횡단철도, 중국횡단철도, 만주횡단 철도, 몽골횡단 철도와 연계된다면 한반도는 동북아의 새로운 물류축으로 부상할 것이다. 그리고 경기도는 동아시아에서 유럽까지 연결되는 거대한 수송망의 출발점이 될 것이다.[30]

('17기 경기도 박물관대학 강의', 2005.4.13; 2007.8 일부 개고)

---

28) 강진갑, 2000, 「파주지역 향토사료 발굴 보존과 지역이미지 개발방안」, 『21세기 파주 문화예술 발전 세미나 개최 결과』, 파주시, 68~69쪽.
29) 경기도, 2004, 『경기도 근대문화유산 조사 및 목록화 보고서』, 571쪽.
30) 경기도, dmz 비무장지대(http://dmz.ne.kr).

제 **2** 부

경기지역의 역사

# 남한산성과 산성리 마을의 역사

## 1. 머리말

경기도 광주시에 자리 잡고 있는 남한산성은 조선왕조 인조 대에 수축된 성곽으로, 해발 497m의 청량산을 서쪽 끝으로 하고, 해발 515m의 벌봉을 동쪽 끝으로 하는 긴 장방형의 석성(石城)이다. 서쪽의 경사가 가파르고 높고 험난하며, 다른 쪽은 능선이 긴 반면 성안은 낮고 평평한 분지를 이루고 있고, 그 넓이가 2.3㎢에 달하여 장기간 방어가 가능한 천험(天險)의 요새이다.

남한산성은 통일신라시대에 처음 축성된 이후 도성 인근에 위치한 요새라는 지리적 조건으로 인해, 한국사 전개과정에서 중추적 역할을 수행해 왔다. 조선시대에는 유사시 왕이 피신하여 장기간 항전할 수 있는 곳으로 주목받았고, 병자호란 당시 청이 침공하였을 때, 인조를 비롯한 군신들이 이곳 남한산성에 들어와 45일간 청 군대와 맞서 싸운 곳이다. 그리고 한말 일제시대에는 항일운동의 거점이었다.

이 글에서는 고대부터 현재에 이르기까지 남한산성의 신축 및 수축과정과 남한산성에서 펼쳐진 격동의 역사, 그리고 산성 내에 거주하는 산

성리 주민들의 생활사를 살펴보고자 한다.[1]


## 2. 남한산성 초축(初築)


### 1) 백제 온조왕 고도설(古都說)

남한산성이 백제 온조왕 때 세운 왕도였다는 주장이 처음 제기된 것은 고려시대이다.[2] 이후 끊임없이 제기되고 있다. 이러한 견해는 조선시대에 들어 확산되어 『조선왕조실록』·『신증동국여지승람』·『대동야승』·『여지도서』·『대동지지』, 기타 각종 읍지 등 조선시대 여러 문헌에서 되풀이되었다.

이에 대해 일찍이 홍경모(洪敬謨)도 『중정남한지』에서

> 살펴보건대 『百濟史』에 이르기를, 온조왕 13년 한산 아래에 나아가 城郭과 宮闕을 세우고, 위례성 民戶를 옮겼다. 이를 하남위례성이라 이르는데, 한산은 곧 지금의 일장산이고, 온조는 한산 아래에 나아가 성궐을 세웠지 산상에 축성한 것은 아니다. 그럼에도 世間에서는 남한산성을 온조가 도읍한 성으로 여기니 무슨 근거에서 발설되었는지 모르겠다. 대개 舊都는 廣州 古邑으로서 지금의 黔丹山 아래이니 곧 백제 온조가 도읍한 곳이다. 아직도 舊址를 찾아볼 수 있다. 세상에

---

1) 강진갑, 1999, 「남한산성에 대한 새로운 이해」, 『기전문화예술』 봄호, 25~33쪽.
2) "溫祚王 13년에 이르러 …… 漢山下에 立柵하고 위례성 민호를 옮기고 마침내 궁궐을 세워 여기에 居住하였다. 이듬해 도읍을 옮기고 남한산성이라 불렀다"(『高麗史』 卷56 「志」 卷10 '地理' 1).

전하기를 온조가 처음에는 大華山 남녘에 도읍을 정하려고 하였는데, 周度한 성지가 곧 오늘의 都尺面과 五浦面의 중간쯤이라는 것이다. 또 온조 고성은 금암산 북쪽 10여 리에 돌기하여 토산을 이루고 있는 二聖山城이라 이름하는 곳인데 성지가 지금까지도 완연하니, 그 위치는 지금의 광주군 서부면이다. 古史와 野乘으로 傳記되는 것은 오직 이것뿐이고, 애당초 한산 상에 성이 있다는 기록은 없었는데, 세인들은 故實을 구명치 않고 곧바로 溫祚古都는 남한산성에 있고, 그리고 성은 온조가 쌓은 것이라고 일컫는다. 백제사가 소략하고 문헌에서의 徵驗이 없으니 역시 어떻게 꼭 그것이 온조의 舊城이 아닌 것임을 알겠는가. 때문에 특별히 이 책 앞부분에 적어서 의문되는 소식을 전하고자 하며, 다음에 성은 산하에 존재한다는 것을 적어 그것이 산상에 있지 않다는 것을 밝히는 것이다. … 살펴보건대 漢州는 지금의 광주 고읍이며 백제의 舊域이었다. 백제가 쇠해지자 고구려가 취한 바 되었고, 고구려가 멸망하게 되자 신라가 그 南界를 취득하여 한주를 설치하고 이곳에 축성하였다. 대개 溫祚舊都는 한산 아래에 있되 이 성에 있지 않다. 일장성이라고 이 성을 칭하는 것은 일장산에 성을 쌓은 때문이며, 또 혹 산세가 높은데 근거했기 때문에 아침 일찍 일출과 저녁 늦게 해지는 것을 볼 수 있기 때문이다.[3]

라고 하여 온조가 도읍한 성은 남한산성이 아님을 지적하였다. 그리고 무엇보다도 산성 내에서 백제 유물이 출토되지 않고 있기에 남한산성 온조왕도설은 설득력이 없다고 하였다.

남한산성이 백제 온조와 직접 관련을 맺게 된 것은 조선시대에 들어서이다. 병자호란 직후인 1639년 남한산성에 백제 시조 온조왕의 사당이

---

3) 洪敬謨, 『重訂南漢誌』 卷1 上篇, 「城池」.

건립된 것이다. 온조왕 사당이 조선시대에 처음 건립된 곳은 충청도 직산현이었다.[4] 병자호란이 일어난 후 남한산성으로 피신한 인조는 예조판서 김상헌을 온조왕 사당에 보내어 제사를 지낸 바 있다. 당시 조선사회에서는 남한산성이 온조가 도읍한 곳이라고 보았기에, 이곳에 피신한 인조가 국난을 극복하기 위해 온조의 힘이라도 빌리고 싶었을 것이다. 이 같은 그의 염원은 꿈으로도 발현되었다. 즉, 꿈에 나타난 온조의 도움을 받아 남한산성을 공격하는 청군을 물리쳤다는 것이다.

그래서 인조는 병자호란이 끝난 직후인 1639년 온조사당을 직산에서 남한산성으로 옮겼으며, 정조대인 1795년에 숭렬(崇烈)이라는 명칭이 국가로부터 내려지면서, 이곳은 숭렬전으로 불리게 되었다.[5]

숭렬전에서는 국가의 주도로 중사(中祀) 규모의 제사가 올려졌으며, 이때 예조에서 향축(香祝)으로 내려 보냈다. 그러나 조선왕조가 멸망한 후, 국가 주도에 의한 제사는 중단이 되었다. 이후 현재에 이르기까지 광주향교 유림들에 의해 매년 음력 9월 5일 정기적인 제사를 지내고 있는 것이다.[6]

## 2) 통일신라시대 주장성(晝長城) 축조

남한산성 최초 축성과 관련해서 주목할 사료는 『삼국사기』 신라 문무왕 12년(672)조의 "漢山州에 晝長城을 쌓았는데 둘레가 4,360步이다"[7]라

---

4) 장철수, 1997, 「남한산성 백제 시조 온조왕묘의 건립 과정」, 『성남문화연구』 4, 43쪽.
5) 장철수, 위의 글, 53~59쪽.
6) 장철수, 위의 글, 60쪽.
7) 『三國史記』「新羅本紀」第7 '文武王' 下 12年.

는 기사이다. 통일신라가 주장성을 쌓은 시기는 신라가 삼국을 통일한 후, 당과의 투쟁에 들어간 시기이며, 특히 문무왕 12년은 당 병력 4만 명이 평양에 주둔하고 있으면서 신라를 침입하려는 의도를 보인 시기였다.[8] 주장성은 이에 대비하여 축조된 성으로, 신라 북쪽 변방을 지키는 방어 거점이었다.

문무왕 때 축성된 주장성을 남한산성으로 보는 근거는 여러 가지가 있다. 첫째, 신라가 한강유역을 장악한 이후 한산주라고 부른 지역은 한강이남 광주·하남지역이다. 당시의 한산 지역에 남아있는 산성으로는 남한산성 외에 둘레 1,653m의 이성산성과 둘레 567m의 대모산성이 있을 뿐이다. 남한산성을 제외하고는 둘레가 4,360보에 달하는 성은 확인되지 않는다. 둘째, 『삼국사기』에 따르면, 주장성의 둘레는 4,360보이다. 『삼국사기』에서 어떤 자를 기준으로 하였는지 알 수 없다. 보통 1보는 6척을 기준으로 하는데, 『삼국사기』를 쓸 당시의 척도를 송척(1척=31㎝)이라고 한다면 주장성의 전체 둘레는 8,109.6m이다. 이는 토지공사가 실시한 남한산성 지표조사 과정에서 측량 결과 밝혀진, 옹성을 제외한 남한산성 원성의 수평거리 7,545m와 비교하면, 성벽의 고저차를 감안할 때 거의 비슷한 규모임을 알 수 있다. 인조대의 축성시 "옛 자리를 따라 남한산성을 다시 쌓게 하였다"는 『남한지』의 기록내용은 이러한 견해를 뒷받침한다.[9] 셋째, 남한산성에서 통일신라시대 유물이 출토된 사실을 들 수 있다. 1999년 한국토지공사 토지박물관이 남한산성 행궁터를 발굴하였는

---

8) "…… 秋七月 唐將高保率兵一萬 李謹行率兵三萬 一時至平壤 作八營留屯 ……"(『三國史記』 「新羅本紀」 第7 '文武王' 下 12年).

9) 심광주, 1999, 「남한산성 역사와 현재 모습」, 경원대학교 차세대디자인정보센터 남한산성 세미나 발표 요지.

데, 조선시대 층위 아래에서 통일신라시대 인화문토기와 기와 조각이 다량 출토되었다. 인화문토기편(印花文土器片)은 남한산성과 인접해 있는, 통일신라기의 성으로 알려진 하남시 이성산성에서도 출토된 바 있는 토기이다. 그리고 기와는 7~8세기 대의 통일신라 초기 것들로 보이는 기와이다.[10] 이상을 살펴볼 때, 『삼국사기』의 통일신라 주장성 축조기록이 남한산성 최초 축성 사실을 밝히는 기록일 가능성이 매우 높다.

그런데 문무왕 12년 기사 이후 주장성에 관한 기록이 나타나지 않고, 한국토지공사 토지박물관의 남한산성 행궁지 발굴조사에서 통일신라시기 유물 출토 빈도수가 떨어지는 것으로 보아, 남한산성이 신라에 의해 오래 사용된 성은 아닌 것으로 여겨진다. 성의 해발고도가 높고 성의 규모가 크기 때문에 당으로부터 위험이 사라진 이후에는 사용되지 않았을 것으로 보인다.[11]

## 3. 대몽항쟁 중심지로서의 남한산성

13세기 초엽에 몽고족이 거대한 세력을 형성하면서 동아시아 정국에 파란이 일어났다. 몽고에서 태무진이라는 영웅이 나타나 주변의 부족을 정복, 통일하여 강대한 세력으로 성장하였다. 1219년 몽고의 요구로 고려는 몽고와 형제맹약을 체결하였는데, 몽고는 매년 사신을 보내어 많은 양의 공물을 요구하였고, 공물이 마음에 들지 않을 때는 행패를 부리기

---

10) 한국토지공사 토지박물관, 1999, 『남한산성 행궁지 시굴(발굴)조사보고서』, 277~289, 301쪽.
11) 장철수, 앞의 글, 53~59쪽.

까지 하여 고려 군신들은 점차 몽고를 꺼리게 되었다. 이러한 시기에 사신으로 와서 많은 물의를 일으켰던 몽고 사신 저고여(著古與)가 1225년 본국으로 돌아가던 도중 압록강에서 누군가에 의해 피살되는 사건이 발생하였다. 그렇지 않아도 아시아 전역에 대한 정복 욕구에 가득 차 있던 몽고는 이 사건에 대한 모든 책임을 고려에 지우고, 고려와의 국교를 단절하였다.

그리고 1231년 8월 마침내 몽고는 고려를 침공하였다. 연말 경 개경을 포위한 몽고군은 계속 남하하여 광주성(남한산성)에 이르렀다. 이때 남한산성은 몽고군으로부터 두세 차례 공격을 받았으나, 광주부사 이세화의 지휘 하에 군민이 굳게 단결하여 이들의 공격을 막아냈다. 그래서 몽고군은 광주성에 대한 공략을 포기할 수밖에 없었다. 몽고군이 남한산성을 포기하고 남하한 후 몽고와 고려조정 간에 화의가 이루어져 몽고군은 1232년 정월 요동으로 철수하였다.[12]

같은 해 몽고군이 다시 침입해 왔다. 흔히 몽고군의 2차 침입으로 불리는 이때는 살례탑이 이끄는 몽고 주력군이 남한산성을 침공하였다.[13] 당시의 상황에 대해, 광주군민들을 지휘하여 몽고군을 격퇴한 광부부사 이세화의 묘지명에 다음과 같이 기술되어 있다.

> 광주는 中道의 巨鎭이었기 때문에 조정에서 적임자를 논하고 공(이세화)을 파견하여 지키게 하였다. 겨울 11월에 몽고의 많은 병력이 수십 겹으로 포위하고 온갖 계략으로써 공격해오기를 여러 달에 이르렀다. 공(이세화)은 밤낮으로 성(廣州城)을

---

12) 박용운, 1988, 『고려시대사』, 일지사, 477~483쪽.
13) 박용운, 위의 책, 488쪽.

수리하고 방비하며 事機에 따라 應變하되 뜻밖의 계책을 내어 혹은 사로잡고 죽임
이 심히 많으니 오랑캐들이 불가능함을 알고 드디어 포위를 풀고 물러갔다.[14]

여기서 몽고군이 '여러 달에 걸쳐 공격했다는 표현은 11월부터 12월
에 걸쳐 공격했다는 사실을 나타내는 것이다. 당시 몽고군은 모든 전략
을 동원하여 남한산성을 공격하였으나, 이세화가 뛰어난 전술을 구사하
여 몽고의 대병력을 사로잡거나 죽인 것이 대단히 많았기 때문이 몽고의
대병력도 어쩔 수 없이 물러설 수밖에 없었다. 그리고 위 기록에 의해 고
려시대에도 남한산성은 필요에 의해 부분적인 수축이 이루어졌음을 알
수 있다.

그런데 여기서 지적해야 할 점은 남한산성 전투에서 광주 주민들의
공이 지대했다는 점이다. 『고려사절요』에

> 詔하기를 "廣州는 신묘(1231년), 임진년(1232년)에 오랑캐의 군사가 에워싸고
> 공격하였을 때에 굳게 지켜 함락되지 않았으므로 보통 요역이나 雜貢을 면제하라"
> 하였다.[15]

고 기술되어 있다. 즉, 남한산성에서 몽고군을 격퇴한 공로로 광주민들은
상요(常謠)와 잡역(雜役)을 면제받는 파격적인 집단포상을 받은 것이다. 당
시 고려 조정에서는 몽고군 침공시 주민들로 하여금 산성이나 섬으로 피
신하여 몽고군의 침략에 저항토록 하였는데, 남한산성으로 피신한 광주

---

14) 『東國李相國集』 後集 12, 「李世華 墓誌銘」.
15) 『高麗史節要』 권16, 高宗 22年 5月.

주민들이 몽고군을 격퇴하는데 절대적인 공헌을 하였기에 이 같은 조치가 이루어진 것이다.

남한산성 전투는 당시의 전세에 큰 영향을 미쳤다. 앞의 「이세화 묘지명」에서 "광주는 남쪽으로 가는 길의 요충지로, 이 성이 함락되면 다른 곳이 어떻게 될 것인지는 가히 알만하다"며, "남쪽 지방 광주라는 곳은 그야말로 요충지라, 임금께서 의지하는 곳이므로 (이곳을) 지키기를 나라 전체를 지키듯 한다"고 기술되어 있다. 즉, 광주는 왕도 매우 중시한 요충지였다는 것이다. 이 같은 요충지에서의 승리는 몽고군에 큰 타격을 주었다.

남한산성에서 예봉이 꺾인 몽고군은 남한산성 공략을 포기한 채 남하하여, 용인의 처인성을 공격하였으나, 장수 살례탑이 전사하자, 몽고군은 기가 꺾여 고려에서 철수하지 않을 수 없었다.[16] 이처럼 남한산성에서의 전투는 몽고군에 큰 타격을 주어 몽고군으로 하여금 패퇴케 하는데 큰 기여를 하였던 것이다.

고려 말 공민왕 10년(1361)에 홍건적이 고려를 침공하여 개경이 함락되었다. 공민왕도 안동으로 피난가면서 광주에 잠시 들렀는데, 이 때 광주의 이민(吏民)들이 모두 산성으로 피신하였다. 이 때 피신한 성이 이성산성이 아니라 남한산성일 것으로 보인다.[17]

1999년 토지공사에서 실시한 남한산성 행궁지 발굴에서 고려시대 토

---

16) 윤용혁, 1991, 「고려의 몽고에 대한 항전」, 『고려대몽항쟁사연구』, 일지사, 250~256쪽.

17) "왕이 廣州에 머물렀다. 이곳 아전과 백성들은 모두 산성으로 올라가고, 州官만이 있었다"(『高麗史』 卷39, 「世家」 39, '恭愍王' 10年 11月 戊辰); 이원근 외, 1989, 『한국의 성곽과 봉수』 상, 282~283쪽.

기편이 출토된 바 있다.[18] 유물의 분포 빈도로 볼 때 고려시대 남한산성은 외침이 있을 때 한시적으로 사용한 것으로 보인다.

## 4. 조선시대 남한산성의 수축과 병자호란

### 1) 조선전기 남한산성 수축론(修築論)의 대두[19]

전략적 거점으로서 남한산성의 중요성은 이미 조선초기부터 논의되었다. 왕권의 안정을 이룩한 태종대에 남한산성 수축 문제가 처음 제기되었다. 1410년 1월 요동을 다녀온 이자영(李子英)의 요동지역 정세보고가 계기가 되었다.

> 이자영이 말하기를, "달단[達達]의 군사가 開元·金山 등 처에 많이 돌아다니는데, 관군이 만나기만 하면 문득 敗합니다. 달단의 巡哨軍이 정월 초2일에 요동 북문을 공격하여 이기지 못하고, 성 밖의 居民을 노략해 갔습니다" 하였다. 임금이 말하기를, "과연 자영의 말과 같다면 마땅히 武備를 整備해야 하겠다" 하였다. 의정부에서 아뢰기를, "兩界의 수령을 武才가 있는 사람으로 差遣하시고, 충청도 세 곳의 城子는 사람을 보내어 땅을 살펴본 뒤에 쌓으면 일이 緩晩할 것 같사오니, 각각 보고한 것에 의하여 즉시 쌓게 하소서" 하니, 임금이 모두 옳게 여기고, 星山君 李稷을 보내어 廣州의 日長城을 修築할 可否를 살펴보게 하였다.[20]

---

18) 장철수, 앞의 글, 60쪽.
19) 본 절 작성은 유재춘, 1999, 『근세 한일 성곽의 비교 연구』, 국학자료원, 50~63쪽 참조.

태종은 이자영으로부터 타타르가 요동 지역을 침략하고 있는데 명 관군이 번번이 패하고 있다는 보고를 받고, 만일의 사태에 대비하여, 북방을 지키는 양계의 수령에 무재가 있는 사람을 보내는 한편, 경기도 지역 거주민의 산성 입보를 염두에 두었음인지 일장성에 대한 수축의 가부를 살펴보도록 이직에게 지시한 것이다. 그러나 이 지시가 광주 일장성의 수축으로 이어지지는 않았다.21)

그런데 태종은 13년 7월에 이르러 각 도 각 고을에 산성을 하나씩 수축하고 창고를 설치하도록 하는 조치를 취하여, 변경과 내지(內地)를 막론하고 산성을 중심으로 한 입보방비체제(入保防備體制)의 완비를 지향하게 되었다. 이 시기에 이러한 산성수축을 추진하게 된 것은 조선을 중심으로 한 동북아시아의 정세가 매우 급진전되어 전쟁의 위기감이 한층 고조되었기 때문이었다. 앞서 태종 13년 3월 명나라에 하정사 일행으로 갔다가 돌아온 통사(通事) 임밀(林密)로부터 명이 정왜(征倭)를 꾀하고 있다는 놀라운 소식을 보고하였다. 태종은 중국의 정왜가 현실화된다면 명군은 반드시 조선을 거치게 될 것이고, 이로 인해 조선은 큰 피해를 입게 될 것을 걱정하였다. 더구나 명이 조선에 대한 침략의도를 갖고 있을 수도 있다는 의구심까지 들었기에 매우 다급하게 이에 대한 대책을 세웠다.

이에 전국의 성보(城堡)와 무비(武備) 상태를 점검하고, 이미 계획한 전국적인 산성입보 방어체제 구축의 실행을 위해 군기를 점검하고 군자(軍資)를 수납하며, 화곡(禾穀)의 손실조사 등과 함께 각 고을의 산성 옛터로서 수리할 곳과 새로운 터로 조축(造築)할 곳을 살피도록 하고 있다.

---

20) 『太宗實錄』 卷19 '太宗' 10년 1月 辛巳
21) 『太宗實錄』 卷19 '太宗' 10年 1月 丙戌

　　남한산성은 이러한 국내외 상황 속에서 세종대에 들어서 경기 군기 점고 찰방의 건의에 따라 강화의 교동산성과 함께 풍년을 기다려 수축하 도록 하였다.[22] 당시 남한산성의 수축이 이루어졌는지는 기록이 없어 알 수 없으나, 『세종실록』 지리지에

　　　일장 산성은 州治의 남쪽에 있다. 높고 험하며, 둘레가 3천 9백 93步요, 안에 軍資庫와 우물 7이 있는데, 가뭄을 만나도 물이 줄지 아니한다. 또 밭과 논이 있는데, 모두 1백 24結이다.

라고 하는 것으로 보아 남한산성이 군사시설로 사용되고 있었음을 알 수 있다. 따라서 조선초기에 완전 수축되었는지는 알 수 없지만 최소한 사 용할 수 있을 정도로 수리되어 있었을 것이라고 여겨진다.

## 2) 임진왜란 전후의 남한산성 수축론

　　남한산성이 군사적 요새지로 다시 주목받은 것은 임진왜란 때부터이 다. 임진왜란 당시 난을 피해 왕과 신하가 북으로 피난한 쓰라린 경험을 한 조정은 유사시 왕과 신하가 들어 가 항전할 수 있는 성의 필요성을 절감하였던 것이다.[23] 1593년 유성룡이 선조와 방어책을 논의하는 가운 데에서도 광주의 남한산성이 매우 중요한 요새지로 거론되고 있다.[24]

---

22) "경기 軍器 點考 察訪이 강화 喬桐山城 및 광주 日長城을 수축할 것을 청하니, 풍년을 기다려 수축하라고 명하였다"(『世宗實錄』 卷1 '世宗' 卽位年 10月 癸卯).
23) 강진갑, 1997, 「조선왕조와 기전문화」, 『제1기 박물관대학 강의교재』, 경기도박물관.
24) 『宣祖實錄』 卷43 '宣祖' 26年 10月 壬寅.

선조 30년(1597) 2월 선조의 지시로 노직(盧稷)이 남한산성을 돌아보고
와서 선조에게 보고하였는데, 당시의 기록을 보면 다음과 같다.

> 상이 이르기를, "경기의 각 고을 및 산성의 제반 사정은 어떠한가?" 하니, 노직
> 이 아뢰기를, "廣州의 南漢山城은 주위가 布帛尺으로 1만 7천 4백여 척인데 외부는
> 험난하고 안은 깊숙하며 능선이 매우 길어 갑자기 포위할 수 없습니다. 남쪽은
> 약간 평지이고 다른 곳은 모두 암석이어서 기어오르기가 불가능합니다. 이곳이
> 바로 溫祚의 옛 도읍지로서 다른 성에 비하여 더욱 크고 일찍부터 거주민도 있었습
> 니다" 하였다. 상이 이르기를, "성터가 있는가? 그 안에는 우물이 있는가?" 하니,
> 노직이 아뢰기를, "돌을 다듬어 만들었으나 퇴락한 것이 3분의 2는 되며 남쪽은
> 험하지 않은데 또 曲城을 쌓았습니다. 가운데는 큰 개울이 있으며, 우물은 모두
> 6개소이고, 수답이 거의 십여 石지기나 되며, 좋은 밭은 얼마나 되는지 알 수
> 없습니다" 하였다. 상이 이르기를, "문이 있던 자리도 있는가? 城의 役事는 이미
> 시작했는가?" 하니, 노직이 아뢰기를, "동문·남문·水口門 세 문이 있는데 모두
> 이미 수리했으나 성은 공사가 매우 거창합니다. 체찰사가 당초 廣州에서 군사 훈련
> 을 하고 그 군사들을 모아 돌을 운반해 터를 닦으려고 하였으나 보리 파종기가
> 되어 농사를 폐할 염려가 많았기 때문에 실시하지 못했습니다." 하였다.[25]

이 보고에는 16세기 말 남한산성의 상황이 비교적 소상히 기술되어
있다. 특히 전체성의 2/3는 퇴락하였지만 우선 동문·남문·수구문을 수
리하였음을 알 수 있다. 그러나 남한산성의 축성에는 많은 공역이 소요
되기에 전란 중인 당시로서는 쉽게 공사를 착수할 수 없었던 것이다.

---

25) 『宣祖實錄』 卷85 '宣祖' 30年 2月 丙戌

남한산성 수축문제가 다시 논의된 것은 임진왜란 직후인 선조 36년 (1603) 2월이다. 선조는

> 일찍이 남한산성의 형세가 우리나라에서 으뜸이라고 들었다. 廣州는 畿甸의 巨鎭으로 南道를 왕래함에 있어 要衝이 되는 곳이다. 만약 이곳에다 산성을 수축한 다음 한결같이 禿城에서처럼 군사를 조련하고 수령을 택하여 지키게 한다면 안으로는 京都의 保障이 되고 밖으로는 諸陣을 控制할 수 있을 것이다.[26]

라고 하였다. 남한산성은 자연적 조건으로 인해 천험의 요새이며, 지리적 위치가 한양에 인접해 있고 한양에서 남쪽으로 가는 길목에 위치하고 있어 이곳을 지킨다면, 외세의 침략으로부터 왕도를 지키고 보호해줄 것이다. 그러므로 이제 남한산성은 단순히 여러 주요 산성 가운데 하나라는 인식이 아니라 유사시 외세의 침략으로부터 왕과 수도를 지켜줄 보장지로서 명확히 인식되고 있음을 알 수 있다.

그리고 선조는 남한산성 수축 문제를 비변사로 하여금 의논하여 아뢰도록 하였다. 이에 비변사에서는 남한산성의 형세는 매우 좋으나 인력이 미치지 못할 것으로 우려되므로, 다음 시기를 헤아려 성지(城池)를 수리하고 거진(巨鎭)으로 삼는 것이 좋겠다고 하였다.

그리고 남한산성을 재차 살펴보고 돌아 온 행부호군 이기빈(李箕賓)이 보고하기를

> 신이 남한산성에 가서 형세를 살펴보니 陣勢가 곧아 천험의 요새였습니다. 서북

---

26) 『宣祖實錄』 卷159 '宣祖' 36年 2月 乙巳

쪽에 봉우리가 있고 동남쪽은 확 트였는데 시내와 우물이 있고 또 논도 있었습니다. 성안에는 산기슭이 서로 가로막고 있었으며 성 바깥쪽에는 한두 봉우리가 서로 마주하고 있었으나 굽어보거나 엿볼 수가 없었습니다. 北門에서 동쪽으로 水口에 이르기까지와 서쪽으로 남문에 이르기까지의 지세가 성 가운데에서 가장 험하였는데, 그 사이에는 砲樓를 설치할 만한 곳도 있었습니다. 水口와 南門부터는 산세가 낮고 약해 반드시 적을 받는 곳이 될 것이므로 성을 높이 쌓고 해자를 깊이 파고 많은 火器를 설치하는 것이 좋을 듯하였습니다. 대개 형세를 논한다면 都門의 保障으로는 제일이라고 할 수 있으나 그 功役으로 말한다면 주위가 몹시 넓고 산길이 가빠라서 얼마나 많은 인력으로 몇 년이나 수선해야 되는지 모르겠습니다. 신의 우견으로는 반드시 많은 사람의 功力을 들인 후에야 완전히 수리할 수 있을 듯합니다.[27]

라고 하였다. 여전히 남한산성의 형세는 매우 좋으나 성 둘레가 몹시 길어서 성의 수축에는 많은 공력이 소요될 것이므로 수축에 어려움이 있다는 것이다.

같은 해 4월 비변사에서 남한산성의 수축에 많은 인력이 들고, 또 수축을 마친다고 하더라도 수성 인력 수만 명이 필요하기 때문에 지키기 어렵다며 신중론을 펼치자, 남한산성 수축 문제는 더 이상을 진전을 보지 못하였다. 그 후 광해군 13년(1621)에 일부 수축이 이루어졌다.[28]

---

27) 『宣祖實錄』 卷159 '宣祖' 36年 2月 甲寅.
28) "정조 乙亥(1779)에 옛 성을 수축할 때 일꾼들이 성의 서쪽에서 바위를 2개 발견하였는데, 그 위에 '天啓月日'이라는 글자가 새겨져 있고 나머지는 모두 뭉개져서 가려낼 수가 없다고 하였는데, 光海 辛酉(1621)라면 곧 天啓 7년이니 辛酉 築城시 기록한 것인지도 모를 일이다"(洪敬謨, 『重訂南漢志』 第1 上篇, 「城池」).

## 3) 조선후기 남한산성 수축과 유수부 설치

남한산성의 수축은 인조대에 이루어졌다. 1623년 인조반정으로 집권 세력이 바뀌면서 대외관계 면에서 큰 변화가 초래되었다. 서인이 정권을 장악하자 광해군대의 중립외교를 포기하고 친명배금책(親明排金策)을 취하였다. 이것이 후금을 크게 자극하였기에, 인조정권은 집권 초기부터 군사문제에 많은 관심을 갖게 되었고, 남한산성의 수축이 다시 추진되게 되었다. 더욱이 인조 2년(1624)에 일어난 이괄(李适)의 난으로 인해 왕이 공주로 파천한 바 있는데, 이를 계기로 도성을 방어하고 유사시 왕이 피난할 수 있는 보장처로서 남한산성의 중요성은 크게 증대되었다.29)

남한산성이 대대적으로 수축된 것은 1624년부터 1626년 사이였다. 당시 수축작업에 대해 장유(張維)는 『남한산기』에 "성의 사방 둘레의 옛터가 뚜렷하니 온조가 옛날에 쌓은 곳이다. 평평하고 험한 곳에 따라 높낮이를 조절하여 증축하였다"라고 하였다.

수축 결과 남한산성은 성의 둘레가 6,297보가 되었고, 여장(女墻)이 1,897개, 옹성 3개, 대문이 4개, 암문(暗門)이 16개, 124개소에 125개의 군포(軍砲)가 설치되었다. 그리고 우물 80개, 샘 45개가 만들어졌다. 뿐만 아니라 왕이 거처할 행궁도 축조되어 상궐(上闕) 73칸 반, 하궐(下闕) 154칸 모두 227칸이 건립되었고, 객관인 인화관(人和館)도 함께 지어졌다. 그리고 한흥사와 국청사 등 9개 사찰이 창건되었으며, 이후 남한산성 내에는 불교문화가 꽃피웠다. 이 같은 시설이 갖추어졌기에 병자호란 당시 왕을

---

29) 조병로, 1999, 「남한산성의 축성과 역사·문화적 의의」, 『남한산성 역사문화 강좌』, 남한산성을 사랑하는 모임, 32~35쪽.

비롯한 조정대신들이 남한산성에 피신하여 13만 대군의 청군에 맞서 45일간 항전할 수 있었다.

이후에도 계속 증개축이 이루어져, 성곽으로는 남장대 옹성, 봉암 신성, 한봉성 등이 수축되었고, 행궁 내에 종묘(宗廟)를 모신 좌전(左殿)과 사직(社稷)을 모신 우전(右殿), 제승헌 등이 건립되었다. 남한산성은 17세기초부터 19세기초까지 약 200여 년간에 걸쳐 대대적인 시설 보완 작업이 이루어져 유사시 왕이 피난을 하여 임시수도로서의 역할을 수행할 수 있는 시설이 갖추어 졌다.

이와 같은 남한산성을 지키기 위해 남한산성에 대해 대대적인 수축이 끝난 인조 4년(1626)에 수어청이 창설되었다.[30] 수어청은 왜란과 호란을 겪으면서 대대적인 변화를 맞이한 조선후기에 도입된 새로운 군사제도인 5군영의 하나였다.

그리고 조정은 1626년 광주목의 읍치를 남한산성으로 옮겨 산성의 방어체제를 강화하였다.[31] 그런데 행정을 담당하는 광주부윤과 군사책임자인 수어사(守禦使)가 분리된 이원체제가 여러 가지 부작용을 유발시키자 숙종 9년(1683) 광주부윤을 유수로 승격시켜 행정과 군사를 함께 담당토록 하였다.[32]

당시 조선왕조는 도성 방어체제를 강화하기 위해 개성과 강화에 유수부를 설치하였는데, 광주 역시 그 중요성에 견주어 유수부를 설치한 것이다. 그러나 유수의 직급이 높아 고위관료가 파견되었기에 자주 교체가 되어 군무를 수행하는 데는 지장이 많았다. 그래서 유수부 설치 7년만인

---

30) 洪敬謨, 『重訂南漢志』 第1 上篇, 「職官」.
31) 위의 책, 卷9 下篇, 「城史」.
32) 『肅宗實錄』 卷14 肅宗 9年 正月 庚午.

숙종 16년에 광주유수를 광주부윤으로 격하하고 행정과 군사업무를 분리시켰다.

이후 행정업무와 군사업무를 일원화시키는 등 여러 차례 변화를 겪다가 광주에 유수부가 정착된 것은 정조대에 들어서이다. 정조 17년(1793) 수원을 유수부로 승격시킨 정조는 19년 광주부를 유수부로 승격시키고, 남한수어사를 겸임시켜 행정과 군사의 이원적 지휘체제를 일원화시켰던 것이다.33)

이후 광주유수체제는 19세기말까지 지속되었으며, 정2품인 광주유수는 강화유수, 수원유수와 함께 국가최고회의인 비변사의 구성원이 되었을 뿐만 아니라 철종 5년(1854)부터는 원임대신(原任大臣)을 유수로 삼는 등 국가에서 매우 중시하였다.

이처럼 남한산성은 조선시대 유사시 외적의 침입으로부터 도성을 지켜주는 보장지로 인식되었기에, 5군영의 하나인 수어청이 주둔하였고, 4도유수부(四都留守府)의 하나가 되었던 것이다. 그래서 다른 지방과는 달리 원임 대신이 파견되어 다스리기까지 하였다. 뿐만 아니라 역대 왕들은 여주에 있는 효종의 영릉(寧陵)에 참배갈 때 이곳에 행궁에 머물러 군사훈련을 시키기도 하였다. 이처럼 조선시대 남한산성은 유사시에 대비한 일종의 예비 수도였던 것이다.34)

---

33) 이존희, 1990, 『조선시대 지방행정제도연구』, 일지사, 273~275쪽.
34) 장철수, 1997, 「남한산성 지역의 역사문화적 의미」, 『우리지역사랑 남한산성 역사문화강좌』, 남한산성을 사랑하는 모임, 9~11쪽.

## 4) 병자호란과 남한산성

1636년 12월 청 태종이 12만 대군을 이끌고 조선을 침공한 병자호란이 일어났다. 정묘호란 후 후금이 조선에 압박을 가하고 무리한 요구를 한데 대해 조선이 대항하려는 움직임을 보이자, 후금은 조선에 사죄를 요구하고 왕자를 볼모로 보내라고 하였다. 조선이 이를 거절하자 침공해 온 것이다.

침공 직전 청으로 국호를 개칭한 태종은 12월 9일 압록강을 건넌 후 쾌속으로 한양을 향해 진군하였고, 청군 선발대는 14일 이미 개성을 통과하였다. 정세가 이렇게 급박하게 전개되자, 조정에서는 봉림대군 등의 왕자를 강화도로 피난토록 하였다. 인조도 이 날 밤 강화도로 피신하려 하였으나, 청군 선발대가 이미 지금의 서울시 불광동 일대를 통과하였기에 강화도로의 피신을 포기하고 남한산성으로 피신한 것이다.

당시 성안에는 1만 3,000여 명의 병사가 방어에 임하고 있었다. 조정에서는 각 도의 관찰사와 병사에게 근왕병을 모으도록 하는 한편 명에 원병을 청하였다. 당시 성안에는 양곡 1만 4,300여 석, 소금 90여 석 등 겨우 50일 분의 식량만이 비축되어 있었을 뿐이다. 산성으로의 피난이 워낙 급박하게 이루어져 미처 식량을 운반하지 못했던 것이다.

청군은 큰 저항을 받지 않고, 12월 16일 남한산성에 당도하였고, 산성 밑 탄천에 포진하였다. 조선군은 포위된 상태에서 몇 차례에 걸쳐 별동대를 성 밖으로 보내어 적병과 교전, 수십 명을 사살하는 전과를 올리기도 하였다.

한편 전국 각지에서 구원병들이 출병하였으나 모두 남한산성에 도착하기 전에 궤멸되었다. 뿐만 아니라 명의 원병도 기대하기 어려운 처지였고, 경기·호남 등지에서 의병이 일어났으나 도움이 되지는 못하였다. 그래서 남한산성은 고립무원의 절망적인 상태가 되었다.

한편 성안에서 차츰 강화론이 제기되었다. 주화파(主和派)와 주전파(主戰派)간에 여러 차례 논쟁이 벌어졌으나 대세는 강화 쪽으로 기울게 되었다. 청과의 강화 교섭이 이루어지는 동안 1월 22일 강화도가 청군에 함락당하였고, 강화에 피신해 있던 왕자와 군신들의 처자 200여 명이 청군에 포로로 잡혔다.[35]

1월 23일 청군은 남한산성에 대한 총공세를 취하기 시작하였다. 조선군은 이를 잘 막아내었으나, 청군은 종일 화포를 쏘아대어 사상자는 늘어났다. 25일에는 청군의 화포 공격으로 성벽 일부가 무너졌으나, 산성을 지키는 군대가 신속히 보수하여 위기를 넘겼다. 1월 26일 저녁 조선의 사신이 청 진영에 도착하자 청의 장수는 포로가 된 왕자를 불러와 대면을 시켰다. 강화도 함락 사실을 확인 한 조정은 더 이상 버틸 힘을 상실하고, 1월 30일 인조가 성을 나아가 삼전도에서 굴욕적인 항복을 하였다.[36]

병자호란의 패배는 조선왕조로서는 일찍이 당해 보지 못한 치욕으로 패전의 원인은 복합적이었다. 먼저 조선과 청의 병력 차이를 들 수 있다. 당시 성안의 조선군은 1만 2,000명 정도였으나, 청군은 이의 10배에 달하였다. 아울러 군사의 숙련도에 있어서도 차이가 있었다. 청군이 전투에 익숙해 있었던 반면 조선군대는 그렇지 못하였던 것이다. 만약 조정에서 청의 공세에 대응하여, 전국의 병력을 미리 집결시키고 적절한 작전을

---

35) 이완재, 1996, 『한국사에 비춘 성남지역의 역사』, 민족문화사, 73~77쪽.

36) 陳浣, 1996, 「남한산성 전투와 그 영향」, 『남한산성 축성 370주년 기념 제1회 국제학술회의 남한산성의 현대적 재조명』, 성남문화원, 85~86쪽.

펼쳤다면 전세는 다른 양상을 띠었을 것이다.[37]

병자호란 당시 인조가 남한산성을 빠져나가 삼전도에서 청 태종에게 항복을 한 것은 남한산성이 함락 당해서가 아니라, 구원병이 궤멸되고 식량이 떨어진 상태에서 강화도는 함락되었으며 왕자가 포로가 되는 등 더 이상 저항하기가 어려운 상태에 몰렸기 때문이다. 그리고 앞에서 살펴본 바처럼 청의 군대에 비해 전반적인 열세 속에서도 남한산성과 같은 보장지가 있었기에, 왕실이 피신하여 45일간 항전할 수 있었던 것이다.

따라서 병자호란 당시 인조가 남한산성에서 출성(出城)하여 항복했다는 하나의 사실만을 가지고 남한산성을 굴욕과 치욕의 장으로 인식하는 것은 협애한 역사인식에 불과하다. 더욱이 병자호란 당시 척화론을 주장하다가 청에 끌려가 죽음을 당한 오달제, 윤집, 홍익한 등 삼학사의 영혼을 모신 현절사가 1688년 이곳 남한산성에 세워지면서 남한산성은 도리어 항청(抗淸) 의식의 정신적 중심지 역할을 하였던 것이다.

## 5. 근대 항일운동 중심지로서의 남한산성

### 1) 남한산성에서의 신식군대 양성계획

1876년 개항 이후 조선사회는 세계 자본주의체제에 편입되었고, 조선사회를 근대적인 사회로 변화시켜야 하는 과제가 제기되었다. 개화당은 서양의 문물을 받아들여 근대적 개혁을 실시함으로써 이 과제를 실현하

---

37) 陳浣, 위의 글, 86~87쪽.

고자 하였다.

한때 개화당은 개혁 추진을 위해 필요한 신식군대를 남한산성에서 양성하고자 하였다. 1883년 4월 당시 광주유수겸 수어사 박영효가 일본에서 교육을 받고 돌아온 사관 신복모 등을 중심으로 하여 남한산성에서 1,000여 명의 신식군대를 양성하고자 한 것이다. 그러나 이 계획은 당시 집권세력이 박영효를 면직시킴에 따라 무산되고 말았지만, 남한산성이 한때 한말 근대적인 개혁의 중심지 역할을 수행하기도 하였다.38)

## 2) 남한산성에서의 의병투쟁

개항 이후 물밀듯이 들어 온 외세, 그 중에서도 일본은 점차 침략자로서의 야욕을 드러내기 시작하였다. 이에 명성황후가 일본을 견제하는 정책을 펼치자, 1895년 일본은 황후를 시해하는 을미사변을 일으켰다. 아울러 당시 개화정부가 단발령을 강제로 실시하려 하자, 척사사상을 갖고 있는 유생들이 중심이 되어 의병항쟁이 펼쳐졌다.

1896년 봉기한 경기의병의 투쟁 거점은 남한산성이었다. 앞서 1월 17일 김하락, 구연영 등이 이끌던 광주의병이 백현에서 일본군 수비대를 기습 공격하여 전과를 올린 후, 2월 23일 남한산성에 진입하였다. 그 과정에서 산성 수비대와 일진일퇴를 거듭하였으나, 2월 28일 이천의병부대와 합세하여 남한산성을 완전히 점거하였다.

남한산성을 점거한 의병진은 광주의병부대, 이천의병부대, 양근의병부대로 구성된 연합의병부대였으며, 그 수는 1,600여 명에 달하였다. 당

---

38) 이완재, 앞의 책, 118~119쪽.

시 의병부대를 지휘했던 김하락의 「진중일기」에 따르면, 성내에는 곡식이 산더미 같이 쌓여 있고, 식염도 수백 석에 달하여 식량이 충분하였으며, 각종 대포와 조총, 탄환, 철환이 산더미 같이 있었다. 남한산성 연합의병부대는 천혜의 요새지 남한산성을 장악한데다가, 풍부한 군수물자를 확보하였기에 사기가 매우 높았다.[39]

한편 일본군은 이 같은 사실에 큰 위협을 느꼈다. 그래서 일본은 고종을 위협하여 남한산성에 있는 의병을 공격할 것을 요구하였다. 이 요구에 굴복하여 관군이 남한산성에 출동, 사방을 포위하였고, 3월 5일 첫 전투가 벌어졌으나 의병부대의 일방적인 승리로 끝났다. 이후 산발적인 교전이 있었지만 대체로 의병의 승리로 돌아갔다. 이에 조정에서는 관군을 증파하고, 남한산성의 식량 공급로를 끊은 채 항복을 권유하였다. 그러나 의병부대는 도리어 다음과 같은 회답문을 보내어 관군을 꾸짖었다.

지금 우리의 의거는 왜적을 멸하여 위로 국가의 원수를 갚고, 백성을 편안히 하기 위함일 뿐이다. 어찌하여 감히 우리가 관군에 대적하려 하겠는가. 그런데 관군을 거느린 諸公은 왜적을 토멸하려는 것인가, 의병을 토멸하려는 것인가. 만약 장차 외적을 토멸하려 한다면 마땅히 우리들과 함께 왜적을 토멸해야 할 것이다.[40]

이처럼 대의를 당당히 밝힌 남한산성 연합의병부대는 서울 진공계획을 수립하였다. 서울진공계획은 1단계로 수원 근방의 의병진들이 연합하

---

39) 김하락, 1970, 「김하락 진중일기」, 『독립운동사 자료집』 1, 독립운동사편찬위원회, 591쪽.
40) 『駐韓日本公使館記錄』 5권, 15~16쪽(유한철, 1995, 「전기의병운동」, 『경기도항일독립운동사』, 경기도사편찬위원회, 29쪽에서 재인용).

여 수원을 점령하고, 2단계로 남한산성 연합의병부대와 춘천, 분원, 공주, 청주 및 수원의병부대 등이 남한산성 주변에 주둔한 관군과 일본군을 협 공하여 격파하고, 이어 3단계로 삼남지방의 의병과 합세하여 서울로 진 격한 후, 일본군을 구축하고 고종을 러시아 공사관에서 환궁시키는 것이 었다.

서울 진공계획 1단계는 구체적으로 추진되었다. 당시 『동경조일신문 (東京朝日新聞)』 보도에 따르면,

> 경기도 안성, 충청도 온양·장원·평택·목천 등에서 봉기했던 폭도는 그 세를 오미장에 집중해 광주 즉 남한산성의 賊徒와 기맥을 통해 相합하여 장차 수원을 공격한다는 소문이 있다. 이보다 먼저 강화도의 지방병 200여 명은 수원에 왔다가 그 방비에 임하고 있으나 남한산성의 征討를 위해 同地에 파견됐기 때문에 목하 수원은 공허하며 전혀 수비를 缺해 위태한 지경이다. 수일 전 수원은 이미 賊手에 함락됐다는 소문이 있다.[41]

위 기사에 의하면 서울진공작전의 1단계 작전은 어느 정도 진행되었 다고 볼 수 있다.

2단계 계획도 1단계 계획과 함께 동시적으로 추진되었다. 춘천의병 1,200명이 양근에 도착하였는데, 그 중 200여 명이 한강 상류를 건너 광 주에 합류한 것이다. 이처럼 남한산성 연합의병부대와 우세한 형세 속에 서울진공작전을 착착 진행해 나갔다.

그러던 중 3월 22일 남한산성 연합의병부대는 급격히 붕괴하고 말았

---

41) 『東京朝日新聞』, 1896년 3월 31일자.

다. 김하락의 「진중일기」에 의하면, 관군 측에 회유된 이천의병부대의 지
휘관 김귀성 등이 의병들에게 술을 먹여 취하게 한 후, 관군을 끌어들여
남한산성이 함락된 것으로 기록되어 있고, 학계에서는 남한산성 연합의
병부대의 붕괴 과정을 이같이 설명하고 있다. 그런데 남한산성이 함락되
는 날 김하락은 신병으로 인해 치료차 성 밖에 주둔해 있었기 때문에 「진
중일기」 내용은 김하락의 추측에 지나지 않는다.

　『동경조일신문』 1896년 4월 5일자 보도 내용 등을 살펴보면, 의병 붕
괴에 대해 다른 설명을 하고 있다. 첫째는 시일이 경과하면서 산성 내에
쌓여 있던 식량이 점차 바닥을 드러내면서 의병들이 동요를 일으킨 점이
다. 이 같은 상황에서 관군의 남한산성 식량보급로 봉쇄는 의병부대에
큰 타격이 되었던 것이다. 둘째, 의병부대 지휘부의 분열이다. 계속적인
항전을 주장하는 세력과 이에 반대하는 세력으로 의견이 나누어지는 분
열상이 나타난 것이다. 그리고 끝으로 의병항쟁 중 관군에게 체포되어
회유된 김귀성이 남한산성 서쪽 성벽이 파손된 사실을 알게 되었고, 관
군이 이곳을 통해 남한산성 내로 진격하여 치열한 교전 끝에 의병부대가
붕괴된 것이다.

　남한산성의 함락으로 인해 서울진공전이 무산되었고, 의병은 큰 타격
을 입었다. 그러나 이천 의병들은 계속 항전할 것을 결의하고, 영남으로
이동하였다.

　남한산성 의병부대는 여러 의병부대가 연합하여 항전하였다는데 그
의미가 크다. 뿐만 아니라 인근의 의병부대와 연계하여 서울진공전을 추
진하였는데, 이는 한말 의병항쟁사에서 최초의 서울진공계획이라는 점
에서 역사적 의의가 있다. 그리고 남한산성에서 패전한 후에도 일부는
영남 지역으로 이동하여 항쟁을 계속하였는데 이는 남한산성 연합의병

부대의 의병항쟁 의지가 그만큼 확고했음을 말해주는 것이다.[42]

### 3) 1917년 광주군청의 경안 이전과 산성리 주민의 생활

1917년 산성 안에 있던 광주군청이 산성 밖 경안으로 이전하면서, 300여 년간 화려한 군사·행정도시였던 남한산성내 산성리 마을은 급격히 쇠락하였다. 산성리는 조선후기 번성기에는 1,000호 4,000여 명의 인구를 자랑하였다.[43] 그러나 풍부한 농경지가 있는 곳도 아니었고, 군사 행정 중심지로서의 기능만을 수행한 곳이었기에, 광주군청과 함께 치안·체신기관이 함께 떠난, 교통조차 불편한 산촌 마을인 산성리는 주민들이 생계조차 유지하기 어려웠다. 그래서 많은 주민들이 서울과 광주, 여주, 이천, 양평 등지로 떠났고, 인구는 급격히 감소하여, 해방을 전후한 시기에는 70~80호에 불과한 한적한 산촌 벽지로 변하였다.[44] 산성에 남아있는 사람들은 밭농사와 화전, 노동을 하면서 어렵게 생계를 이어갔다.[45]

### 4) 식민지하 항일민족운동의 전개

1919년 3월 27일 남한산성에서 일제의 식민지 지배에 반대하는 3·1운동이 펼쳐졌다. 이 날 시위는 새벽 남한산에 횃불을 올리고 만세를 부

---

42) 유한철, 앞의 글, 26~41쪽.
43) 조병로, 앞의 글, 50쪽.
44) 廣州文化事業會 設立準備委員會, 1956, 『百濟舊都 南漢秘史』, 128~129쪽.
45) 신구전문대학 출판부, 1997, 『남한산성 솔잎향기』, 34~35쪽.

르는 것으로 시작되었다. 오전에는 남한산성 남문 아래 계곡에 중부면 단대리·탄리·수진리 주민 300여 명이 모여 조선독립만세를 부르고, 산성 안으로 진입한 후, 면사무소를 향해 만세시위를 계속하였다. 면사무소에 집결한 시위대가 평소 적극적으로 친일행위를 한 중부면장의 머리를 곤봉으로 가격, 실신시키면서 시위는 무력시위 양상을 드러냈다. 경비 중이던 일본 헌병이 공포를 발사하면서 시위대는 해산하였다. 이날의 만세시위는 평소 적극적인 부일 행위를 한 친일면장을 주민들이 직접 응징하였다는 면에서 의의가 있다고 할 수 있다.[46]

1930년대 들어 남한산성은 항일민족운동의 중심지로 점차 부상하였다. 당시 국내에서의 항일운동은 점차 사회주의 계열이 운동을 주도하였는데, 남한산성 내에도 이 같은 사회주의 계열의 항일민족운동단체가 결성된 것이다. 1930년 석혜환, 정영배 등이 중심이 되어 중부면 산성리에 조직한 남한산노동공조회가 그것이다. 노동자·농민을 의식화시키는 활동을 하다가, 일제 경찰에 그 활동상이 노출되어 탄압을 받자, 일시에 지하로 잠적하였다.

그러나 수년 후 다시 조직을 재건, 광주공동조합을 조직하고 활동하다가, 1934년 12월에는 광주공산당협의회를 조직하였다. 월 1회씩 노동회관에 모여 강연회 등을 개최하고 노동야학을 실시하였다. 그리고 선전물을 제작 배포하였으며, 서울 영등포와 인천 등지에까지 조직을 확산시켜 나갔다. 그러던 중 1936년 1월 조직원이 실수로 노상에서 분실한 조직관련 문건이 일본경찰 손에 우연히 들어가, 구성원들은 체포되고 조직은 붕괴되고 말았다. 당시 남한산성에서 조직된 이들 운동단체

---

46) 이완재, 1995, 「광주군」, 『경기도항일독립운동사』, 434~435쪽.

는 공장 밀접지역인 영등포와 인천에까지 조직원을 파견하였다는 점이 크게 주목된다.[47]

## 6. 해방이후 남한산성 : 역사주제공원으로의 복원

해방 이후에도 산성리 마을은 큰 변화가 없었다. 그리고 식민지하 사회주의 운동의 맥은 이어져 한국전쟁 당시 남한산성은 제2의 모스크바로 불리기도 하였다.[48]

1950년대에 들어 남한산성은 이승만 대통령에 의해 국립공원으로 지정되었다. 먼저 행궁 터에 남한산성과 관련된 문화유산과 물산을 전시한 경기도 물산 진열관이 지어졌다.[49] 그리고 현재 남문 톨게이트가 위치한 지점에서 약 500m 아래 지점에 8각 정자가 건립되었다. 이외 남한산성을 유지 보수하기 위한 별다른 조치는 취해지지 않았으며, 도리어 이승만대통령과 관련된 시설물들만 들어섰다. 수어장대 옆에 이승만대통령 송수탑(頌壽塔)이 세워졌다.[50] 그리고 남문에서 성남으로 이어지는 도로가 이승만의 호를 따서 우남로라 명명되고, 도로 위에 '우남'이라는 글자를 새긴 도로 표석이 세워진 것이다. 이 송수탑과 우남로 표석은 4·19혁명이 일어난 직후 모두 철거되었다.

---

47) 이기하, 1976, 『한국공산주의운동사』 1권, 국토통일원, 1176쪽; 김재순, 1995, 「1930~40 년대 항일독립운동」, 『경기도항일독립운동사』, 611·691쪽.
48) 신구전문대학 출판부, 앞의 책, 36쪽.
49) 廣州文化事業會 設立準備委員會, 앞의 책, 101쪽.
50) 廣州文化事業會 設立準備委員會, 위의 책, 100쪽.

남한산성이 변하기 시작한 것은 1970년대부터이다. 1971년 남한산성이 도립공원으로 지정되고, 1975년부터 그동안 방치되었던 남한산성 문화재에 대한 부분적인 보수 정비가 시작되었다. 1997년까지 성곽 5.1㎞를 보수하는데 모두 40억 3,600여만 원이 투입되어 남한산성은 조금씩 제 모습을 찾아갔다. 그리고 1974년 광지원에서 남한산성을 관통하여 성남으로 이어지는 도로가 포장되었다. 1980년대 중반 이후 국민들의 생활에 여유가 생기고, 자가용이 보급되면서 남한산성은 볼거리가 있고 찾기 편리한 서울 인근의 유수한 관광지로 변하기 시작한 것이다.

1990년대 중반부터 지방자치단체, 지역문화인과 학자들이 남한산성을 재조명하는 작업을 활발히 펼쳐갔다. 1996년 10월 성남시와 성남문화원이 주최가 되어 개최된 '남한산성의 현대적 재조명'이라는 주제의 국제학술회의가 개최되었다. 이후 성남문화원에 모인 교수들이 '남한산성을 사랑하는 모임'을 결성하여 답사와 각종 역사강좌를 개설 운영하고, 경기도 의회 내에 남한산성과 인근 지역 출신 도의회 의원들이 '남한산성보존협의회'를 조직하여 의회 내에서 활동을 벌이면서, 남한산성 정비 및 복원 문제가 본격적인 관심사항으로 제기되었다.

남한산성에 대한 학계의 관심은 계속 이어져, 1998년 6월 경원대학교 차세대디자인정보센터 주최로 '남한산성을 다시 디자인한다'라는 주제하에 세미나가 개최되어, 남한산성 관리상의 문제, 관광자원으로의 활용방안, 생태계 보존 방안 등이 논의되었다.

이와 같은 일련의 학술적 재조명 움직임에 발맞추어 1998년 말, 경기도와 광주군도 남한산성 정비 및 복원문제를 본격적으로 추진하기 시작하였다. 그리고 경기문화재단에서 1998년 12월 남한산성 복원문제를 주제로 광주군청에서 학술회의를 개최, 남한산성의 정비 복원과 문화관광

자원으로의 활용 방안을 깊이 있게 논의하고, 남한산성에 대한 기본적인
마스터플랜 수립이 필요하다는데 의견을 모았다.[51)]

1999년 경기도는 남한산성을 역사주제공원으로 조성하기로 하였다.
마스터플랜은 경원대학교 차세대디자인정보센터에서 맡아 수립하였으
며, 이 마스터 플랜에 따라 경기도는 2000년부터 남한산성 복원작업을
대대적으로 추진하고 있다.

## 7. 맺음말

이상에서 살펴본 바처럼 남한산성은 도성 인근에 위치하면서, 방어하
기에 매우 유리한 자연조건을 지니고 있어 한국사 전개 과정에서 중심축
에 위치해 있었다.

남한산성이 처음 축성된 것은 신라가 삼국을 통일한 직후인 문무왕
12년(672) 당의 침공에 대비해서였으며, 당시에는 주장성으로 불렸다. 고
려시대에도 부분적인 수축이 이루어졌으나, 본격적으로 수축 논의가 제
기된 것은 조선왕조에 들어서이다. 특히 임진왜란 당시 난을 피해 왕과
신하가 북으로 피난한 쓰라린 경험을 한 조정이 유사시 왕과 신하가 들
어가 항전할 수 있는 '보장지지(保障之地)'로서 남한산성을 주목한 것이다.
그러나 전란 중이었기에 수축을 실행하지는 못하였다.

남한산성이 대대적으로 수성되어 오늘날과 같은 모습을 갖춘 것은 인

---

51) 강진갑, 1999, 「문화유산 보존과 문화원」, 『'99 향토사연수 교재-문화재과정』, 경기문
화재단, 66~68쪽.

조대이다. 1623년 인조가 집권한 이후 친명배금책을 실시하면서 후금과 긴장관계가 조성되었고, 유사시에 대비하여 1624년부터 1626년 사이에 대대적인 수축이 이루어진 것이다. 이후에도 수축은 계속되었다. 동시에 남한산성을 방어하기 위한 수어청도 창건되었고, 지방행정단위도 유수부로 승격되어, 때로는 원임대신이 파견되어 다스리는 등 남한산성은 유사시에 대비한 예비 수도로서의 성격을 지니고 있었다.

남한산성은 외세가 침략해 왔을 때 항전의 중심지가 되었다. 고려시대에 몽고가 침략해 왔을 때, 이곳 남한산성에서는 1231, 1232년 두 차례나 몽고군을 격퇴한 바 있다. 특히 2차 침입 때는 몽고군 주력의 예봉을 꺾어 놓아, 남하한 몽고군이 처인성 전투에서 패배하고 마침내 철군하게 만들었다.

조선시대 병자호란 때에는 왕이 이곳에 피신하여 45일간 항전하였다. 그런데 지금까지 남한산성에 대한 일반인들의 인식은 병자호란 당시 청과의 싸움에서 패배한, 치욕의 역사 현장이라는 것이다. 얼마 전까지 남한산성 내에 위치해 있던 유일한 기념관인 병자호란기록화전시관도 병자호란 당시의 굴욕적인 모습을 그린 그림만을 전시하였는데, 이는 남한산성에 대한 협애한 역사인식을 극명하게 드러낸 것이었다. 그러나 병자호란 당시 청과의 전투에서 패배한 것은 성내의 식량이 부족하고, 전국 각지에서 남한산성으로 오던 구원군이 중도에서 모두 패하고, 왕자들이 피신해 있던 강화도가 점령당했기 때문이다. 도리어 남한산성은 청군의 침입을 끝까지 막았고, 성은 함락 당하지도 않았던 것이다. 남한산성이 있었기에 급박한 정세 속에서, 왕이 피신하여 10분의 1밖에 안 되는 열악한 군사력으로도 45일간 항전할 수 있었던 것이다.

한말, 일제시대 남한산성은 항일운동의 중심지였다. 일제가 명성황후를 시해하자 1896년 광주, 이천 등 인근지역에서 봉기한 의병부대가 남한산성에 들어와 서울진공작전을 꾀한 곳이다. 일제 식민지하에서는 3·1 운동은 물론 사회주의 운동을 활발히 펼쳐 항일민족운동 전개과정에서 중심적 역할을 수행하기도 하였다.

그러나 식민지 시대 이후 남한산성은 빠른 속도로 훼손되기 시작하였으며, 조선후기 번창기에 1,000호에 달하던 산성리 마을은 불과 70~80호만이 거주하는 산간 벽지마을로 전락하였다. 그러나 1970년대 남한산성이 다시 보수 정비되기 시작하고, 1980년대 이후 서울 인근의 유수한 문화관광지가 되면서 남한산성은 변모하기 시작하였다.

1999년 경기도가 남한산성을 종합적으로 복원하여, 역사주제 공원으로 조성하기로 결정한 이후 남한산성은 크게 변하고 있다. 상궐이 복원되었으며 성곽도 연차적으로 복원 중이다. 남한산성은 지역주민과 지방자치단체, 지역의 문화인과 학자들이 모두 지혜를 모아 우리 후손에게 자랑스럽게 물려줄 훌륭한 문화유산으로 복원해야 할 것이다.

(『남한산성 문화유적 지표조사 보고서』, 토지박물관, 2002.2)

# 한말 일제의 영종도 토지침탈과 지역주민의 저항

## 1. 머리말

한말 일본제국주의는 한국의 미간지(未墾地)에 대하여 깊은 관심을 가지고 이를 침탈하였다. 일제가 깊은 관심을 가지고 있었던 한말 한국의 미간지는 그 총면적이 약 120여만 정보에 달하였다.[1] 한국의 미간지는 소유형태에 따라 민유미간지(民有未墾地), 관유미간지(官有未墾地), 궁유미간지(宮有未墾地), 무주한광지(無主閒曠地) 등 네 종류로 구분되었다. 민유미간지는 민인(民人)의 사유권이 확립된 미간지이며, 관유미간지는 국방 등 특정한 목적 때문에 관아(官衙)가 소유권을 갖고 있는 미간지이다. 궁유미간지는 입안절수(立案折受)에 의하여 황실이 소유권을 갖고 있는 미간지이고, 무주한광지는 사유(私有)가 확정되지 않은 미간지이다.[2]

미간지의 개간 절차는 소유형태에 따라 차이가 있다. 민유미간지는

---

1) 愼鏞廈, 1979, 『朝鮮土地調査事業研究』, 韓國研究院, 181~183쪽.
2) 위의 책, 179~180쪽.

사유지이므로 소유주 임의로 매매와 개간이 가능하였고, 관유·궁유미 간지는 관할 관청의 허가를 받아야만 개간이 가능하였을 것으로 생각된 다. 무주한광지는 개간을 원하는 자가 관에 개간을 신청하여 입안(立案) 을 받으면 개간권을 소유하게 된다. 그 후 개간을 하면 개간지는 개간자 의 사유지로서 인정되었다.3) 이같이 민유미간지를 제외한 관유미관지 ·궁유미간지·무주한광지는 모두 정부의 허가를 받아야만 개간할 수 있었다.

이 같은 한국의 미간지에 대한 한말 일제의 침탈사는 일본인의 미간 지 취득 방법과 한국정부의 미간지 정책에 따라 다음과 같이 세 시기로 나눌 수 있다.

제1기는 1906년 11월 30일 이전의 시기로, 외국인의 미간지 취득이 금지되었음에도 불구하고 일본인들이 이를 취득한 시기이다. 이 시기에 한국정부는 조계(租界)로부터 10리 밖의 지역 즉, 내지(內地)에 대해서 외국 인의 토지소유를 금지하고 있었다.4) 따라서 당연히 미간지 소유 및 개간 도 금지되었다. 특히 정부는 원칙적으로 외국인에게 미간지 개간권을 인 가하지 않는 방침을 세우고 있었으며,5) 1905년 4월에는 「기간인허규칙 (起墾認許規則)」을 정하여 한국인에게 개간이 인가된 미간지를 외국인에게 전당잡히는 것조차 금하였다.6) 이에 따라 개간을 하는데 정부의 허가가 필요한 관유미간지·궁유미간지·무주한광지를 외국인이 개간한다는

---

3) 위의 책, 137쪽, 265~272쪽.
4) 淺田喬二, 1968, 『日本帝國主義と舊植民地地主制』, 御茶の水書房, 70쪽.
5) 趙璣濬, 1973, 『韓國資本主義成立史論』, 大旺社, 160쪽.
6) 『皇城新聞』, 1905년 4월 13일자. "起墾認許規則, 農商工部에셔 起墾認許規則을 新定 ᄒ얏는디 一은 該地與認許狀을 外國人에게 典치 못ᄒᆯ事이오(中略) 一은 上項諸條에 犯ᄒ면 本認狀은 勿施ᄒ고 該犯人은 當勘重奉ᄒᆯ 事라 ᄒ얏더라."

것은 원칙적으로 불가능하였다.

제1기 중 일제가 미간지에 대하여 깊은 관심을 나타내기 시작한 것은 1904년경부터이다.[7] 그리고 일제의 관심이 구체적인 침탈기도로 나타난 것이 1904년 나가모리 도키치로(長森藤吉郞)의 「황무지개척권 요구」이다. 이것은 일본정부가 나가모리 도키치로를 내세워 한국의 민유황무지를 제외한 일체의 황무지를 일거에 약탈하려한 사건이었다. 그러나 일본정부의 침탈기도는 한국민의 전국적 규모의 반대에 부딪혀 좌절되었다.[8] 그러나 이후에도 일제는 미간지에 대한 관심을 포기하지 않았다. 그래서 앞에서 살펴본 바처럼 한국정부가 외국인의 미간지 취득을 금지하고 있음에도 불구하고, 제1기 중에 일본인들은 미간지 개간을 영업목적의 하나로 내세우는 농업회사를 설립하거나,[9] 또는 개인 및 농장단위로 미간지를 소유 혹은 개간하였다.[10] 이때 일본인들이 미간지를 취득한 방법은,

---

7) 다음과 같은 책에서 한국 미간지에 대한 기사가 보인다.
   吉川祐輝, 1904, 『韓國農業經營論』, 大日本農會, 25~28쪽; 黃山一平, 1904, 『韓國視察錄~農業に關する部』, 26~27쪽; 加藤末郞, 1904, 『韓國農業論』, 裳華房, 82~90쪽; 大阪商業會議所, 1904, 『韓國産業視察報告書』, 47~51쪽.

8) '荒蕪地開拓權 要求'에 대해서는 다음과 같은 논문이 있다.
   尹炳奭, 1964, 「日本人의 荒蕪地開拓權 要求에 대하여」, 『歷史學報』22, 25~72쪽; 君島和彦, 1979, 「日露戰爭下朝鮮における土地略奪計劃とその反對鬪爭」, 『朝鮮歷史論集』下, 龍溪書舍, 267~294쪽.

9) 中村彦, 1907, 『韓國ニ於ケル農業ノ經營』, 41~42쪽. 미간지 개간을 영업목적의 하나로 내세우고 설립된 회사로는 韓國興業株式會社(1904년 설립), 韓國勸業株式會社, 韓國拓殖株式會社(이상 1906년 설립)가 있다. 그런데 中村彦, 앞의 책, 42쪽에 韓國興業株式會社의 창립이 1906년으로 되어있으나, 이는 1904년의 잘못이다. 韓國興業株式會社에 대해서는 淺田喬二, 앞의 책 146~166쪽 참조.

10) 日本農商務省, 1906, 『韓國土地農産調査報告』, 京畿道·忠淸道·江原道, 147쪽. "忠淸道 恩津郡 馬九坪의 미간지(는) 대부분 本邦人(일본인-필자)의 소유로 돌아가 개간 중이다"·"忠淸道 鴻山郡 昆岩及窺岩 미간지(는) (……) 대부분 이미 本邦人(일본인-필자)의 소유에 돌아가 목하 개간 중이다"(위의 책, 150쪽).

민유미간지의 경우 매매·개간을 하는데 정부의 허가가 필요하지 않았기 때문에 기간지(旣墾地)를 취득하는 방법[11]과 같았을 것으로 생각된다.

제2기는 「토지가옥증명규칙(土地家屋證明規則)」이 시행된 1906년 12월 1일부터 「국유미간지이용법(國有未墾地利用法)」이 시행되기 전인 1907년 9월 14일까지이다. 이 시기는 외국인이 민유개간지를 합법적으로 취득할 수 있었던 시기이다. 「토지가옥증명규칙」은 일제의 강요에 의해 한국정부가 1906년 10월에 공포한 법이다. 이 법에 의해 외국인은 합법적으로 내지(內地) 토지를 소유할 수 있게 되었다.[12] 이에 따라 민유미간지도 외국인이 합법적으로 소유·개간할 수 있게 되었다.[13] 그러나 아직 외국인이 관유미간지·궁유미간지·무주한광지를 개간하는 것은 금지되어 있었다.

제3기는 「국유미간지이용법」이 시행된 1907년 9월 15일부터 일제가 한국을 완전히 식민지화한 1910년 8월 29일까지이다. 이 시기는 외국인이 모든 미간지를 합법적으로 취득할 수 있었던 시기이다. 「국유미간지이용법」 역시 일제의 강요에 의해 한국정부가 1907년 7월 공포한 법이다. 이 법은 비민유미간지, 즉 관유미간지·궁유미간지·무주한광지를 국유미간지라 하여 외국인이 합법적으로 취득할 수 있게 해 주었다.[14]

---

11) 淺田喬二, 앞의 책, 69~70쪽. 日本人들이 旣墾地를 취득하는 전형적인 방법은 高利貸 流質과 賣買이다. 「土地家屋證明規則」 시행(1906년 12월) 전에는 외국인의 內地土地 所有가 금지되었기 때문에, 일본인들은 토지 거래시 朝鮮人名義의 借用, 朝鮮人 官吏에 청탁하여 自己名義로 등록, 半永久的인 土地使用 收益權의 획득, 買主의 名義없는 文記 의의 작성, 抵當證書와 放賣文記의 二重作成 方法 등을 취하였다.

12) 『韓國施政年報』(1906·1907年度) 附錄, 31~32쪽.

13) 외국인의 민유미간지 취득 금지는 외국인의 內地土地 소유금지 규정에 의거한 것이다. 따라서 「土地家屋證明規則」에 의해 이 규정이 철폐되자, 외국인도 합법적으로 민유미간지를 소유할 수 있게 된 것이다.

이 시기에 일본인들은 한국의 미간지를 광범위하게 침탈하였다.[15]

한말 일제의 미간지 침탈을 좀 더 체계 있고 깊이 있게 이해하기 위해서는 일본인들의 미간지 취득방법과 미간지 개간실태에 대한 연구가 요청된다. 이 글에서는 그중 관유미간지·궁유미간지·무주한광지의 취득이 제도상으로는 거의 불가능했던 1·2기에 있어서, 일본인들이 구체적으로 어떤 방법을 통해서 이를 취득할 수 있었는지를 살펴보고자 한다. 이에 대한 연구로는 조기준(趙璣濬) 교수의 논고[16]가 있다. 조교수는 이시기에 일본인들이 "한국인을 앞세워 한국인의 명의로 개간권을 얻으려고 책동을 전개하였다"[17]고 하여, 1·2기에 있어서 일본인의 미간지 취득방법을 밝혀주었다. 그러나 이 연구는 내용이 소략할 뿐만 아니라, 일본인이 미간지를 본격적으로 침탈하기 이전인 1900년도 사료[18]를 근거

---

14) 국유미간지의 취득 절차는 貸付와 拂下 두 단계로 나누어져 있다. 개간을 원하는 자는 먼저 대부를 받아야 하며, 대부받은 자가 대부받은 토지를 개간하면, 한광지를 불하받았다. 「國有未墾地利用法」에 대해서는 다음의 것이 참조된다.
『韓國施政年報』(1906·1907년도) 부록, 33~35쪽; 李在茂, 1957, 「いわゆる＜日韓併合＞＝＜强占＞前における日本帝國主義による朝鮮植民地化の基礎の諸指標」, 『社會科學研究』9~6, 18~19쪽; 淺田喬二, 앞의 책, 89쪽; 金榮秀, 1969, 「舊韓末 日帝의 土地掠奪의 諸形態」, 경북대 경제학박사학위청구논문, 33~34쪽; 愼鏞廈, 앞의 책, 185~186쪽, 282~285쪽; 金載勳, 1983, 「韓末 日帝의 土地占奪에 관한 研究－'國有未墾地利用法(1907년)'을 중심으로」, 한국정신문화연구원 부속대학원 석사학위청구논문, 1~107쪽.

15) 1910년 12월말 당시, 일본인들은 17,639.9町步의 미간지를 소유하고 있었고(『朝鮮總督府 統計年報』1910년도, 183~184쪽), 3,868町步의 국유미간지를 대부받았다(『朝鮮總督府 施政年報』1910년도, 269쪽).

16) 趙璣濬, 앞의 책, 160~161쪽.

17) 趙璣濬, 위의 책, 160~161쪽.

18) 『皇城新聞』1900년 6월 8일자. "外人墾土의 不許, 光州郡守 宋鍾冕氏가 內部에 報ᄒ기를 扶餘居 金宇泰가 農部의 開墾訓令을 到付ᄒ 바 本郡 北門外 三里許에 名有柳林藪ᄒ니 設邑以來로 種植禁護ᄒ야 外捍水口ᄒ고 中設雩壇ᄒ니 方邑緊重이 不啻尋常이라

로 하였다는 한계가 있다. 이 같은 한계를 극복하기 위해서 이 글에서는 1905~1906년 영종도(永宗島)의 사례를 통하여 이를 구명(究明)해 보고자 한다.

영종도 사례는 일본인 다케카와 세이지(武川盛次)가 영종도 미간지 개간권을 취득한 사례이다. 다케카와 세이지는 개간권을 취득한 후, 영종도 미간지 경영을 영업목적으로 한 권업합자회사(勸業合資會社)라는 한일합작 회사를 설립하였다. 그리고 한편으로는 영종도 민유지를 약탈하여 영종 도민들의 거센 저항을 불러일으켰다. 이 같은 영종도 사례에 대한 본 연 구는 한말 한일합작회사의 성격의 일단에 대한 해명과 아울러 일제의 토 지침탈에 대한 한민족의 대응의 한 모습도 밝혀줄 수 있을 것으로 기대 된다.

## 2. 일본인의 영종도 미간지 침탈

영종도는 현 인천광역시 중구 영종동의 주도(主島)로서 인천광역시와 는 약 4km정도 떨어져있다. 영종도의 면적은 39.9km²이며,[19] 섬의 남・ 서・북쪽 연안에 섬의 면적보다 넓은 간석지(干潟地)가 있으며, 그동안 많 은 개간사업이 이루어졌고, 1986년 1월 조사당시에도 개간사업이 진행

---

居他道之金宇泰가 視以空閑ㅎ고 有比訴部之境이오나 所謂 金宇泰ᄂ 訓致時에 身不眼 同ㅎ니 便是借名이오 日本人 奧村五百이 白丁酉年으로 來住郡底ㅎ야 稱以本願寺實業 敎長ㅎ옵더니 今者에 圖得此藪ㅎ야 自慾開拓ㅎ니 雖一士一木이라도 公基所重이 自別 홀쑨더러 約章言之라도 商岸組界十里外에ᄂ 外國人이 不得買土築屋이니 此롤 禁斷홈 을 請홈이 內部에서 指令ㅎ야 金宇泰롤 提囚ㅎ고 所墾土ᄂ 勿許ㅎ라 ㅎ얏더라."
19) 孫成祐, 1979, 『韓國地名辭典』, 경인문화사, 472쪽.

중에 있었다.[20] 따라서 섬의 모습은 시간이 흐름에 따라 계속 변화해 왔다. 1972년 당시 거주인구는 1,969호 1만 676명이었으며, 이 중 농가는 1,371호로 총 호수의 70%를 차지하였고,[21] 어업에 종사하는 호수는 약 20% 정도가 되었다.[22]

영종도의 옛 명칭은 자연도(紫燕島)이다. 이 섬에는 고려시대에도 많은 민간인이 살고 있었으며, 이 후 중국에서 오는 사신을 접대하는 경원정(慶源亭)이 있었다. 조선시대에는 군마를 기르는 목장이 있었다. 1868년 오페르트가 남연군묘(南延君墓)를 도굴한 후 영종도에 상륙한 바 있으며, 1875년 운요호사건(雲揚號事件) 때는 일본군의 공격으로 영종진(永宗鎭) 성 내에 있던 군민(軍民) 600명 중 35명이 전사하고 민가가 소실되는 등[23] 그 위치가 인천 앞바다라는 지정학적 조건으로 인해 개항 직전 외국인으로부터 많은 피해를 입었다. 그리고 1894년 당시 거주호수는 569호였다.[24]

이 글에서 다루고자 하는 시기인 1905~1906년 당시 섬의 실태를 살

20) 필자의 1986년 1월 21일, 22일 양일간의 현지답사와 영종도 鄕土史家 金根培선생의 증언(1986년 1월 21일 영종도 중산 5리 선생의 자택에서 청취, 이하 김근배선생의 증언은 이때 청취한 것임)에 의해 확인한 사실임. 당시 영종도 연안 간석지의 넓이에 대해서는 1986년 현재 시중에서 사용하고 있는 지도를 참조.
21) 1972년 10월 1일 실시한 인구센서스에 의한 것임. 이 때 조사내용이 영종면(1986년 당시) 사무소에 비치되어 있는 『우리면의 소재』라는 유인물 책자에 수록되어 있다.
22) 주19)와 같음.
23) 仁川府, 1933, 『仁川府使』, 27~28쪽; 『우리면의 소개』; 李光麟, 『韓國史講座』 V, 일조각, 42·70쪽.
24) 『畿甸邑誌』(규장각 도서번호 12182). 1894년 당시, 영종도는 주위의 三木島, 薪佛島, 龍流島, 無衣島, 贅無衣島, 月尾島 등과 함께 永宗鎭의 관할 하에 있었다. 이때 영종진 관할 지역의 호구수는 918호 2,438명이었다. 영종도에 대한 읍지로는 다음과 같은 것이 있다.
『永宗鎭邑誌』(규장각 도서번호 17355); 『京畿誌』(규장각 도서번호 12178); 『京畿邑誌』(규장각 도서번호 12177).

펴보면, 섬의 총 면적은 3,017.09정보이며, 이 중 답(畓)이 12정보, 전(田)이
596정보, 산지(山地)가 2,316.09정보, 해변미간지가 93정보였다.[25] 그리고
해변에는 섬의 면적보다 넓은 간석지가 있었다. 당시 농지 중에는 궁토
(宮土)가 있었으며,[26] 영종도 미간지는 무주한광지였고,[27] 영종도는 행정
구역상 인천군에 속해 있었다.[28]

　1905년 인천에 거주하는 일본 제일은행(第一銀行)원 다케카와 세이
지[29]가 <지도 1>[30]에서 보이는 송산과 구읍 사이에 위치하는 해변 미

---

25) 『韓國土地農産調査報告』, 京畿道・忠淸道・江原道, 180쪽.

26) 『仁川港案』 1(규장각 도서번호 17863－1) 「訓令 第1號」, 1906년 6월 11일자. 그리고
　　金根培先生의 증언에 의하면 한말 영종도에 嚴妃의 토지가 있었다고 한다.

27) 『仁川港案』 1, 「報告書 第1號」, 1905년 4월 20일자; 「劉基豊 供招」, 1908년 6월
　　25일자.

28) 『仁川港案』 1, 「報告書 第2號」, 1905년 5월 15일자.

29) 武川盛次는 1868년 일본 兵庫縣에서 출생, 1883년 三井銀行에 入行하였고, 다음해
　　인 1884년 일본 第一銀行 본점으로 옮겼다. 언제부터 한국에서 근무하였는지는 알
　　수 없으나, 1905년에는 第一銀行 인천지점에 근무하였다(川端原太郎, 『朝鮮在住內地
　　人實業家人名辭典』, 朝鮮實業新聞社, 京城, 1913, 115쪽; 『仁川港案』 1, 「劉基豊 供
　　招」・「柳興柱 供招」, 1906년 8월 6일자). 그런데 武川盛次가 1868년에 출생하였다
　　는 점에 대해서는 의문의 여지가 있다. 출생년이 올바르다면 15세부터 은행에 근무한
　　것이 되기 때문이다. 한편 그는 한국에서의 農林業 經營에 관심이 많아 1905년 말에
　　는 인천항 多所面에 있는 山을 매입하였고(『仁川港案』 1, 「監 第67號」, 1905년 5월
　　12일자・「照覆日本理事官」, 1906년 5월 17일자・「報告書 第29號」, 1906년 5월 18
　　일자・「報告書 第34號」, 1906년 6월 12일자 參照), 1907년에는 農林業 또는 農林産
　　物 거래에 종사하는 자들로 구성된 韓國 中央農會에 가입하였다(『韓國中央農會報』
　　5號, 1907년 11월호, 57쪽).

30) 『仁川港案』 1에는 1906년 작성된 「永宗島 地圖」가 수록되어 있다. 이 「永宗島 地圖」
　　에는 일본인 武川盛次가 약탈한 민유지의 경계 및 그가 세운 건물, 그리고 한국인
　　마을의 위치 등이 잘 나타나 있다. 그러나 이 「永宗島 地圖」에 수록된 영종도의 지형은
　　실제 영종도의 모습과는 큰 차이가 있다. 그래서 필자는 상기한 「永宗島 地圖」와 1986
　　년에 시중에서 사용 중인 지도, 그리고 1986년 1월 21, 22일 양일간 필자가 현지에서
　　조사한 영종도 각 지역의 개간 시기 등을 참고하여, 1905년경 영종도 松山洞・舊邑
　　洞・大碑洞 일대의 지도를 복원 작성하였다. 그것이 이 지도이다.

〈지도 1〉 1905~1906년경 영종도 송산동 일대

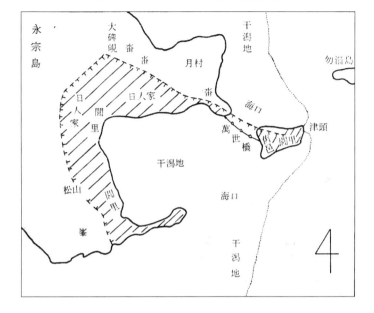

간지와 간석지(이하 영종도 미간지라 약칭)를 침탈하려고 하였다.

　그는 이 지역을 개간하여 목축업을 경영하려 하였다. 당시 일본인들
은 한국의 미간지에 대해 매우 많은 관심을 가지고 있었는데, 다케카와
세이지도 그 중 한 사람이었다. 다케카와 세이지가 영종도 미간지를 주
목한 것은 영종도가 그의 거주지와 가까워 개간사업을 주관하기에 편리
할 뿐만 아니라 개간 사업지로서 적지였기 때문인 것으로 생각된다. 개
간을 하기에는 미간지 중에서도 간석지가 가장 편리하고,31) 그 중에서도
해안선의 굴곡이 심하고 앞면에 섬이 있는 지형이 제방을 쌓기에 편리하
여 개간에 더욱 적합하다.32) 당시 다케카와 세이지가 개간하려 한 지역

---

31) 金載勳, 앞의 논문, 12 · 61~62쪽.

도 앞의 <지도 1>에서 보는 바와 같이 이러한 지형조건을 비교적 잘 갖추고 있었다.

영종도 미간지는 무주한광지였기 때문에, 개간을 하기 위해서는 정부의 허가를 필요로 하였다. 그런데 앞에서 살펴본 바처럼 1905년 당시 한국정부는 외국인에게 미간지 개간권을 인가하지 않는다는 방침을 세우고 있었다. 그래서 다케카와 세이지는 자신의 명의로 영종도 미간지 개간권을 한국정부에 신청할 수가 없었다. 따라서 그는 한국인을 내세워한국인 명의로 영종도 미간지 개간권을 취득할 수밖에 없었다.

다케카와 세이지가 영종도 미간지 개간권을 취득하기 위해 고용한 한국인은 인천에 거주하는 황석원(黃錫元)·이치명(李致明)·유기풍(劉基豊)이다. 그들 중 황석원의 신분은 알 수 없고, 이치명과 유기풍은 일본인과한국인 밑에서 사무원으로 근무한 경력이 있는 자들이다.33) 이들은 일정한 대가를 받기로 하고 다케카와 세이지에 고용되었다.34) 다케카와 세이지는 이들 한국인과 자신 사이에 스즈키 케이지로우(鈴木銈次郎)라는 일본인을 두어, 그로 하여금 일의 실무를 담당케 하고 고용된 한국인들을 직접 조종케 하였다.35)

---

32) 鄭璋鎬, 1977, 『地理學辭典』, 경인문화사, 14쪽.

33) 『仁川港案』 1, 「劉基豊 供招」. 李致明과 劉基豊은 1904년 일본인 鈴木銈次郎이 한국에서 採石事業을 할 때 그 밑에서 함께 사무를 본 바가 있다. 劉는 그 후 仁川港各主金昌永家와 金觀悅家의 書寫로 근무하였다.

34) 위의 책. 이들이 받기로 한 대가는 유기풍의 경우만 밝혀졌는데, 그는 매월 40元씩받기로 하였고 후에 회사가 설립되면 書寫職을 맡아 매월 50元씩 받기로 하였다. 元은한국화폐의 단위이고, 후술하는 圓은 일본화폐의 단위이다.

35) 武川盛次는 鈴木銈次郎에게 상당한 재량을 주어 일을 추진케 하였다. 이치명과 유기풍이 1년 전에 鈴木銈次郎 밑에서 일한 경력이 있는 것을 볼 때(주33 참조), 이들한인을 추천한 것도 鈴木銈次郎이라고 생각되어 진다.

스즈키 케이지로우는 처음에 이치명과 황석원에게 일의 추진을 맡겨 우선 영종도에 대한 자세한 조사를 하게 하였다.[36] 그런데 황석원과 이치명이 일을 만족스럽게 처리하지 못하고 유기풍이 일처리를 보다 잘하자, 이번에는 유기풍에게 일의 추진을 의뢰하였다.[37]

영종도에 대한 사전 조사를 끝낸 다케카와 세이지와 스즈키 케이지로우는 1905년 4월 초순에 유기풍으로 하여금 궁내부에 청원서를 제출케 하였는데, 그 내용에

仁川港居 黃錫元 李致明等, 本人等이 習得西洋牛乳製造及 養猪 養鷄法ᄒ여 鳩聚資金ᄒ야 今將設業이오나 本港則人多地陜ᄒ고 且 近年 牛疾이 流行ᄒ야 多有折傷之弊이온지라 永宗島中에 有空虛陳荒之處 而此地設業ᄒ면 事可便宜이오나 係是宮內府所管 則特蒙認許然後에 搆('構'자의 誤－필자)屋設業헐터이옵기 玆敢請願ᄒ오며 稅金은 每年 紙貸 五十立式 헐터이오니 照亮ᄒ옵신後 特爲許施

라고 하여, 황석원·이치민의 명의로 영종도 미간지 사용 허가를 신청하였다.[38]

유기풍은 청원서 제출을 전후하여, 전직관리인 신성오(申星五)를 매개

---

36) 『仁川港案』 1, 「劉基豊 供招」. <昨年(1905년－필자) 陰二月望間(陽曆 3월 20일－필자)에 李致明與矣身(劉基豊－필자)에 一次同行 永宗ᄒ와 看審該地>.

37) 『仁川港案』 1, 「劉基豊 供招」.

38) 『仁川港案』 1, 「請願書 A」. 1905년 4월. 유기풍은 궁내부에 청원서를 두 차례에 걸쳐 제출하였는데, 이를 구별하기 위하여 편의상 먼저 제출한 것을 「請願書 A」, 뒤의 것을 「請願書 B」라 하였다. 그런데 영종도 미간지는 무주한광지로 궁내부 소관이 아니다(주27과 같음). 그럼에도 이들이 궁내부에 인허를 신청한 것은 그들이 「請願書 A」에서 밝힌 바처럼 영종도 미간지를 궁내부 소관으로 잘 못 알았기 때문인 것으로 생각된다.

로 궁내부관리 및 그들과 관련 있는 인물들을 직접 혹은 간접으로 광범
위하게 접촉하였다. 그가 접촉한 인물은 청원서 처리를 담당하는 간부인
궁내부 과장 김용제(金鎔齊), 그리고 김용제와 가까운 사이인 나일영(羅一
英), 궁내부대신서리겸 내부대신 이치용(李埴鎔)의 외숙인 송참봉(參奉), 전
직관리 최건식(崔健植) 등이다. 유기풍이 이들과 접촉한 이유는 그들에게
뇌물을 주어 궁내부로부터 인허를 취득하기 위해서였다.[39]

청원서를 접수한 궁내부는 4월 10일자로 인천감리서(仁川監理署)에 영
종도의 현황을 조사·보고하라고 지시하였다.[40] 이에 인천감리서는 순
검(巡檢) 석용환(石龍煥)을 영종도에 파송(派送)하여 섬의 실태를 조사하게
하였는데, 이때 유기풍이 동행하였다.[41] 인천감리서는 조사결과를 4월
20일자로 궁내부에 보고하였는바, 그 내용에

> 該地에 本無民戶옵고 峯山有各民塚幾箇 而亦無松林이옵고 峯下民有田一日畊
> 畓四斗落은 係是應王稅 各自畊食이오며 餘他地段은 確是陳荒處이오나 詳探於近方

---

39) 『仁川港案』 1, 「劉基豊 供招」, 「再問 劉基豊」 1906년 7월, 「羅一英 供招」 1906년
7월 3일자, 「追問 劉基豊」 1906년 8월 6일자. 『大韓帝國官員履歷書』, 763~766쪽.
유기풍은 이들과 접촉한 것이, 청원서의 궁내부 제출 및 청원서에 대한 認許題旨가
발급되면 이를 알려달라는 것을 부탁하기 위해서였다고 진술하였다. 그러나 認許題旨
가 발급되면 당연히 請願人에게 통고되는데도 불구하고 이를 알기 위하여 이들과 접촉
했다는 유기풍의 진술은 믿을 수가 없다. 더욱이 後述하는 바처럼 유기풍은 첫째 영종
도 미간지 개간권 취득과 관련하여 1905년 4월 10일경 仁川監理署를 매수하였고,
또 1905년 6월 2일 立標定界時 동행한 柳興柱를 매수하려고 시도한 바 있다. 둘째
궁내부에 청원서를 제출한 이후 인허될 때까지 청원서의 처리 상태를 항상 사전에
통보받았다. 셋째 宮內府大臣署理인 李埴鎔의 외숙까지 접촉하였다. 이것으로 미루어
보아 유기풍이 그들을 매수하기 위하여 접촉하였다는 것은 거의 의심할 여지가 없다.
40) 『仁川港案』 1, 「請願書 A」의 題辭, 1905년 4월 10일자. 「形便如何 詳査馳報事」.
41) 『仁川港案』 1, 「報告書 第1號」, 1905년 4월 20일자. 「劉基豊 供招」.

人ㅎ은 즉 不是宮內府所屬句管이라 統以言之면 係是空閑無主

라 하여, 영종도에는 민호(民戶)도 없고 전답은 일일경(一日畊) 사두락(四斗
落) 밖에 없으며 나머지는 진황처(陳荒處)라고[42] 허위보고를 하였다. 인천
감리서가 이같이 궁내부에 허위보고를 하게 된 것은 유기풍에게 매수되
었기 때문이다.[43]

　인천감리서의 보고서가 궁내부에 접수된 후, 신성오는 유기풍에게 궁
내부에서 이미 인허하기로 결정하였다는 것을 알려주면서, 한 번 더 청
원서를 궁내부에 제출하라고 하였다.[44] 이는 궁내부관리들이 유기풍의
청원을 이미 인허하기로 하였으나, 인천감리서 보고서에 영종도 미간지
가 궁내부 소관이 아니라는 구절이 있어, 궁내부관리들 입장에서는 유기
풍의 청원서를 한 번 더 받아둘 필요가 있었기 때문인 것으로 생각된
다.[45] 이에 따라 유기풍은 재차 청원서를 궁내부에 제출하였다.[46]

　궁내부는 다케카와 세이지가 황석원과 이치명 명의로 제출한 청원서
를 1905년 4월 22일자로 인허하였다.[47] 인허 조건은 "매년 세금 50원(元)
을 납부할 것과, 인허지를 외국인에게 전당잡히거나 매매치 말 것이며,

---

42) 『仁川港案』 1, 「報告書 第1號」, 1905년 4월 20일자.
43) 영종도민들은 이때 仁川監理署가 허위보고하게 된 경위를 「仁(川)港居 黃錫元 李致明
兩人이 本 各洞 民有地를 以空閑無主地로 暗囑于仁川監理署」하였기 때문이라 하였다
(『仁川港案』 1, 「訓令 第1號」, 1906년 6월 11일자). 그런데 유기풍이 청원서를 황석원
과 이치명 명의로 제출하였기 때문에 영종도민들은 유기풍과 황석원, 이치명을 혼동하
고 있다.
44) 『仁川港案』 1, 「劉基豊 供招」.
45) 『仁川港案』 1, 「劉基豊 供招」.
46) 『仁川港案』 1, 「請願書 B」, 1905년 4월.
47) 『仁川港案』 1, 「請願書 B」의 題辭, 1905년 4월 22일자.

이를 어길 때는 인허를 취소한다"는 것이었다.48) 여기서 특히 외국인에게 매매, 전당잡히지 말라는 내용의 인허조건은 당시 정부가 미간지 개간권을 인허할 때 취하는 기본적인 조건이었다.49) 이 때 인허된 지역은 앞의 <지도 1>에 보이는 송산과 구읍 사이에 위치한 해변미간지와 간석지였다.50) 그런데 영종도 미간지가 궁내부 소관이 아닌데도 궁내부가 이를 인허한 것은, 첫째, 궁내부관리가 매수되었고, 둘째, 궁내부 입장에서도 수입이 되기 때문인 것으로 생각된다.51)

## 3. 일본인의 영종도 민유지 약탈

유기풍은 나일영을 통하여 궁내부관리인 김용제에게, 궁내부에서 영종도에 관리를 파송하여 인허가 된 지역을 구체적으로 확정하는 입표정계(立標定界)를 해 줄 것을 여러 차례 요청하였다.52) 이에 대해 김용제는

---

48) 『仁川港案』 1, 「請願書 B」의 題辭, 1905년 4월 22일자. 「依願准許是在果 稅納段 無違來納ᄒ며 符同外人 典質賣買之弊 則勿施事」.

49) 주6) 참조.

50) 『仁川港案』 1, 「永宗島 地圖」. 궁내부는 원하는 바에 의해 인허한다 하였는데(주48 참조), 유기풍이 인허를 청원한 지역이 「永宗島 空虛荒地 潮水四入處」이다(『仁川港案』 1, 「請願書 B」). 한편 勸農合資會社 定款 第1條에 "韓國宮內府로부터 特許를 得한 仁川港 西北에 位置한 永宗島 南東의 陳荒未墾地 一個所 即 別紙 附屬圖面의 場所~海水出入하는 곳을 포함~"이라고 하여 認許地가 명시되어 있다(『公牘存案』, 「勸業合資會社 定款」).

51) 궁내부는 자체 수입증대를 위하여 소관업무가 아닌데도 불구하고 특허를 남발한 예가 많았다(『舊韓國外交文書』 7, <No. 8860> 1905년 8월 21일자, <No. 8879> 1905년 8월 26일자, <No. 8895> 1905년 9월 5일자).

52) 『仁川港案』 1, 「劉基豊 供招」, 「劉基豊 追供」, 「追問 劉基豊」.

나일영을 통하여 "세금을 납부하기 전에는 어려울 것이다"라고 답변하였다.53) 그래서 유기풍은 다케카와 세이지로부터 50원(元)을 받아 1905년도 세금조로 나일영을 통해서 김용제에게 납부하였다.54) 그런데 세금을 받은 김용제는 이를 궁내부에 접수시키지 않고 횡령하였다.55) 그리하여 김용제는 입표정계가 공무이므로 궁내부관리를 파송해야 함에도 불구하고,56) 민간인인 유흥주(柳興柱)57)를 파송할 수밖에 없었다. 유흥주를 파송하면서 김용제는 그에게 궁내부고원(宮內府雇員) 행세를 하라고 지시한 것으로 생각된다. 이에 따라 유흥주는 유기풍에게 궁내부고원이라고 사칭하였고, 유기풍은 이를 신뢰하였다.58) 유흥주는 원래 궁내부순검이었는데, 전년도인 1904년 12월 면직되었다. 그래서 그는 매일 김용제 집을 드나들며 복직을 부탁하고 있는 처지였으므로,59) 김용제의 어떠한 지시도 거절할 수 없는 입장이었다.

---

53) 『仁川港案』 1, 「羅一英 供招」.

54) 『仁川港案』 1, 「劉基豊 供招」, 「領收證」, 1905년 6월 20일자.

55) 김용제가 세금을 횡령하였다고 단정할만한 근거는 다음과 같다. 첫째, 김용제가 발급한 세금 영수증을 받은 유기풍이 이 영수증의 진위를 의심하였다(『仁川港案』 1, 「劉基豊 供招」, 「羅一英 供招」). 둘째, 후에 인천감리서에서 세금 영수증의 진위를 의심하여 궁내부에 영수증 발급 여부를 조회하자, 궁내부는 영수증에 날인한 바 없으니 이를 조사하라고 인천감리서에 지령하였다(『仁川港案』 1, 「質稟書 第1號」, 1906년 6월 29일자, 同 題辭).

56) 『仁川港案』 1, 「金參書鎔齊答辯」, 1906년 8월 6일자.

57) 柳興柱의 직업은 沙器商이다. 兒名은 柳泰永이고, 유흥주는 「官名」이다(『仁川港案』 1, 「柳興柱 供招」, 1906년 8월 6일자). 『仁川港案』에는 두 이름이 混用되어 있으나 이 글에서는 편의상 유흥주로 통일하였다.

58) 유기풍이 나일영에게 立標定界를 요청한 시기부터 유흥주가 派送되어 宮內府雇員을 사칭하기까지의 諸 過程에 대해서는, 유기풍·김용제·나일영·유흥주의 진술이 서로 상반되나 전반적인 상황으로 보아 유기풍의 진술이 비교적 합당한 것으로 판단되어, 유기풍의 진술을 중심으로 필자가 재구성하였다.

59) 『仁川港案』 1, 「柳興柱 供招」, 「追問 柳興柱」, 1906년 8월.

유기풍이 유홍주와 함께 인천으로 가서, 다음 날인 6월 2일 다케카와 세이지와 스즈키 케이지로우, 그리고 또 다른 일본인 한 명과 합류, 입표정계를 위해 영종도에 갔다.[60] 입표정계란 인허 받은 지역의 경계에 표목(標木)을 세워 그 구역을 확정하는 작업이다. 따라서 이들은 당연히 인허 받은 지역인 영종도 송산과 구읍사이의 해변미간지와 민유지가 맞닿은 경계에 입표(立標)해야 함에도 불구하고, 그들은 그곳을 벗어나 주위의 민유산지(民有山地)에 입표함으로써 민유지를 침범하기 시작하였다. 그러나 이때에는 산 속에 두 개의 표목만을 세웠으므로,[61] 영종도민들은 이 사실을 알지 못했고, 다만 이들이 영종도 지형조사만 하고 간 것으로 여겨, 이들과 영종도민들 간에는 충돌이 없었다. 한편 유홍주는 다케카와 세이지 등의 제지로 그 날의 입표정계 작업에 관여하지 못했다.[62] 이렇게 해서 일단 제1차 입표정계는 끝이 났다.

유기풍은 영종도에서 돌아오면서 지대(紙貸) 20원(元)으로 유홍주를 매수하려 하였다.[63] 이것은 그들이 입표정계시 인허지를 벗어나 민유지까지 침범한 것을 묵인해 달라는 의도에서였다. 인천에 돌아온 유기풍은 유홍주의 날인을 받아 "궁내부에서 고원(雇員)을 파송하여 입표정계하였다"는 내용의 보고서를 작성, 인천감리서에 제출하였다.[64]

며칠 후 다케카와 세이지는 한국인을 제외시키고 다케카와 세이지 등 일본인 두세 사람만 대동하여 영종도에 가서 2차 입표정계를 실시하였

60) 『仁川港案』1, 「柳興柱 供招」, 「劉基豊 供招」.
61) 『仁川港案』1, 「柳興柱 供招」, 「追問 劉基豊」.
62) 『仁川港案』1, 「追問 柳興柱」.
63) 『仁川港案』1, 「柳興柱 供招」. 「歸宿藥局하을 時에 中路에서 紙貸二十元을 劉基豊이 給付小人(유홍주─필자) 而排用 이 온 事」.
64) 『仁川港案』1, 「宮內府雇員 柳興柱 報告書」, 1905년 6월 2일자, 「劉基豊 供招」.

다. 이 당시의 상황은 이차 입표정계 후 영종도 송산동·구읍동·대비동 동장 등이 인천군에 제출한 다음의 청원서에 잘 나타나 있다.

> 日本人 三四名이 多數標木을 輸來 而題曰 勸業會社牧場用地라 ᄒ야 擅自環樹于
> 四五里之周圍에 本各洞民人이 家屋塚墓及田畓園林이 混入于該標木內이기로 洞民
> 等이 詰問其理 則日人答內 此標木內ᄂ 我等이 買得于韓國政府也라 從此汝等은
> 一草一木을 無得伐採요 土地賣買를 無得擅便이라 ᄒ며 恐喝後而去

이같이 다케카와 세이지는 2차 입표정계 때 주위 4~5리에 달하는 영종도 민유전답·가옥 등을 침범, 그 경계에 표목을 세웠다. 이에 영종도민들이 이를 힐문(詰問)하자, 이 지역은 그들이 한국정부로부터 매입하였다고 주장하였다. 그런데 이 때 다케카와 세이지가 표목만 세우고 곧 돌아갔으므로 양자간에 더 이상의 충돌은 없었다.[65]

이상에서 살펴본 바처럼 다케카와 세이지는 영종도 미간지 입표정계를 빙자하여 주변의 민유지를 약탈하였다. 그가 세금을 선납하면서까지 유기풍을 통해 김용제에게 끈질기게 궁내부관리 파송을 요청한 것은 민유지약탈을 위해서였던 것이다. 즉 영종도민들로부터 민유지를 좀 더 순탄하게 빼앗기 위해서는, 그의 민유지약탈이 자의적으로 행해진 것이 아니라, 한국정부로부터 허가를 받아 한국정부의 관리에 의해 행해졌다는 인식을 영종도민들로 하여금 갖게 할 필요가 있었던 것이다. 그래서 1차 입표정계 때는 그들 자신이 궁내부고원이라 믿었던 유흥주를 동행하였고, 2차 입표정계 때는 민유지를 약탈하면서 한국정부로부터 매입 운운

---

65) 『仁川港案』 1, 「訓令 第1號」, 1906년 2월 7일자.

하였던 것이다. 이러한 다케카와 세이지의 의도는 적중하여, 영종도민들
은 1차 입표정계 때는 유흥주를 인천감리서에서 파송한 순검으로 생각하
였고,[66] 2차 입표정계 때는 일본인들의 설명을 그대로 믿어 정부에 대해
'민유지를 어떻게 외국인에게 팔 수 있냐'고 원망하였던 것이다.[67]

## 4. 권업합자회사의 설립

영종도 미간지 개간권을 취득하고 주변의 민유지까지 약탈한 다케카
와 세이지에게는 처리해야 할 두 가지 문제가 있었다. 하나는 한국인 명
의로 취득한 미간지 개간권을 자신의 소유 하에 두는 문제이고, 다른 하
나는 민유지를 빼앗긴 영종도민들의 저항이 예상되므로 이에 대하여 좀
더 안전한 대비책을 마련하는 문제였다. 권업합자회사(勸業合資會社)[68]는
바로 이 같은 문제를 해결하기 위하여 설립되었다. 따라서 이 같은 다케
카와 세이지의 의도는 권업합자회사 정관에 잘 나타나 있다.

권업합자회사는 1905년 6월 자본금 4만원(圓)으로 인천에서 설립되었
다.[69] 권업합자회사는 정관 제1조에서 회사의 영업목적을

---

66) 『仁川港案』1, 「訓令 第1號」, 1906년 2월 7일자.

67) 『仁川港案』1, 「訓令 第1號」, 1906년 2월 7일자. "大抵世世傳來之民有家屋塚墓田畓
園林을 豈自政府로 許賣於外國人ᄒ야 歸之於牧場地乎잇가."

68) 勸業合資會社의 상호는 사료마다 다르다. 즉 「勸業合資會社 定款」에는 <勸業合資
會社>, 『仁川港案』과 『第四次 朝鮮總督府統計年報』(1909년도) 860쪽에는 '勸業社',
『第一次 統監府統計年報』(1906년도) 150쪽과 『第二次 統監府統計年報』(1907년도)
280쪽, 그리고 『韓國二於ケル農業ノ經營』89쪽에는 '勸農社'로 각각 표기되어 있다.
이상의 諸 상호 중 회사 설립자들이 작성한 정관의 상호가 가장 정확할 것으로 생각
되어, 이 글에서는 정관에 따라 '勸業合資會社'로 통일하였다.

本 會社는 黃錫元及 李致明이 韓國宮內府로부터 特許를 得한 仁川港 西北에 位置한 永宗島 南東의 陳荒未墾地 一個所 即 別紙 附屬圖面의 場所~海水出入하는 곳을 포함~에 있어서 牛羊 其他 牧畜 家禽의 飼養, 開墾, 耕作, 植林, 製鹽 其他 各種의 殖産興業에 關한 業을 經營하는 것

이라고 명시, 황석원·이치명의 명의로 개간권을 취득한 영종도 미간지에 목축업을 경영하는 것이라 하였다.

회사의 자본과 사원[70] 구성에 관한 조항을 정관에서 살펴보면 다음과 같다.

第四條, 社員氏名 住所及 責任은 左와 같다.

韓國 仁川 各國居留地 第二十六番地, 無限責任社員 武川盛次.

韓國 仁川 各國居留地 特第二號地, 無限責任社員 津下正高.

韓國 仁川 各國居留地 第二號地, 無限責任社員 高原民五郎.

韓國 仁川 各國居留地 平洞, 有限責任社員 黃錫元.

韓國 仁川 各國居留地 外洞, 有限責任社員 李致明.

第五條, 無限責任社員 武川盛次를 業務執行社員으로 한다.

第八條, 社員出資의 種類 價格及 金額은 左와 같다.

一, 日本貨幣 金貳萬圓也 武川盛次.

一, 日本貨幣 金壹萬圓也 津下正高.

一, 日本貨幣 金九千圓也 高原民五郎.

---

69) 『公牘存案』, 「勸業合資會社 定款」. 본점은 인천에, 지점은 영종도에 두었다.
70) 합자회사에서 사원이라 함은 출자자를 가리킨다.

一, 韓國宮內府로부터 明治參拾八年 四月 二十三日, 卽 韓曆 光武九年 四月 二十三日 下 各 兩人이 牧畜 家禽飼養 其他를 위한 開墾使('事'字의 誤筆자) 等의 特許를 得한 仁川港 西北에 位置한 永宗島 南東의 陳荒未墾地 一個所~海水出入하는 곳을 포함~別紙 附屬圖面의 場所代 價格 日本貨幣 金壹千圓으로 계산하여 各 兩人의 出資價格을 各 金五百圓씩으로 協定함. 黃錫元, 李致明.

정관 4조와 8조에 나타나 있는 것처럼 자본금의 절반은 다케카와 세이지가, 나머지 약 절반은 일본인 쯔케 마사타카(津下正高)[71]와 타카하라 타미고로우(高原民五郎)가 각각 출자하였고, 모두 무한책임사원[72]이 되었다. 그리고 정관 5조에 의해 다케카와 세이지는 업무집행사원이 되어 회사의 실권을 장악하였다.

특히 다케카와 세이지는 정관 8조에서 황석원과 이치명이 그들 명의로 취득된 영종도 미간지 개간권을 회사에 출자한 것처럼 꾸밈으로써, 영종도 미간지 개간권을 그가 실권을 장악하고 있는 권업합자회사의 소유재산으로 만들었다. 바로 이 점이 다케카와 세이지가 권업합자회사를 설립한 주목적이었다. 더욱이 앞에서 살펴본 바와 같이 영종도 미간지 개간권은 실질적으로 다케카와 세이지가 취득하였고, 황석원과 이치명

---

71) 津下正高는 1907년 韓國中央農會에 가입하였다(『韓國中央農會報』 4號, 1907년 10월호, 53쪽). 이로 미루어볼 때 津下正高는 農林業 종사자였음을 알 수 있다.

72) 상법의 합자회사 항에는 업무집행사원에 관한 규정이 없다. 이는 상법 관례상 합자회사 항에 특별히 정하지 않은 사항은 合名會社에 관한 규정을 準用하게 되어 있기 때문이다(「日本商法」 第105條, 『現行法令輯覽』 上卷, 第24輯, 71쪽). 합명회사의 업무집행위원은 회사 정관의 변경 및 회사의 목적을 변경하는 일을 제외한 회사경영업무에 속한 제반 사항을 집행하며 회사를 대표하는 사원이다. 합명회사의 各 社員은 회사 업무를 집행하는 권리와 의무를 가지나, 정관에 업무집행사원을 정하였을 때는 다른 사원은 그 권리와 의무가 없어진다(李冕宇, 1908, 『會社法』, 63~64쪽).

은 명의만 빌려주었기 때문에 그들이 정관상으로는 사원으로 되어 있다
고 하더라도 실제로 사원으로서의 권리를 행사할 수는 없었다.73)

다음으로 다케카와 세이지는 민유지를 빼앗긴 영종도민들의 저항을
예상하여, 보통 다른 회사 정관에서 볼 수 없는 특이한 내용을 이 회사의
정관에 두었다. 그것은

> 第拾壹條, 本 會社의 事業經營에 關해서 紛議가 일어날 경우에는 黃錫元及 李致
> 明 兩人이 이를 해결해야 하고 寸毫의 損害도 있어서는 안 된다.
> 第十二條, 第一條에 정한 土地紛議에서 발생하는 損害는 모두 黃錫元 李致明
> 兩人이 連帶負擔할 義務가 있다.

라는 것이다. 이는 회사의 사업을 둘러싸고 분란이 일어날 경우 분란의
해결 및 여기서 발생하는 손해배상의 책임소재에 관한 규정이다. 다케카
와 세이지가 이 두 조항을 만든 것은, 영종도민들의 저항으로 인해 민유
지 점거에 대한 일정한 배상을 해야 하는 경우 배상의 책임이 황석원과
이치명 두 개인에게 있다는 내용의 정관을 내세우면, 회사 자체와 일본
인 사원들은 전혀 배상하지 않아도 될 것이라고 생각하였기 때문이다.
여기에 다케카와 세이지의 의도 즉, 어떠한 경우라도 탈취한 민유지를
계속 차지하는 것은 물론 민유지 점탈에 대한 보상조차도 하지 않겠다는
것이 잘 나타나 있다.

이상과 같이 다케카와 세이지는 권업합자회사를 설립함으로써 당면

---

73) 게다가 이치명은 1905년 4월 이후 미국으로 이민을 갔다(『仁川港案』 1, 「劉基豊
供招」). 이 일은 황석원, 이치명이 권업합자회사와 실질적으로 어떠한 관계도 가지고
있지 않음을 나타내주는 상징적인 사건이다.

한 두 가지 문제를 처리하였다.[74)

## 5. 민유지 약탈에 대한 영종도민의 저항

일본인에게 전답·가옥·원림(園林) 및 조상의 묘지를 약탈당한 영종
도 송산·구읍·대비동민들은 각동 동장을 중심으로 이를 되찾기 위한
저항을 시작하였다. 이들의 활동은 2차 입표정계에 의해 토지 등을 약탈
당한 직후인 1905년 6월경 인천군에 청원서를 제출하면서부터 시작되었
다. 청원서는 정부가 외국인에게 민유지를 매각할 수 있느냐며 원망 겸
항의하는 내용이었다.[75) 영종도민들이 이 같은 방법으로 활동을 시작한
것은 민유지를 한국정부로부터 매입하였다는 일본인들의 주장을 믿었기
때문인 것으로 생각된다. 인천군에 제출된 청원서는 내부와 외부에 보내
졌고, 내부와 외부는 즉시 일본인들의 토지침탈 행위를 금지시키라고 인
천군과 인천감리서에 훈령하였다. 그러나 이 두 관서는 아무런 조처를
취하지 않았으며, 그러한 상태로 반년이 지나갔다.[76)

이에 영종도민들은 독자적으로 일본인들의 민유지 침탈 경위를 조사
하였다. 그 결과 황석원과 이치명이 개간권을 궁내부로부터 취득한 후
일인과 부동(符同)하여 민유지를 침탈한 것이고, 한국정부가 일본인에게

---

74) 그렇다고 권업합자회사가 이 글에서 살펴본 바와 같은 목적만을 수행하기 위해서
설립되었다는 것은 아니다. 武川盛次가 권업합자회사를 설립한 것은 미간지 개간 및
목축업 경영을 효율적으로 하기 위해서, 그리고 부족한 자본을 끌어들이기 위한 점도
있다.

75) 주67과 같음.

76) 『仁川港案』 1, 「訓令 第1號」, 1906년 2월 7일자.

민유지를 매각한 것이 아니라는 사실을 밝혀내었다.[77] 그리고 황석원·
이치명이 개간권 취득과정에서 인천감리서와 결탁한 사실도 아울러 밝
혀내었다.[78]

이에 따라 영종도민들은 1906년 1월경 두 번째 청원서를 이번에는 궁
내부에 직접 제출하였다. 그 내용은 영종도민들이 조사해서 알아낸 것과,
이를 근거로 일본인들의 민유지 약탈은 불법이니 일본인들이 세운 표목
을 철거시키고 토지 등의 침탈도 방지해 달라는 것이었다.[79] 궁내부에
제출된 두 번째 청원서는 1905년 6월경 인천군에 제출된 첫 번째 청원서
와 달리, 영종도민들이 사건의 대강을 파악하여 이를 바탕으로 작성한
것이었다. 따라서 청원서를 접수한 궁내부는 청원서 내용만으로도 사건
의 대강을 파악할 수 있어, 1906년 2월 7일에 인천감리서에 일본인들의
토지점거를 취소시키라고 훈령하였다.[80] 궁내부의 훈령에 따라 인천감
리서는 다케카와 세이지가 영종도 민유지에 세운 표목을 철거시켰다.[81]
이에 영종도민들은 일본인의 민유지 침탈을 저지한 것으로 생각하여 안
심하고 있었다.[82]

그런데 1906년 5월 20일 다케카와 세이지가 일본인 세 명과 함께 다
시 영종도에 나타나 민유지에 목장건설공사를 시작하였다. 이때의 상황

77) 『仁川港案』 1, 「訓令 第1號」, 1906년 2월 7일자.
78) 주43과 같음.
79) 『仁川港案』 1, 「訓令 第1號」, 1906년 2월 7일자, 「訓令 第1號」, 1906년 6월 11일자.
80) 『仁川港案』 1, 「訓令 第1號」, 1906년 2월 7일자. "不許轉賣外人之認許文蹟을 緣何潛
賣ㅎ야 樊至强占民有地境인지 所謂請願人 黃錫元 李致明 等을 刻卽調捉ㅎ야 嚴覈得情
馳報ㅎ며 一邊交涉日領事ㅎ야 使誤買日人으로 一切還退."
81) 『仁川港案』 1, 「訓令 第1號」, 1906년 6월 11일자.
82) 『仁川港案』 1, 「照會 日本理事廳」, 1906년 6월 1일자.

은 영종도민들이 5월 21일자로 인천감리서에 제출한 청원서에 다음과
같이 나타나 있다.[83]

> 日人武川盛次가 設牧次 搆屋於該地域이옵기 本人 等이 責其非理ᄒ고 禁其搆屋
> 이 온즉 彼日 此地域은 旣日宮內府로 官吏 柳興柱를 派送ᄒ야 定界以給者 則不可
> 禁이라 ᄒ오며 乃進設役

이때 다케카와 세이지가 약탈한 민유지의 주위는 모두 10여 리가 되
었다.[84] 이제 다케카와 세이지의 민유지 약탈은 최고조에 달하였으며,
그가 이때까지 약탈한 민유지가 <지도 1>의 빗금 친 지역이다. 이 지역
내에는 영종도민들의 '민가육십구호 민유전칠십오석팔두오승락 답십칠
석십오두오승락 시장일천칠백사십일태 유주총오백삼십구분 무주총사백
칠십팔분(民家六十九戶 民有田七十五石八斗五升落 畓十七石十五斗五升落 柴場一千
七百四十一駄 有主塚五百三十九墳 無主塚四百七十八墳)'이 포함되어 있었다.[85]
뿐만 아니라 '궁토(宮土) 수십여석락(數拾餘石落)'도 그 속에 혼입(混入)되어
있었다.[86]

이때 영종도민들이 느낀 위기의식은 1905년 6월에 민유지를 침탈당
했을 때와는 달랐다. 그때 일본인들은 표목을 세우는 동시에 소유권만
주장하고 돌아갔으므로 당장 영종도민들이 생존의 위협을 받았던 것은
아니었다. 그러나 이제 다케카와 세이지의 권업합자회사에 의해 목장건

---

83) 『仁川港案』 1, 「訓令 第1號」, 1906년 6월 11일자.
84) 『仁川港案』 1, 「報告書 第38號」, 1906년 8월 18일자.
85) 『仁川港案』 1, 「報告書 第40號」 後 調査成冊, 1906년 7월 26일자.
86) 『仁川港案』 1, 「訓令 第1號」, 1906년 6월 11일자.

설공사가 시작되었으니, 공사가 진행되면 당연히 전답과 가옥이 철거되어야 하고 조상의 분묘도 파헤칠 것이며, 동시에 그들은 자신들의 생활 근거지로부터 축출될 것이기 때문이었다.

이제 영종도민들의 저항은 좀 더 강도 있게 나아갈 수밖에 없었다. 우선 그들은 공사 첫날인 5월 20일 일본인의 공사를 현장에서 막아보려 하였지만 실패하였다.[87] 그래서 다음날인 5월 21일 인천감리서에, 그리고 거의 같은 시기에 궁내부에 각각 청원서를 제출하였다. 그 내용은 일본인들의 토지 약탈을 저지시켜 달라는 것이었다. 그리고는 매일 인천감리서에 몰려가 집단적인 의사표시를 하였다.[88]

청원서를 접수한 인천감리서는 이 문제에 대해 일본 인천리사청(仁川理事廳)과 교섭을 시작하였다. 이에 따라 영종도 민유지 약탈사는 이제 양국의 외교문제로 등장하였다. 인천감리서는 6월 1일자로 일본 인천리사청에 이 문제로 조회하였는데, 그 내용에

我宮內府 黃錫元 李致明處 認許其空虛陳荒時載明 如有符同外人 典質賣買之弊 則勿施句語 而貴商武川盛次 違背條約 不尊認許文蹟 而侵入內地 霸占諸多民有田畓 及家屋塚墓 而開土結搆 確係不法 玆特備文 照會貴理事 請煩査照 嚴飭武川盛次 所堅標木 泊結搆家屋 俾卽一律撤毁 俾勿再煩公案 以安民情 仍賜見覆可也

라 하여, 다케카와 세이지의 개간권 소유는 조약과 인허문적(認許文蹟)을 위배한 것이고, 또 민유지의 약탈은 불법이니 민유지에서 철수할 것을

---

87) 주83 참조.
88) 『仁川港案』 1, 「訓令 第1號」, 1906년 6월 11일자; 「報告書 第38號」, 1906년 7월 18일자.

요청하였다.[89]

한편 인천감리서는 권업합자회사의 공사를 중단시키기 위하여 순검을 영종도에 파송하였는데, 이때 일본 인천리사청에 요청하여 일본인 순사 한 명도 동행시켰다.[90] 한편 권업합자회사는 한국인 순검의 공사 중단 지시를 무시하였다.[91]

다케카와 세이지의 권업합자회사는 그들의 민유지 약탈이 계속 문제가 되자, 그들의 토지 점거는 궁내부에서 관리를 파송하여 입표정계한 것이므로 정당하다고 주장하는 한편, 민유지는 점거한 바 없다고 하였다.[92] 이때 일본 인천리사청은 영종도에 갔다 온 일본인 순사를 통해 권업합자회사의 민유지 약탈을 이미 알고 있음에도 불구하고, "궁내부에서 관리를 파송하여 정계하였고, 세금 50원(元)을 납부한 것도 명백하며 또 (권업합자회사가) 민유전답가옥을 패점(覇占)한 형적(形蹟)도 없다"는 내용의 회답을 6월 21일자로 인천감리서에 보내[93] 권업합자회사의 토지약탈을 기정사실화해 주려 하였다.

이에 인천감리서는 7월에 궁내부와 참정대신에게, 이 문제를 인천감리서에서 해결할 수 없으니 중앙정부가 직접 개입해 줄 것을 건의하였다.[94] 이에 따라 7월부터 궁내부가 통감부와 교섭을 시작하였다.[95]

---

89) 『仁川港案』 1, 「照會 日本理事廳」, 1906년 6월 1일자
90) 『皇城新聞』, 1906년 6월 18일자; 『仁川港案』 1, 「報告書 第38號」, 1906년 7월 18일자.
91) 『皇城新聞』, 1906년 6월 18일자; 『仁川港案』 1, 「報告書 第38號」, 1906년 7월 18일자.
92) 『仁川港案』 1, 「劉基豊 供招」. 鈴木銈次郎은 영종도 토지침탈에 대해서 "旣有立標定界인즉 必無强占之理 亦無見奪之理"라고 주장하였다.
93) 『仁川港案』 1, 「光武十年六月份 仁川監理署 交涉文案抄錄成冊, 日本理事來照」, 1906년 6월 21일자.

그런데 이 무렵부터 한국정부의 영종도 토지문제에 대한 입장에 중대한 변화가 나타나기 시작하였다. 앞서 1906년 2월 궁내부는 다케카와 세이지가 개간권을 소유하게 된 것은 잘못 구입한 결과이니 이를 일체 되돌려 주어야 한다고 하여 다케카와 세이지의 개간권 소유 자체를 문제로 삼았다.[96] 그리고 6월에 인천감리서가 일본리사청과 교섭한 당시까지만 해도 다케카와 세이지의 개간권 소유 자체가 위법이라는 입장을 취하였다.[97] 그런데 7월에 궁내부가 교섭에 나설 즈음에는 민유지 침탈 한 가지 사실에 대해서만 문제 삼았다.[98] 이것은 한국정부가 다케카와 세이지의 영종도 개간지 즉 무주한광지 개간권 소유 자체는 묵인하겠다는 뜻을 나타낸 것이다. 이는 외국인에게는 미간지 개간권을 허가하지 않는다는 한국정부의 정책에 동요가 일어나고 있음을 의미하는 것이다.

통감부는 더 이상 다케카와 세이지의 민유지 약탈을 지원해 줄 수 없었다. 그래서 다케카와 세이지의 민유지 침탈만을 인정하고, 그가 세운 표목과 목장건설 시설을 철거시키기로 결정, 7월 30일자로 인천리사청에 훈령을 내려 이를 실행토록 하였다. 그리고 이같은 조처의 내용을 의정

---

94) 『仁川港案』1, 「報告書 第38號」, 1906년 7월 18일자; 「報告書 第 40號」, 1906년 7월 26일자.
95) 『仁川港案』1, 「訓令 第50號」, 1906년 8월 24일자.
96) 주80과 같음.
97) 주89 참조.
98) 한국정부 중앙관서가 통감부에 보낸 교섭문안 중, 그 내용을 알 수 있는 유일한 것으로 다음과 같은 것이 있다. "永宗島에셔 本邦人 鈴木銈次郎 武川盛次가 宮內府 特許를 基因ᄒᆞ얏다 稱하고 私有地를 侵害혼 一事로 本月 十三日에 貴(議政府 參政大臣-필자) 來文을 業經承悉이온바 本件의 對ᄒᆞ야 客月中에 宮內府及關係者가 敝府(統監府-필자)에 申陳혼 事(하략)"(『仁川港案』1, 「訓令 第50號」, 1906년 8월 24일자). 이 공문에는 궁내부가 통감부에 교섭한 문안은 나와 있지 않으나, 8월 13일자 참정대신이 통감부에 보낸 공문의 문안에는 이 같은 변화가 나타나 있다.

부 참정대신에게 통보하였다.[99]

그런데 이 때 통감부가 다케카와 세이지의 민유지 침탈만을 인정하고, 그가 소유하고 있던 미간지 개간권에 대해서는 전혀 언급하지 않은 점이 주목된다.[100] 이는 다케카와 세이지가 소유하고 있는 미간지 개간권만은 보호해 주겠다는 의도에서라고 생각된다.

사태가 이같이 전개되자 권업합자회사는 10월 이전에, 영종도 민유지에 설치한 목장건설공사 시설과 표목을 철거하여 민유지로부터 완전히 철수하였다.[101] 한편 한국정부도 더 이상 문제를 거론하지 않아 다케카와 세이지의 영종도 민유지 약탈문제는 일단락되었다.[102]

---

99) 『仁川港案』 1, 「訓令 第50號」, 1906년 8월 24일자.

100) 『仁川港案』 1, 「訓令 第50號」, 1906년 8월 24일자.

101) 『仁川港案』 1, 「報告書 第2號」, 1906년 10월 21일자.

102) 참정대신은 인천감리서로부터 권업합자회사가 영종도 민유지로부터 철수하였다는 보고를 받았다(주101 참조). 이에 참정대신은 권업합자회사가 소유하고 있는 영종도 미간지 개간권에 대해서는 언급이 없이, 鈴木銈次郞과 武川盛次를 재판에 회부할 것을 일본리사청에 요구하라는 내용의 지령을 10월 22일자로 인천감리에게 發하고, 사건을 일단락 지었다(『仁川港案』 1, 「報告書 第2號」의 題辭 「指令 第61號」, 1906년 10월 22일자).

한편 인천감리서는 한국인 관련자를 조사하여 김용제와 나일영은 무죄방면하고, 유기풍은 형법 제200조 8항에 의해 징역 10년, 유홍주는 민인의 官名詐稱 조항을 적용하여 笞 100에 처하여 이 사건에 대한 형사상의 문제도 마무리 지었다(앞의 「報告書 第2號」 참조). 그런데 여기서 주목되는 것은 유기풍에게 적용된 죄목이다. 당시 「刑法」에는 다음과 같은 조항이 있었다.

「제200조, 外國에 趨附依賴ᄒᆞ야 所犯이 有ᄒᆞᆫ 者ᄂᆞᆫ 左開에 依ᄒᆞ야 處홈이라. 제5항, 各國章內所許地段을 除ᄒᆞᆫ 外에 官有私有의 一應田土, 森林, 川澤, 家屋을 將ᄒᆞ야 外國人에게 潰賣ᄒᆞ거나 或外國人을 附從ᄒᆞ야 借名詐認ᄒᆞ거나 或借名詐認ᄒᆞᆫ 者에게 知情故賣ᄒᆞᆫ 者ᄂᆞᆫ 絞ᄒᆞ고 該管官이 擅許ᄒᆞᆫ 者ᄂᆞᆫ 同罪. 제8항, 外國人에게 阿附ᄒᆞ거나 憑藉ᄒᆞ야 本國人을 脅迫或侵害ᄒᆞᆫ 者ᄂᆞᆫ 懲役 十年」(『舊韓國官案』 1905년 5월 29일자 附錄).

유기풍은 이 두 조항을 모두 범하였으나, 인천감리서는 8항만을 적용하였다. 그것

통감부가 다케카와 세이지의 민유지 약탈만은 인정함으로써, 다케카와 세이지는 결국 영종도 민유지로부터 철거할 수밖에 없었지만, 그것은 실은 영종도민들의 끈질긴 저항의 댓가였다. 이러한 저항으로 인해 한국을 거의 식민지화한 일본제국주의라 하더라도, 사유권이 확립된 영종도 민유지 약탈만은 끝까지 관철시킬 수 없었다.

권업합자회사는 영종도 민유지에서 철수한 후에도 여전히 영종도 미간지 개간권을 소유하고 있었다. 그러나 개간사업은 추진되지 않았다.[103] 한편 다케카와 세이지는 제일은행 군산출장소로 근무처를 옮겨, 인천을 떠났다.[104] 권업합자회사 무한책임사원 쯔케 마사타카도 인천을 떠났다.[105] 그 후 1910년 권업합자회사는 해산하였다.[106]

---

은 그에게 5항도 적용하면 法理上 武川盛次 개간권 취득을 문제로 삼아야 하기 때문에 이것을 피하기 위해서였을 것으로 생각된다. 여기서도 당시 한국정부의 방침이 武川盛次의 개간권 소유는 문제 삼지 않기로 하였음이 잘 나타나 있다.

103) 권업합자회사가 개간권을 소유하고 있던 영종도 송산과 구읍 사이의 간석지는 모두 해방 이후 개간되었다. 1986년 1월 이 간석지의 좌측 반은 농토화되었고 우측 반은 개간사업이 진행 중이었다. 그리고 萬世橋가 있었던 지역은 매립되어 도로와 가옥이 있었다(주20과 같음).

104) 『韓國中央農會報』 5號, 1907년 11월호, 57쪽. 武川盛次는 1907년 당시 군산에 거주하고 있었다. 그가 第一銀行員이었음을 볼 때 그가 군산에 거주한 것도 제일은행 군산출장소에서 근무하였기 때문인 것으로 생각된다. 그 후 그는 1909년 11월 한국은행 대구지점 지배인이 되었다(『舊韓國官報』, 1909년 11월 24일자).

105) 『韓國中央農會報』 4號, 1907년 10월호, 53쪽. 1907년 당시 津下正高는 군산에 거주하고 있었다.

106) 이렇게 판단한 근거는 권업합자회사가 1906·1907·1909년도 『統監府統計年報』에는 수록되어 있으나(주68 참조) 1910년도 이후 『朝鮮總督府統計年報』에는 보이지 않기 때문이다.

## 6. 맺음말

이상에서 일본인 다케카와 세이지가 1905년에 영종도 무주한광지 개간권을 취득하는 과정을 살펴보았다. 다케카와 세이지는 한국인 유기풍을 내세워 한국인 황석원과 이치명 명의로 궁내부로부터 개간권을 취득한 것이다. 다케카와 세이지의 영종도사례는 외국인에게 관유미간지 · 궁유미간지 · 무주한광지 개간이 금지된 시기인 1907년 9월 14일 이전의 시기에(일제의 한국 미간지 침탈 제1 · 2기), 일본인이 한국정부로부터 어떤 방법으로 개간권을 취득하였나를 보여주는 사례이다.

그런데 다케카와 세이지가 취한 방법과 같은 사례가 1900년 6월 8일자 『황성신문(皇城新聞)』107)과 1907년 8월 기준으로 조사된 자료108)에 보이고 있다. 이것을 볼때 제1 · 2기에 일본인이 관유미간지 · 궁유미간지 · 무주한광지 개간권을 한국정부로부터 취득하는데, 가장 보편적으로 사용하였던 방법의 하나가 다케카와 세이지가 취한 방법이었음을 알 수 있다.

한편 일본인 다케카와 세이지는 영종도 미간지 개간권을 취득한 후, 한국인 명의로 취득된 미간지 개간권을 자신의 소유하에 두기 위한 수단으로 한일합작회사인 권업합자회사를 설립하였다. 여기서 한말의 한일합작회사가 일제 경제침략의 한 수단으로 설립되고 있음을 알 수 있다.

그리고 다케카와 세이지는 미간지 개간권을 구실로 주위의 민유지가

---

107) 주18과 같음.

108) 「韓國に於ける日本人農林業經營者調」, 『韓國中央農會報』 5號, 1907년 11월호, 20쪽. "(經營者) 平野武吉 (……) 右 經營地는 거의 전부 干潟地로서 이미 韓人 名義로서 開墾의 認許를 얻은 海倉面은 目下堰堤工事에 着手中."

지 약탈하였다. 그러나 영종도민들은 한국정부에 끈질기게 청원하여, 다케카와 세이지로 하여금 민유지를 되돌려 주게끔 만들었다.

(『한국학논집』 10집, 1986.2)

# 경기도 1910년대 운동과 3·1 운동

## 1. 1910년대 운동

1910년대는 식민지 무단통치 하에서도 새로운 항일운동이 모색된 시기이다. 한말 치열하게 전개되었던 항일의병운동은 1910년 조선이 일제에 강제로 '병합'된 이후 급격히 쇠퇴하였다. 경기도 의병운동 역시 사정은 같았다. 대표적인 경기도 의병장 강기동은 국내에서 항일운동을 계속하기 어려워지자, 새로운 항일투쟁을 펼치기 위해 북간도로 이동하였다. 그러나 1911년 이동 중 원산에서 체포되어 서울로 압송, 처형되고 말았다. 1915년에 경기도와 황해도 일대에서 마지막까지 항일의병투쟁을 펼친 의병장 채응언이 체포되면서, 식민지하에서도 끈질기게 전개되었던 국내 의병운동은 종언을 고하고 말았다.

이후 국내 항일 민족운동은 비밀결사 중심으로 전개되었다. 임병찬이 주도한 대한독립의군부는 의병전쟁을 계획하였고, 대한광복회는 무관학교 건립을 목적으로 군자금 모금활동을 하였다. 경기도에서는 대한제국 시위대 제1대대 군인 출신인 홍원식(洪元植)이 군대가 해산된 후 향리인

수원군 제암리에 은거하면서, 육영사업을 통해 동지를 규합하여 비밀결
사 구국동지회(救國同志會)를 조직하고 계몽운동을 전개하였다. 그는 후에
수원군 발안의 3·1 만세시위를 주도하였으며, 제암리학살 때 희생되었
다.

그리고 청림교(靑林敎)라는 유사종교 형태의 비밀결사도 나타났다.
1916년 음력 10월 청림교에 입교한 경기도 포천의 이종학(李鍾學)·정태
순(鄭泰舜)이 포천지역민들을 대상으로 교세를 확장하면서, '제1차 세계대
전이 끝나면 조선과 일본이 함께 멸망하는데 조선은 청림교가 중심이 되
어 계룡산에서 새로운 국가를 건설할 것'이라는 말을 유포시켜 조선인의
독립의식을 고취시켰다. 뿐만 아니라 '제1차 세계대전에서 독일이 승리
하면 동양을 공략하기 위해 군대를 파견할 것인데, 이때 협동작전을 펼
치기 위해 청림교는 신도 500명을 간도에 파견하였다'는 등의 말을 유포
하다 일제에 체포되었다. 청림교는 그 조직 형태가 유사종교이지만 당시
민중들의 독립의지를 반영한 비밀결사였다.

뿐만 아니라 사립학교와 서당에서도 민족의식을 고취시키는 계몽운
동이 비밀리에 전개되었다. 1913년부터 기독교 계통의 개성 한영서원(韓
英書院) 교사 신영순(申永淳)·이상춘(李常春) 등은 그들이 작가(作歌)한 수편
의 애국창가(愛國唱歌)와 간도 명동학교 교사였던 이경중(李敬重)이 간도에
서 수집한 창가, 그리고 윤치호가 지은 애국가를 모아 창가집을 만들었
다. 창가집에 실린 내용은 애국심과 민족적 자긍심을 일깨워 주는 내용
이었으며, 이를 한영서원과 호수돈여학교 학생들에게 보급하여 항일의
식을 고취시켰다. 특히 이상춘은 총독부에서 사용을 금지하였던『초등본
국역사(初等本國歷史)』를 한영서원 고등학과 1학년생들에게 강의하였다.
이러한 일들이 일제에 발각되어 한영서원의 교사와 학생 30여 명이 체포

되어 고초를 당했다.

대한제국 관리를 지낸 이정근(李正根)은 수원군 내 장안면 등 7개면에 서당을 세우고 학생들의 항일의식을 고취하였다. 서당에서 문맹을 퇴치하기 위한 교육활동을 펼치는 한편 동지들을 규합해 나가면서, 일제 식민지 지배는 3년을 넘지 못한다는 뜻의 '왜왕 3년(倭王三年)'이란 말을 유포시켰다. 이 지역 서당은 후에 3·1 운동 전개과정에서 중심적 역할을 수행하였다. 일체의 합법적인 결사가 불가능하였던 무단통치 하에서는 학교와 서당도 지역 반일운동의 한 거점이 되었던 것이다.

민중의 생존권 투쟁도 펼쳐졌다. 1918년 12월 당시 경성을 제외한 경기도에는 모두 2만 2,000여 명의 일본인이 거주하고 있었다. 이들은 특히 인천·고양·수원·시흥·개성에 집중되어 있었는데, 이곳에 일본인이 경영하는 대농장과 공장이 많았기 때문이다. 이 지역의 조선인 노동자와 농민들은 이들 일본인들로부터 많은 수탈을 당하였다. 그래서 1917년 8월 시흥에서는 농민 폭동이 일어났으며, 1919년 1월에는 인천 부두노동자가, 2월에는 시흥군 영등포피혁공장 노동자가 파업을 단행하였다.

이와같이 1910년대 경기도에서는 무단통치 하에서도 다양한 형태의 항일투쟁이 펼쳐졌으나, 고립·분산적으로 전개되었다. 그러나 이정근이 설립한 수원군 내 서당에서 보는 바와 같이 이들 역량은 3·1 운동으로 이어졌다. 1910년대 운동은 한말 민족운동과 1919년 3·1 운동 이후 활발히 전개된 민족운동을 연결시켜 주는 고리 역할을 하였다.

## 2. 3·1 운동

1910년대 일제의 식민지 수탈정책 결과 조선인 대부분이 몰락하자, 조선인들의 분노는 점증하였다. 그런 가운데 1919년 2월 고종이 갑자기 세상을 뜨자 일제가 독살하였다는 소문이 널리 퍼졌고, 여기에 당시 국제정세가 가미되어 전민족적 항일운동인 3·1 운동이 일어났다.

1917년 러시아혁명 이후 수립된 신생 소비에트공화국이 자국 내 소수민족에 대해 민족자결의 원칙을 선언하였고, 1918년 1월 윌슨 미국대통령이 민족자결주의를 제창하였다. 윌슨의 민족자결주의는 제1차 세계대전 패전국 식민지를 처리하는 데 적용되는 원칙이었다. 따라서 승전국에 속하는 일본의 식민지였던 조선은 적용대상이 아니었음에도 불구하고, 국내 민족운동 지도자들은 여기에 크게 고무되었던 것이다.

3·1 운동은 크게 네 단계로 나누어 진행되었다. 첫째 단계는 2월 말까지 시기로, 민족대표에 의해 운동이 준비된 단계이다. 둘째 단계는 3월 초순 운동의 초기단계로, 서울·평양·개성 등 주요 도시 중심으로 만세시위가 전개된 시기이다. 학생과 청년지식인이 시위를 주도하였고 도시의 노동자와 상인층이 참여하였다. 셋째 단계는 3월 중순~4월 상순에 이르는 운동의 최고조기로, 전국 각 농촌으로 운동이 확산되고 도시에서는 운동이 재발되는 단계이다. 지식층이 운동을 주도하였고 농민들의 참여가 확대됨과 동시에 무장시위가 펼쳐지는 등 시위가 격렬하게 전개된 시기이다. 마지막 단계는 4월 중순 이후, 일제의 가혹한 탄압으로 인해 운동이 점차 퇴조한 단계이다.

경기도에서의 3·1 운동도 3월 초의 초기단계를 거쳐, 3월 하순부터 4월 상순에 이르는 시기에 집중적이고도 격렬하게 전개되다가, 4월 중순 이후 소멸 과정을 거쳤다는 점에서 전국의 만세운동 전개 과정과 큰 차이가 없다. 그러나 경기도는 다른 도(道)보다도 활발하고 치열하게 운동이 전개되었다. 경성부를 제외한 경기도 21개 모든 부·군(府郡)에서 모두 17만여 명 이상이 참여한 시위가 283회 이상 일어났던 것이다.

경기도 부·군별 3·1 운동 전개 상황

| 월일<br>지역 | 3.1~10 | 3.11~20 | 3.21~31 | 4.1~10 | 4.11~15 | 계 |
|---|---|---|---|---|---|---|
| 인천 | 1 / 300 | | | 1 / 20 | | 2 / 320 |
| 고양 | 2 / 360 | | 33 / 8,860 이상 | | | 35 / 9,220 이상 |
| 부천 | | | 10 / 1,800 이상 | 4 / 230 | | 14 / 2,030 이상 |
| 시흥 | 1 / 불명 | | 22 / 9,850 | 1 / 1,000 | | 24 / 10,850 이상 |
| 수원 | | | 21 / 6,420 이상 | 4 / 3,300 이상 | 1 / 400 | 26 / 10,120 이상 |
| 진위 | | 2 / 20 | 1 / 400 | 5 / 3,610 이상 | | 8 / 4,030 이상 |
| 안성 | | 1 / 50 이상 | 3 / 5,500 | 9 / 7,300 이상 | | 13 / 12,850 이상 |
| 용인 | | | 10 / 8,200 | 3 / 800 | | 13 / 9,000 |
| 이천 | | | 1 / 1,000 | 6 / 1,350 이상 | | 7 / 2,350 이상 |
| 김포 | | | 8 / 3,253 | | | 8 / 3,253 |
| 강화 | | 3 / 20,000 이상 | 3 / 2,200 | 4 / 400 | 2 / 200 | 12 / 22,800 이상 |
| 파주 | 1 / 100 | | 10 / 8,600 이상 | | | 11 / 8,700 이상 |
| 개성 | 5 / 4,500 이상 | | 5 / 2,200 이상 | 8 / 2,810 | | 18 / 9,510 이상 |
| 포천 | | | 6 / 7,200 | 2 / 1,400 | | 8 / 8,600 |

| | | | | | |
|---|---|---|---|---|---|
| 연천 | | | 10 / 1,020 이상 | 4 / 1,800 | | 14 / 2,820 이상 |
| 광주 | | | 11 / 7,600 | 1 / 400 | | 12 / 8,000 |
| 양평 | 1 / 200 | | 4 / 3,300 | 9 / 17,300 이상 | 1 / 50 | 15 / 20,850 이상 |
| 양주 | | 5 / 1,750 이상 | 18 / 5,563 이상 | | | 23 / 7,313 이상 |
| 가평 | | 3 / 980 이상 | | | | 3 / 980 이상 |
| 여주 | | | | 7 / 6,401 이상 | | 7 / 6,401 이상 |
| 장단 | | | 5 / 350 이상 | 5 / 6,800 | | 10 / 7,150 이상 |
| 계 | 11 / 5,460 이상 | 14 / 22,800 이상 | 181 / 83,316 이상 | 73 / 54,921 이상 | 4 / 650 | 283 / 167,147 이상 |

출전 : 이지원, 「경기도 3 · 1 운동의 특징」, 『경기도항일독립운동사』, 1995, 500~503쪽을 재구성.
비고 : ① 칸 '/'의 왼쪽은 시위횟수, 오른쪽은 참가인원을 표시한 것이며, 단위는 명임.
　　　② 행정구역과 지명은 당시의 것에 따랐음.
　　　③ 선언서만 배포하였거나 시위계획 중 적발된 경우는 시위횟수에서 제외하였고, 1개 지역
　　　　에서 같은 날 2회 이상 시위가 발생한 경우에는 1회로 간주하였음.


　　경기도의 3 · 1 운동은 민족대표와의 조직적 연계가 거의 없었다. 다만 개성의 경우, 목사 강조원이 민족대표 중의 한 명인 오화영과 연결되었다. 그래서 2월 28일 강조원이 오화영으로부터 독립선언서를 전달받고, 3월 1일 호수돈여학교 서기 신공량을 통해 이를 개성 시내에 배포하여, 개성에 만세시위가 일어날 수 있는 기운을 형성한 바 있다. 경기도의 다른 지역은 민족대표와 연계없이 만세시위가 일어났다.[1]

1) 한편 수원 삼일여학교 교사 김세환이 1919년 2월 21일 민족대표 이갑성과 연결되어 3 · 1 운동 사전 준비에 참여하였다. 그리고 2월 22일부터 동지를 규합하기 위해 경기

경기도의 3·1 운동은 서울에서 가까운 지역에서 먼저 일어나 점차 외곽으로 확산되었다. 시위가 가장 먼저 일어난 곳은 개성으로 3월 3일 시작되었다. 호수돈여학교·한영서원·송도고보 학생 및 기독교인이 중심이 되어 연일 시위가 계속되었다. 그러나 3일과 4일 시위 때 많은 학생들이 피체되고, 5일 개성 시내 모든 학교에 휴교령이 내려지면서 시위는 소강상태에 빠져들었다.

3월 5일과 7일에는 서울과 인접한 고양군과 시흥군에서 시위가 펼쳐졌다. 3월 9일에는 인천에서, 10일에는 파주와 양평에서, 11일에는 안성과 진위에서 시위가 각각 일어났다. 양주에서는 3월 13~15일까지 3일간 계속해서 만세운동이 전개되었다.

특히 3월 18일 강화에서는 2만여 명이 참여하는 대규모 시위가 펼쳐졌다. 강화도내 기독교 조직이 중심이 되어, 읍내 장날을 이용하여 일어난 이날의 시위는 경기도에서 가장 많은 군중이 동원되었다. 일본 경찰은 시위 초기부터 시위대의 수에 압도되었으며, 심지어 군수 및 경찰서장조차 시위대의 요구에 따라 '독립만세'를 부를 정도였다. 일본 관헌의 저항이 거의 없었기에 시위는 평화적으로 끝났다.

경기도에서 운동의 절정기는 3월 하순~4월 상순이다. 경기도 전체 시위횟수 283회의 90%에 달하는 254회 시위가 이 시기에 집중되었다. 특히 이 기간 동안 시흥군에서는 23회, 고양군에서는 33회, 수원군에서는 25회, 양주군에서 18회의 시위가 펼쳐졌으며, 경기도 내에서는 하루

---

도 수원·이천군과 충청남도를 순회하였다. 이때 수원 및 이천지역 일부 인사가 김세환을 매개로 민족대표와 연계가 이루어졌을 것으로 짐작된다. 그러나 이 지역에서 3월 초에 시위가 촉발되지 않았고, 수원에서는 3월 23일, 이천에서는 3월 31일 처음 시위가 일어난 것으로 보아 김세환의 순회 효과는 그다지 크지 않은 것 같다.

평균 12개 지역에서 시위가 일어났다. 그러나 일제의 대대적인 탄압으로 4월 15일 수원에서의 시위를 끝으로 경기도 3·1 만세운동은 종식되었다.

전국에서 가장 많은 횟수의 시위가 일어났고, 최대 다수의 군중이 참여하여 전개된 경기도 3·1 운동을 주도한 것은 청년·지식인들이다. 3월 초순에 군청 소재지나 도시 지역에서 운동을 주도한 것은 청년학생들과 기독교계 지식인이었다. 3월 3~7일까지 연이어 계속된 개성 만세시위도 학생 및 기독교도들이 주도하였다. 그리고 3월 10일 파주 공립교하보통학교 시위 역시 기독교도 임명애가 주도한 것이다. 3월 하순에 들어 경기도 전지역으로 시위가 확대되면서 향촌사회 내 지식인 유생들이 시위를 주도하였다. 수원의 시위를 주도한 이정근과 홍원식 등이 그 예이다.

시위를 주도한 세력들은 운동을 효과적으로 이끌기 위하여 비밀결사를 조직하기도 하였다. 3월 초순 개성 시위를 주동한 '조선독립개성회(朝鮮獨立開城會)'[2]와 3월 28일 부천 시위를 주도한 비밀결사 '혈성단(血誠團)'[3] 등이 대표적이다. 그리고 이들은 투쟁의식을 고취하기 위해, 서울 등지에서 입수한 「독립선언서」와 『독립신문』 등 각종 유인물을 유포시켰다. 동시에 자체 제작한 유인물도 배포하였는데, 강화군의 『국민

---

2) 조선독립개성회는 고종의 국상(國喪)을 배관(拜觀)하기 위해 서울을 다녀온 개성 시내 서적상인인 22세 청년 박치대(朴致玳)와 송도고보 학생 유흥준(兪興濬), 개성학당 학생 임병구(林炳九) 등이 만세운동을 전개하기 위해 조직한 비밀결사이다. 이들은 『독립신문』을 참조하여 「조선독립개성회 취지서」를 작성하고 이를 개성 시내의 각 학교에 배포하고 만세시위를 주도하였다.

3) 혈성단은 3월 23~24일 부천군 용유면의 20대 농촌청년인 조명원(趙明元), 조종서(趙鍾瑞), 최봉학(崔奉鶴) 등이 만세시위를 주도하기 위해 조직한 비밀결사이다.

회보』·『자유민보』·『강화독립회보』, 수원의 『독립신문』·『대한민보』·『창가집(唱歌集)』, 개성군 진봉면의 『대한제국동포신문』·『대한제국신문』·『대한신문』·『대한제국독립창가집』 등이 그것이다.

3월 하순 경기도 전역의 농촌지역으로 시위가 확산되는 데는 향촌사회의 이장(里長)들도 큰 역할을 하였다. 일정한 지식과 소양을 갖춘 이장들은 별다른 조직이 없는 향촌사회에서 영향력을 지니고 있었기에, 시위의 준비단계에서 사전 연락과 마을 주민을 동원하는 데 중심적 역할을 수행하였다.

시위에는 다양한 계층이 참여하였다. 3월 초순 운동 초기 단계에는 다수의 학생들이 시위에 참여하였으나, 3월 하순에 들어 시위가 경기도 전역의 농촌지역으로 확산되면서 농민의 참여가 확대되었다. 이 중에서도 20~30대 청년농민들의 활동이 두드러졌다.

경기도는 식민지하 조선 경제의 중심지인 경성부를 둘러싸고 있고 항구도시 인천을 끼고 있다는 지리적 조건으로 인해, 상업과 공업이 발달하였다. 그래서 중소상인과 노동자가 많았으며, 이들도 다수 시위에 참여하였다. 3월 26일 고양군 독도면 시위에 다수의 노동자들이 적극 참여하였으며, 3월 27일 개성군 송도면 시위 때 상인들이 호응, 격문을 돌리고 철시한 것이 그 예이다.

운동이 확산되면서 고립·분산적으로 진행되던 시위는 면 단위, 군 단위 연대시위로 발전하였다. 농촌사회에서의 시위는 대부분 리 단위로 군중이 동원되고 진행되었다. 그러나 3월 하순~4월 상순에 접어들면서 점차 다른 양상이 나타나기 시작한다. 4월 1~2일에는 안성군 원곡면·양성면 연대시위가. 4월 2일에는 이천군 6개 면 연대시위가, 4월 2~3일에는 수원군 장안면·우정면 연대시위가 각각 일어났다. 앞서 3월 28일 파주군 광탄면·조리면 연대시위에는 고양군민 일부가 참여하여 군 단위 연대시위로까지 발전하였다. 이와 같은 연대시위 결과 시위대원 수는 증가하였으며 대규모 시위를 펼칠 수 있었다.

시위가 확산되면서 시위방식도 크게 달라졌다. 3월 초순에는 평화적인 시위가 주조를 이루었으나, 3월 하순~4월 상순에 들어 시위가 봉화시위와 무장시위 방식으로 발전하였다. 밤에 산에서 횃불을 들고 봉화를 올리는 봉화시위는 지역 간의 연대투쟁 시 연락수단으로도 사용되었다. 4월 2일 밤, 이천군 마장면·백사면·모가면·대월면·호법면·읍내면 6개 면민들이 각기 마을 인근 산에 올라가 일제히 봉화를 올려 시위의 시작 시점을 상호 확인한 것이 그 예이다. 6개 면민들은 서로 호응하면서 독립만세를 부른 후, 하산하여 이천군 읍내면에 모여 시위를 펼쳤다. 이때 봉화는 서로의 시위 의지를 확인하고, 상호 격려하는데 큰 효능을 발휘하였다. 이외에도 경기도에서는 3월 23일~4월 15일 사이 고양군·시흥군·광주군·부천군·수원군·개성군·장단군·파주군·김포군·양주군·진위군·여주군 등지에서 봉화시위가 펼쳐졌다.

무장시위는 시위대가 무장하고 일제 식민통치 말단기구를 공격, 파괴하는 시위이다. 경기도에서는 경찰관서 17개소, 주재소 12개소, 군청·면사무소 35개소, 우편소 2개소가 시위대의 공격을 받아 파괴되었다. 그리고 일본인 및 친일파 가옥 14호도 공격을 받았다. 3월 28일 수원군 송산면 사강리 시위 때는 군중들이 시위대원에게 총상을 입히고 달아나는 일본인 순사부장을 뒤쫓아 가서 돌과 몽둥이로 처단하였다.

이러한 무장투쟁은 처음에는 시위대의 자위 수단으로 이루어졌으나, 점차 시위대에서 먼저 공격하는 공세적 형태로 나아갔다. 4월 2~3일 수원군 장안면·우정면 연대시위는 시위 준비 단계에서 무장투쟁을 계획한 시위이다. 시위 주동자들은 군중들로 하여금 몽둥이를 하나씩 준비하고 시위에 참가토록 하였으며, 시위 때 주재소와 면사무소를 포위하고, 먼저 돌을 던지고 곤봉으로 문을 파괴한 후, 사전에 조직된 방화반이 방화를 하면, 살해반은 일본인 순사를 타살하기로 계획을 세웠다고 한다. 시위가 시작되자 시위대는 장안면과 우정면 사무소, 화수리 주재소를 습격·방화하였으며, 시위대에 발포한 일본인 순사를 타살하였다.

한편 경기도 내 여러 곳에서 전개된 무장시위 과정에서 체포된 사람이 발생하면 시위대는 경찰관서에 가서 석방을 요구하기도 하고, 때로는 경찰관서나 헌병주재소 등을 공격하여 체포된 동지를 구출하였다.

경기도 최대의 무장시위는 4월 1~2일 새벽까지 전개된 안성군 양성·원곡면 연대시위이다. 2,000여 시위대원들은 양성면 동항리 순사주재소와 양성우편소, 양성면과 원곡면사무소를 습격하고 방화하였다. 그리고 일본인 상점을 파괴하는 등 공세적인 시위를 펼쳐, 기세에 눌린 일본 관리와 민간인들이 안성읍과 산 속으로 피신하기까지 하였다. 이 시위는 후에 일제가 황해도 수안군 수안면 만세시위, 평안북도 의주군 옥상면 만세시위와 더불어 3·1운동의 3대 투쟁으로 평가한 시위이다.

이처럼 시위가 확산되고 무장투쟁으로 발전하자, 일제는 시위운동자를 학살하거나 대량으로 체포하고 고문을 가하는 등 탄압을 가하였다. 경기도에서 일본 군경이 시위대에 발포한 횟수는 58회 이상이었으며, 운동이 가장 집중적으로 전개되었던 3월 하순~4월 초순 사이에 104명의 조선인이 피살되고, 190명이 부상을 입었다. 체포된 수는 헤아릴 수 없이 많았다.

일제의 탄압으로 경기도 내에서 가장 많은 희생자가 발생된 지역은 수원군과 안성군이다. 이는 3월 말~4월 초에 있었던 수원군의 만세시위

과정에서 두 명의 일본인 순사가 피살된 것과 안성군 원곡·양성면에서의 무장시위에 대한 보복 차원에서 탄압이 이루어졌기 때문이다. 일제는 4월 2일 검거반을 이곳에 파견하여 14일까지 64개 리·동을 수색하였으며 모두 803명을 체포하였다. 이 숫자에는 '엄중훈계' 후 석방된 1,202명은 포함되어 있지 않다. 그리고 4월 6~17일 사이에 수원군 내 328개 가옥을 방화하였으며, 45명을 학살하고, 17명에게 부상을 입혔다.

3·1 운동사상 일제의 최대 탄압으로 일컬어지는 제암리학살사건도 이 시기에 이루어졌다. 4월 15일 일본군 20사단 79연대 아리다(有田) 중위가 이끄는 군인들이 일본 순사가 피살된데 대한 보복 조치로, 제암리 주민을 제암리 교회당에 모이게 하고, 교회에 방화하는 한편 교회 밖으로 도망나온 사람들에게 발포하여 22명을 사살하였다. 이들 중 천도교 신자가 15명이고, 감리교 신자 및 기타가 7명이었다. 그리고 교회 밖에 있는 사람 2명도 참살하여 모두 24명을 학살하였다.

한편 안성에는 6월 1일까지 군대가 세차례 더 파견되어 대대적인 탄압이 이루어 졌다. 4월 초~6월 초 사이에 많은 사람이 체포되었고, 이중 127명이 수형생활을 하였다. 특히 24명이 학살되었는데, 체포 현장에서 3명, 고문 과정에서 5명, 옥사 9명, 7명은 부상 후유증으로 사망하였다.

이처럼 일제의 보복은 철저하고 잔인하게 진행되었다. 이와 같은 탄압으로 3월 하순~4월 상순에 집중적으로 일어났던 경기도의 3·1 운동은 4월 중순에 이르러 종식되고 말았다.

그러나 소수의 친일매국세력을 제외한 전민족이 거족적으로 봉기한 3·1 운동은 일제로 하여금 무단통치를 포기하고 기만적이지만 '문화정치'를 실시하게 만들었다. 그래서 민족운동이 전개될 수 있는 공간이 확보되었으며, 이 공간을 이용하여 민중이 운동의 중심세력으로 성장할 수 있었다. 뿐만 아니라 3·1 운동은 대한민국 임시정부를 수립하는 원동력이 되었다.

이와 같은 의미를 지니는 3·1 운동이 경기도에서는 283회 이상 펼쳐졌으며, 총 17만여 명이 시위에 참여하였다. 이는 당시 전국 13개 도 가운데 가장 활발한 것이다. 상해에서 간행되는 『독립신보』는 만세시위대를 독립군이라 표현하였는데, 이 표현을 빌린다면 경기도민은 3·1 만세독립군의 주력군이었다고 평가할 수 있다.

(『경기도 역사와 문화』, 경기도사편찬위원회, 1997.12)

## 참고문헌

경기도사편찬위원회, 1979, 『경기도사』 1.
_____, 1995, 『경기도항일독립운동사』.
국사편찬위원회, 1968, 『한국독립운동사』 2.
권태억·박찬승, 1990, 「일제 식민통치와 민족해방운동의 고양」, 『한국사특강』, 서울대출판부.
김선진, 1983, 『일제의 학살만행을 고발한다』, 미래출판사.
독립운동사편찬위원회, 1969, 『독립운동사』 2.
동아일보사, 1969, 『3·1 운동 50주년기념논문집』.
_____, 1989, 『3·1 운동과 민족운동』.
박걸순, 1988, 「3·1 운동기 국내 비밀결사운동에 대한 시론」, 『한국독립운동사연구』 2, 한국독립운동사연구소.
박은식, 1920, 『한국독립운동지혈사』.
이병헌, 1959, 『삼일운동비사』, 시사일보사 출판국.
이정은, 1987, 「안성군 원곡·양성의 3·1 운동」, 『한국독립운동사연구』 1, 한국독립운동사연구소.
_____, 1991, 「3·1 운동의 지방확산 배경과 성격」, 『한국독립운동사연구』 5, 한국독립운동사연구소.
_____, 1995, 「화성군 우정면·장안면 3·1 운동」, 『한국독립운동사연구』 9, 한국독립운동사연구소.
이지원, 1989, 「경기도 지방의 3·1 운동」, 『3·1민족해방운동연구』, 청년사.
조병창, 1972, 「수원지방을 중심으로 한 3·1 운동 소고」, 단국대 석사학위논문.
최창희, 1988, 「중부지방의 3·1 운동」, 『한민족독립운동사』 3, 국사편찬위원회.
한국독립운동사연구소, 1996, 『한국독립운동사사전』 1 총론편 상권, 독립기념관.
홍석창, 1981, 『수원지방의 3·1 운동사』, 왕도출판사.

# 일제 식민지하 '지방자치'

## 1. 머리말

일제는 1910년 조선을 강제 '병합'한 이후 강력한 중앙집권적 식민통치체제를 구축하고자 하였다. 그러나 조선은 유향소(留鄕所)−향청(鄕廳)−향회(鄕會)로 이어지는 지방자치의 전통을 지니고 있었으며, '병합' 직전에는 각 지방의 양반들이 향약조직을 확대·개편하여 민의소(民議所)를 설치하는 등 시대상황의 변화에 맞추어 지방자치제를 새롭게 정착시키려는 노력을 한 바 있었다.[1] 이와 같은 지방자치의 전통은 일제가 식민지 조선을 통치하는데 커다란 장애 요인이 되었다.[2] 그래서 일제는 식민지 지배 초기인 1910년대에 조선의 지방자치 전통을 말살시키는 방향으로 지방제도를 개편하면서 중앙집권체제를 구축해 나갔다. 그러나 1919년

---

[1] 한말의 지방자치제에 대해서는 다음 논문이 참고가 된다. 이상찬, 1986, 「1906~1910년의 지방행정제도 변화와 지방자치논의」, 『한국학보』 42, 일지사; 이상찬, 1991, 「한말 지방자치 실시 논의와 그 성격」, 『역사비평』 13, 역사비평사.

[2] 박찬승, 1991, 「일제하 '지방자치제도'의 실상」, 『역사비평』 13, 역사비평사, 28~29쪽.

3·1 운동이 일어나자, 일제는 무단적 중앙집권체제의 지배에 한계를 느끼고 조선의 지방자치 전통을 부분적으로 인정하여 제한적인 의미에서 '지방자치'를 실시하지 않을 수 없었다.

여기에서는 먼저 일제가 조선 병합 직후 조선의 자치문화 전통을 부정하기 위해 지방제도를 어떻게 개편하였는지를 살펴보고, 이어서 1920년대 이후 실시한 '지방자치제'의 실상을 살펴보고자 한다.

## 2. 조선의 지방자치 전통을 부정한 1910년대 지방제도

1910년대는 일제가 조선의 지방자치 전통을 전면적으로 부정한 시기이다. 이 시기 실시된 무단통치는 행정·입법·사법 3권을 장악한 조선총독을 정점으로 한 강력한 중앙집권적 통치체제였다. 무단통치 구조에서 중심 역할을 수행한 것은 헌병이었다. 헌병은 일반적인 경찰 업무만이 아니라 호구조사, 언론·집회 통제, 위생에 관한 사항을 비롯하여 소상인(小商人) 관련 업무, 심지어는 식수(植樹) 및 퇴비(堆肥) 제조 업무까지도 관장하였다. 뿐만 아니라 사법권도 있어서 지방법원과 지청(支廳)이 없는 지역에서는 관할지역 헌병 분대장이나 헌병 분소장이 재판관과 동일한 자격으로 민사상의 분쟁을 화해시킬 수 있도록 하였다. 그리고 지방재판소 지부가 소재하는 지역의 경시(警視) 또는 경부(警部)에게 검사(檢事) 업무를 대행토록 하여, 헌병경찰이 부분적으로 재판권과 검찰권을 행사할 수 있도록 하였다. 그리고 즉결처분권도 행사하여 식민지 통치에 순응하지 않는 조선인에게는 태형(笞刑)을 가하였다. 이렇게 하여 무단통치 체제하에서는 조선인의 생활 전반이 완벽하게 헌병경찰의 통제 하에 들어갔다.

일제는 조선을 강제로 '병합'한 직후인 1910년 10월 1일 한성(漢城)을 경성부(京城府)로 개편하여 경기도에 소속시켰다. 일제가 조선을 강점하고 지방행정제도를 개편하면서, 500여 년 동안 조선의 수도였던 한성을 경기도 소속 1개 행정단위로 격하시키는 일에 가장 먼저 손을 댄 이유는 한성이 지니고 있던 민족적 · 국가적 상징성에 타격을 주어[3] 조선인들에게 조선이 더 이상 독립국가가 아니라는 것을 각인시키기 위해서였다.[4]

1910년대 일제의 지방행정제도 개편은 조선의 전통적인 자치문화의 중심이 되었던 군(郡)의 기저를 흔들고 면(面)의 기능을 강화하는 방향으로 이루어졌다. 그 첫 번째 조치가 1910년 10월 1일 조선총독부령 8호 「면에 관한 규정」에 의해 이루어진 면 기능 강화 조치였다. 종래 면 · 사(社) · 방(坊) · 부(部) · 단(端) 등으로 지방에 따라 다양하게 불리던 행정단위를 '면'으로 통일하고, 면에는 면장을 두었으며, 면사무소의 위치에 관한 사항과 면의 업무처리 규칙을 별도로 정하였다.[5]

두 번째 조치는 1914년 3월과 4월 실시된 대대적인 지방행정구역 통폐합 조치이다. 당시 조선의 지방행정 단위는 12개 부(府) 317개 군, 4,322개 면이었는데 이를 12개 부 220개 군 2,522개 면으로 통폐합하였으며, 리(里)와 동(洞)도 대폭 축소하였다.[6] 이에 따라 오랫동안 지속되어 오면서 조선인들의 생활 속 깊이 뿌리 박혀 있던 조선의 지방행정구역은 식민지 행정구역으로 재편되었고, 조선인들은 그들이 거주하는 촌락의 소속

---

3) 강진갑, 1994, 「근현대」, 『아차산의 역사와 문화유산』, 구리시 · 구리문화원, 96쪽.
4) 해방 직후인 1946년에 서울을 경기도에서 분리시켜 중앙정부 직할의 특별시로 만들면서, 수도 서울의 위상이 회복되었다(강진갑, 위의 논문, 97쪽).
5) 손정목, 1992, 「일제 강점 초기(1910~20)의 지방제도와 행정구역 개편」, 『한국지방제도 · 자치사연구(上)―갑오경장~일제강점기』, 일지사, 116~119쪽.
6) 朝鮮總督府, 1940, 『施政三十年史』, 73쪽.

군·면·리 명칭이 바뀌는 혼란을 겪었다.

경기도는 종래 2부 36개 군이 2부 20군으로 통폐합되었다.[7] 동시에 충청남도 평택군 일부 지역이 진위군으로, 충청북도 음성군 일부 지역이 이천군에 각각 편입되었다. 2부 20군은 다음과 같다.[8]

- 2부 : 경성부·인천부
- 20군 : 고양군·부천군·시흥군·수원군·진위군[9]·안성군·용인군·이천군·김포군·강화군·파주군·포천군·연천군·광주군·양평군·양주군·가평군·여주군·개성군·장단군

1910년대 조선의 지방행정제도 개편은 1917년 「조선면제(朝鮮面制)」의 실시로 일단 완성되었다. 면에는 면서기를 두고, 사용료와 수수료를 징수하는 등의 공공사무 기능을 보유하게 되었다.[10] 그리고 조선인을 면장으로 임명하였다. 이로써 면이 완전한 하나의 행정단위로 정착된 것이다. 한편 일본인이 다수 거주하는 도회(都會) 지역 23개 면을 지정면으로 하였다. 경기도의 경우 수원군 수원면, 개성군 송도면, 시흥군 영등포면 3개

---

7) 그 결과 남양군·풍덕군·죽산군·안산군·삭녕군·통진군·영평군·마전군·교하군·음죽군·적성군·과천군·양지군·양성군·양천군·교동군 등 16개 군은 없어졌다.

8) 越智唯七, 1917, 『新舊對照朝鮮全道府郡面里洞名稱一覽』, 中央市場, 3쪽; 朝鮮總督府, 1912, 『地方行政區域名稱一覽』(『舊韓國地方行政區域名稱一覽』, 太學社 影印本, 1985).

9) 진위군이 평택군으로 개칭된 것은 1917년이다(손정목, 1992, 「일제강점 초기(1910~1920)의 지방제도와 행정구역 개편」, 158쪽).

10) 1917년 「朝鮮面制」에 대해서는 다음의 논문이 참고가 된다. 염인호, 1984, 「일제하 지방통치에 관한 연구-'조선면제'의 형성과 운영을 중심으로」, 연세대학교 사학과 석사논문.

면이 지정면이 되었으며, 3개 면의 면장은 모두 일본인이 임명되었다.[11]

1910년대에도 일제는 부분적이나마 '지방자치제'를 허용하였다. 1914년 부(府)에 부협의회(府協議會)를 둔 것이 그것이다. 의결기구가 아닌 부윤의 자문기구인 부협의회 회원의 임기는 2년이었으며, 도(道) 장관이 총독의 인가를 받아 조선인과 일본인을 반반씩 임명하였다.[12] 협의회는 부조례 제정 및 개정과 폐지, 예산, 부채(府債)에 관한 사항, 부민에게 새로운 의무를 부과하는 일 등과 그 외 부윤이 필요로 하는 사항에 대해 부윤의 자문에 응하였다. 그러나 도 장관이 협의회원 중 직무를 태만히 하거나 체면을 손상시키는 일을 할 경우, 총독의 인가를 받아 해임시킬 수 있는 권한을 지니고 있어 출발부터 회원들의 활동은 제약을 받을 수밖에 없었다.[13]

그런데 1910년대에 조선총독부가 유독 부에만 형식적인 자문기구이지만 협의회를 둔 것은 특별한 사정이 있었기 때문이다. 부는 일본인이 다수 거주하는 지역으로, 이곳에는 일본인 자치기구인 거류민단[14]이 조

---

11) 손정목, 1992, 「일제강점 초기(1910~20)의 지방제도와 행정구역 개편」, 164~170쪽.

12) 그러나 경성부의 경우 1916년 2차 경성부협의회원 임명 때에는 14명의 회원 중 조선인은 6명, 일본인은 8명을 임명하여, 조선인과 일본인을 반반씩 임명하는 원칙조차 지키지 않았다(京城府史, 1941, 『京城府史』 下卷, 295쪽).

13) 京城府, 1936, 『京城府史』 中卷, 354~357쪽 ; 朝鮮總督府, 1915, 『朝鮮總督府施政年報(大正 2年)』, 19~21쪽.

14) 거류민단은 조선과 중국에 거주하는 일본인을 보호할 목적으로 1905년 3월 공포된 일본법률 41호 「居留民團法」에 의해 1906년부터 1908년 사이에 다수의 일본이 거주하는 경성·용산·인천·부산 등지에 설치된 일본인 자치기구이다. 거류민단에는 자체의 의결기관으로서 居留民會가 있고, 민회에서 선출한 居留民長과 유급직원이 행정을 담당하였다. 「居留民團法施行規則」이라는 자체법규를 두었고, 居留民團稅라는 명목의 세금을 단원으로부터 징수하였다. 거류민의 관리, 교육기관 설치 운영, 병원 설치 운영, 토목 및 상하도 사업 등의 업무를 관장하였다. 통감부 때에는 理事官의 감독을, 총독부

직되어 있었다. 그런데 조선총독부가 1914년 지방제도를 개편하면서 거류민단제도를 폐지하였다. 그렇지만 그동안 거류민단에 허용하였던 자치권을 전면 부정하기가 어려워, 부에만 부협의회라는 '자치기구'를 두게된 것이다. 그 결과 경기도에는 경성부와 인천부에 부협의회가 구성되었다.[15]

한편 일제는 자문기관으로 도와 부·군에 참사자문회(參事諮問會)를 두고, 지방 풍속·관습 및 지방 시정(施政)에 관한 사항을 자문하였으나, 역시 친일파를 회유하기 위해 실시한 제도에 불과하였다.[16]

1910년대는 일제가 조선을 강제로 병합하고 강력한 중앙집권적인 무단통치를 실시하면서, 조선의 지방자치 전통을 그 기저에서부터 붕괴시킨 시기이다. 1912년 면·동·리(面洞里) 재산이 정리되면서 종래 자치기능을 행사하던 자연촌락이나 계·향약 등 자치기구의 재산소유는 금지되었고, 동·리 소유재산은 면 소유로 이전되었다. 그리고 1910년대 동·리가 지속적으로 통폐합되고 면이 말단 행정단위로 그 기능이 강화되어 가면서, 종래 자치단위로서의 자연촌락인 동·리는, 면의 하부 행정단위인 행 촌락인 동·리로 점차 재편되어 갔다.[17] 그리고 1914년 조선시대 자치문화의 중심이었던 군이 통폐합됨에 따라 자치문화의 구심점

---

하에서는 府尹의 감독을 각각 받았으나, 거류민단의 세력이 거대하여 감독권이 제대로 행사되기 어려웠다(손정목, 1992, 「일제강점 초기(1910~20)의 지방제도와 행정구역 개편」, 125~126쪽).

15) 仁川府, 1933, 『仁川府史』, 176쪽.

16) 京城府, 『京城府史』 中卷, 350쪽.

17) 1909년 약 7만 1,000여 개였던 동·리는 1910년에 6만 8,000여 개, 1914년 5만 8,000여 개로 통폐합되었다. 1916년에는 2만 8,000여 개로 다시 대폭 줄어들면서 1917년 「朝鮮面制」를 실시할 수 있는 토대가 구축되었다(윤해동, 1995, 「일제의 지배 정책과 촌락재편」, 『역사비평』 28호, 역사비평사, 346쪽).

으로서의 군의 의미도 퇴색되었다.[18] 이 과정에서 조선시대 전래의 향촌 자치기구는 무력화되었고, 기존의 향촌 유력자들은 그 영향력이 점차 차단되어 갔다.[19]

## 3. 1920년대 기만적인 '자치기구'의 설치

1919년 3·1운동이 일어나자 일제는 무단통치에 한계를 느끼고 조선인에게 한정된 참정권(參政權)이나마 부여하여 조선인의 독립의지를 호도할 필요를 느꼈다. 그리하여 1919년 9월 2일 조선에 부임한 총독 사이또(齋藤實)는 조선 도착 다음날 "장래 시기를 보아 지방자치제도를 시행할 목적으로 속히 이에 대한 조사연구에 착수할 것이다"라고 하여 지방자치제의 실시를 공언하였다.[20] 이어 사이또는 9월 10일 발표한 시정방침 유고에서 "장래 시기를 보아 지방자치제를 실시"[21]하겠다고 선언하고 그 준비에 착수하였다.

1920년 7월 29일 관계법령을 개정함에 따라 그 윤곽이 드러난 지방제도 개정의 골자는 "첫째, 종래 부에만 설치되어 있던 자문기구를 도와 면에도 확대 실시, 도평의회(道評議會)와 면협의회(面協議會)를 둔다. 둘째, 종래 임명제였던 부협의회원 선출방식을 선거제로 고치고, 일본인이 다수

---

18) 박찬승, 앞의 글, 29쪽.
19) 윤해동, 「일제의 지배정책과 촌락재편」, 344~348쪽.
20) 朝鮮總督府, 1922, 「總督府及所屬官署ニ對スル總督ノ施政方針訓示」, 『朝鮮總督府施政年報(自大正 7年度 至大正 9年度)』, 附錄 5~8쪽.
21) 朝鮮總督府, 「朝鮮總督府 官報」, 1919年 9月 4日字.

거주하는 지정면의 협의회 회원은 선거로 선출한다. 셋째, 조선인이 다수 거주하는 보통면의 협의회원은 군수 또는 도사(島司)가 임명하며, 도평의 회원은 정원의 2/3를 도내 각 부·면협의회 회원의 간접선거로 선출된 후보자 중에서 도지사가 임명하며, 나머지 1/3은 '학식과 명망이 있는 자 중에서 도지사가 임명한다'이다.

그리고 도지사 자문기관인 도평의회는 도지사가 당연직 의장이 되었다. 그리고 평의회 회원은 명예직으로 하였으며, 임기는 3년이었다. 평의회 회원의 수는 도의 규모에 따라 달랐는데, 경기도의 경우 가장 많은 37명을 두도록 하였다.

부윤 자문기관인 부협의회 역시 의장은 부윤이 맡았으며, 협의회원 수는 부의 크기에 따라 16명부터 30명까지 두도록 하였다. 협의회원은 주민의 직접선거로 선출하되 선거권과 피선거권을 25세 이상의 남자로서 총독이 지정하는 부세(府稅) 연액 5원 이상 납부한 자로 제한하였다. 부협의회원은 명예직이며, 부협의회의 기능은 이전과 같았다.

면장 자문기관인 면협의회의 경우도 면장이 당연직 의장이 되었다. 협의회원은 명예직이고, 임기는 3년이며, 정원은 인구 규모에 따라 8명에서 14명까지 둘 수 있었다. 그런데 지정면협의회 회원 선거권과 피선거권도 면 부과금 연액 5원 이상인 자로 제한하였다. 경기도의 경우 수원군 수원면, 개성군 송도면, 시흥군 영등포면 등 3개면이 지정면이었다.[22] 보통면의 경우 군수와 도사가 지방유지의 의견을 참작하여 협의회원을 임명하였기 때문에 친일지주가 다수 임명되었다.[23]

---

22) 손정목, 1992, 「이른바 '문화정치' 하에서의 허울만의 지방자치」, 『한국지방제도·자치사연구(상)』, 185~187쪽.
23) 강동진, 1980, 『일제의 한국지배정책사』, 한길사, 329쪽.

이밖에 학교평의회를 두어 관청에서 직접 관장하던 조선인 보통교육에 관한 사항과 학교비 부과, 부역·현품의 부과, 사용료의 징수, 기채(起債) 및 계속비의 설정에 관한 사항을 자문하도록 하였다. 학교 평의회원의 선출은 부에서는 부민이 선거로, 면에서는 면협의회원이 선출한 후보자 중에서 군수와 도사가 임명토록 하였다.[24] 일본인 보통교육에 관한 사항은 계속 학교조합에서 관장하였다.

그러나 이 때 설치된 각급 기관의 성격을 검토해 보면 조선총독부가 당초 설치하겠다고 공언한 자치기관으로 보기 어렵다. 그 이유는 다음과 같다.

첫째, 이들이 의결기관이 아니라 자문기관이라는 점이다. 제출된 의안에 대한 수정권이 없으며, 결의사항이 법적 구속력이 없어 자문을 받은 자는 자문 내용을 다만 참고할 뿐이었다. 이는 조선총독부 정무총감이 도지사회의에서 "이들 자문기관은 아다시피 도·부·면의 행정을 하는데 당국자의 참고로 제공하기 위해 의견을 밝히게 하는 기관입니다. 여러분은 이 기관의 의견을 참작해서 지방행정을 하는 것이지, 꼭 이 기관의 의견대로 하지 않으면 안 된다는 이야기는 아닙니다"[25]라고 말한 데서 그 성격이 극명하게 드러난다.

둘째, 자문기관의 의장이 평의회 또는 협의회에서 선출되는 것이 아니라 행정기관의 장이 겸직한 점이다.[26]

셋째, 이들 의장의 권한은 절대적이어서 안건 제출권, 회의 소집권, 의

---

24) 朝鮮總督府, 『朝鮮總督府施政年報(自大正 7年度 至大正 9年度)』, 314쪽.

25) 『道知事會議 速記錄』, 1920年 9月(강동진, 『일제의 한국침략정책사』 331쪽에서 재인용).

26) 강동진, 1980, 『일제의 한국지배정책사』, 328~331쪽.

원의 발언금지·발언취소·퇴거명령권, 의원의 자격요건 유무(有無) 결정
권, 의원의 직무태만 및 체면 오손 행위 등을 이유로 해임하거나 상급기
관에 해임을 상신할 수 있는 권한 등을 지니고 있었다. 따라서 회원의 지
위는 매우 불안하였다. 회원은 안건 제출권도 없었으며, 의장에 의해 해
임될 수도 있어서 회원의 기능이나 지위는 그만큼 약할 수밖에 없었다.

넷째, 다루는 안건이 제한되어 있다. 부협의회는 조례 제·개정 및 폐
지, 부채(府債)에 관한 사항, 예산에 관한 사항만을, 도평의회와 면협의회
는 예산 및 사용료·수수료·부역·현품 부과와 징수에 관한 사항만을
다루었다. 뿐만 아니라 긴급을 요하여 자문을 구할 시간이 없을 때와 가
벼운 사안일 경우 회의를 소집하지 않고 서면으로 의결할 수 있도록 되
어 있어, 도평의회와 부·군협의회는 자치기관이라기보다는 하나의 장
식적 기구에 지나지 않았다.[27)

또한 이들 자문기구들은 철저히 민족차별주의를 바탕으로 구성되고
운영되었다. 조선인이 많이 거주하는 보통면협의회 회원은 군수와 도사
가 임명하였고, 도평의회는 간접선거와 도지사의 임명제를 병행한데 반
해, 일본인이 다수 거주하는 부협의회와 지정면협의회원은 선거에 의해
선출한 점이 그 단적인 예이다. 그런데 그 선거 역시 철저한 제한선거로
이루어져 부과금 5원 이상 납부자에게만 투표권을 부여하였는데, 이는
경제적으로 열악한 조선인에게 매우 불리한 제도였다.

이는 1920년 11월 실시된 제1회 부 및 지정면협의회 선거라는 한 가
지 예만 들어 보아도 명확히 드러난다. 선거 당시 12개 부에 거주하는 조

---

27) 손정목, 1992, 「이른바 '문화정치' 하에서의 허울만의 지방자치」, 앞의 책, 189~
    191쪽.

선인은 40만 1,887명이었고, 일본인은 17만 3,682명이었다. 그런데 조선인에게는 4,714명에게 부협의회 선거권이 주어졌고, 일본인에게는 6,252명에게 주어졌다. 즉, 조선인의 경우 인구 85명당 1명에게 선거권이 주어진데 반해, 일본인에게는 28명에 1명씩 주어져 3배의 차이를 보였다. 선거 결과 조선인은 57명이, 일본인은 133명이 당선되었다. 그리고 24개 지정면의 경우 선거 당시 조선인 거주자 수는 20만 6,834명, 일본인은 5만 533명이었다. 그런데 조선인에게는 1,633명에게 선거권이 주어졌고, 일본인에게는 1,399명에게 선거권이 주어졌다. 조선인의 경우 인구 127명당 1명에게 선거권이 주어진데 반해, 일본인에게는 36명에 1명씩 주어져 3.5배의 차이를 보였다. 선거 결과 조선인은 126명이, 일본인은 130명이 당선되었다.[28] 이처럼 인구대비 선거권자의 수에서 큰 차이가 나타난 것은 조선인이 일본인에 비해 가난하였기 때문에 나타난 당연한 결과였다. 당선된 협의회원 수 역시 전체 인구와 대비해 볼 때 조선인은 매우 불리한 결과로 나타났다.

한편 이들 자문기구는 운영과정에서도 조선인에 대한 차별이 존재하였다. 일본인이 많이 거주하는 부협의회는 그 권한이 도 및 면협의회보다 크고, 도·면협의회와는 달리 의장의 회원 해임권도 없었다.[29]

1920년 구성된 도평의회 및 부·면협의회는 당초 사이또 총독이 '지방자치제'를 실시하겠다고 공언한 것과는 달리 기만적이고 민족차별적인 자문기구의 구성으로 귀결되고 말았다. 일제가 이들 자문기구를 설치한 것은 조선인에게 참정권을 제공한 것처럼 호도하여 조선인의 독립의

---

28) 손정목, 위의 글, 193쪽.
29) 강동진, 『일제의 한국지배정책사』, 331쪽.

지를 꺾는 한편 조선인 자산가들을 친일세력으로 포섭하기 위해서였다.[30]


## 4. 1930~1940년대 '지방자치제'의 실상

1920년대 후반 신간회운동이 펼쳐지고 노농운동이 활발히 전개되는 등 민족운동이 고양되어 가자 조선총독부는 조선의 안정적 지배를 위해 자치의회를 설립할 필요를 느꼈다. 총독부가 구상한 자치의회는 필요한 경우 총독이 자치의회의 의결을 무시할 수 있는 등 극히 제한적인 의미에서의 의결권을 지니는 것이었지만, 일본 정부는 이 의회조차도 조선 독립운동의 발판이 될 수도 있다고 우려하여 허용하지 않았다.[31]

그리하여 조선총독부는 대안으로 '지방자치제도'를 확장하기로 하고 1930년 관련 법령을 개정한 후, 부와 읍·면에 대해서는 1931년 4월 1일부터, 도는 1934년 4월 1일부터 시행하였다.[32] 개정 내용의 골자는 첫째, 종래 자문기관이었던 도평의회와 부협의회, 지정면협의회를 각각 도회(道會)와 부회(府會), 읍회(邑會)로 개편하여 의결기관으로 하고, 대의원의 명칭도 도회 의원, 부회 의원, 읍회 의원으로 하였다.

둘째, 종래 임명제이던 면협의회원을 선거제로 한다. 그러나 면협의회는 의결기관으로 바꾸지 않고, 계속 자문기관으로 두었다.

셋째, 조선인 교육을 담당하는 학교평의회와 일본인 교육을 담당하던

---

30) 박찬승, 앞의 글, 33쪽.
31) 박찬승, 위의 글, 36~37쪽.
32) 朝鮮總督府, 1940, 『施政三十年史』, 290쪽.

학교조합을 부회와 통합시켰다. 그리고 부회의 일본인 의원으로 부회 제
1교육부회를, 조선인 의원으로 제2교육부회를 구성하고 각각 일본인 교
육과 조선인 교육을 담당하게 하였다.[33] 그러나 군과 도(島)는 종전 그대
로 학교평의회와 학교조합이 각각 조선인 교육과 일본인 교육에 대한 업
무를 담당하였다.

넷째, 도회 · 부회 · 읍회 의원 및 면협의회 회원의 임기가 3년에서 4
년으로 연장되었다.

다섯째, 여전히 집행기관의 장이 도회 · 부회 · 읍회와 면협의회 의장
이었으나, 도회와 부회에는 의원 호선으로 부의장을 두었으며, 의장 유고
시 그 직무를 대행하게 하였다.

여섯째, 의장이 종래 지니고 있던 의원 자격요건 유무 결정권과 직무
에 태만하거나 체면을 손상한 의원에 대한 해임권을 삭제하여 의원들의
활동 폭을 어느 정도 넓혀주었다.[34]

그러나 조선총독부는 도 · 부 · 읍회에 의결권을 부여하는 한편 의회
에 대한 철저한 통제 장치를 마련하였다.

첫째, 의결권을 제한하였다. 각종 선거를 포함하여 도회 · 부회 · 읍회
에서 행한 의결이 권한을 넘거나, 법령 및 회의 규칙에 위배될 때, 그리고
공익을 해하거나, 단체 재정상 수지에 맞지 않다고 인정될 때에는 도지
사 · 부윤 · 읍장 등 행정기관장 단독으로 또는 상급관청의 지휘를 받아
의회의 결의 내용을 재의(再議)에 붙일 수 있었다. 특히 특별한 사유가 있
다고 인정될 때에는 상급관청의 지휘를 받아 의결을 취소시킬 수도 있다.

33) 朝鮮總督府, 위의 글, 260~261쪽.
34) 손정목, 1992, 「1930년대의 지방제도 개정과 지방자치의 실제」, 앞의 책, 241~
   242쪽.

그런데 재의에 붙인 안건을 의회에서 이전과 같은 내용으로 결의할 때, 행정기관장은 다시 상급관청의 지휘를 받아 그 의결을 취소시키거나 재재의결(再再議決)에 붙일 수 있었다.

둘째, 예산심의권을 제한하였다. 법령에 의하여 자치단체의 비용으로 부담하게 되어 있는 항목과 상급관청이 명령하는 항목이 예산 심의 과정에서 삭감되면 상급관청에서 직권으로 삭감된 예산을 회복시킬 수 있었다.

셋째, 집행부와 의회 간에 분규가 발생하여 의회가 회의 개최를 거부할 경우 이를 견제할 수 있는 장치도 마련해 두었다. 즉 의사정족수 부족으로 회의가 성립되지 못하였을 때, 의원들이 회의 소집에 응하지 않을 때, 회의를 개최 할 수 없을 때, 또는 꼭 의결해야 할 사안을 의결하지 않았을 때 행정기관장은 상급관청의 지휘를 받아 해당 의안을 직권 처분할 수 있었다. 이때 직권 처분된 의안은 의결된 것과 같은 효력을 지녔다.

그런데 무엇보다도 조선총독이 도회·부회·읍회·면협의회에 대한 통제권을 행사할 수 있었던 것은 총독이 각급 의회에 대한 해산권을 가졌기 때문이다.[35] 그리고 행정기관장이 겸직하고 있는 의장은 여전히 의원발언 금지권, 발언취소 요구권, 발언금지 및 퇴거명령권을 지니고 있어 회의장에서 의원들을 통제할 수 있는 권한도 지니고 있었다.

그리고 개정된 내용에서도 조선인과 일본인과의 차별은 여전하였다.

첫째, 선거권과 피선거권을 여전히 25세 이상의 가구주로서 부세(府稅) 5원 이상 납세자로 제한하였다. 이 제한이 경제적으로 열악한 조선인에게 불리한 결과를 초래하였음은 앞에서 살펴본 바와 같지만, 1931년의

---

35) 손정목, 위의 글, 244~246쪽.

선거를 예를 들어 재차 살펴보면 다음과 같다. 경성을 포함한 14개부의 인구는 총 109만 3,253명이었으며, 이중 조선인은 82만 9,975명, 일본인은 26만 3,378명이었다. 그런데 선거권이 부여된 조선인은 2만 2,366명에 불과한 반면 일본인은 5만 9,591명이다.[36] 이를 민족별로 비교해보면 조선인의 경우 인구 37.1명당 1명에게 선거권이 주어진데 반해, 일본인에게는 4.4명에 한 명씩 주어져 8배의 차이를 보였다. 선거 결과 당선된 14개 부회 의원은 조선인이 154명, 일본인이 257명이었다. 조선인과 일본인간의 인구비례가 76:24인데 비해 당선된 의원수의 비례가 37:63인 것은 이와 같이 선거권을 제한한 결과이다.

둘째, 다른 지역보다 일본인들의 인구 구성비가 높은 부 및 읍에 구성된 부회와 읍회는 조선인의 인구 구성비가 압도적으로 높은 면과 도 단위에 구성된 면협의회 및 도회와 비교했을 때 구성 및 기능에 있어 차이가 있었다. 부회와 읍회가 주민 직선인데 반해, 도회 의원은 전과 같이 1/3을 도지사가 임명하였고, 2/3를 간접선거로 선출하였다. 그리고 전술한 바와 같이 면협의회는 여전히 자문기구였다.[37] 뿐만 아니라 의결기구로 변한 부회의 권한은 확대되었다. 부 조례의 설치 및 개폐, 예산안 심의, 결산 보고, 부세·부역 현품·사용료·수수료의 부과 징수, 기채, 기본재산과 적립금, 특별회계 등에 대한 의결권을 지닌 이외에 부의장 선거권, 회의 규칙 설정, 부의 사무에 관한 서류 및 계산서의 검열, 사무의 관리, 의결의 집행 및 출납의 검사권 등을 지녔다.[38] 읍회의 경우도 부의장을 선출하는 것을 제외하고 권한은 부회와 거의 같았다.

---

36) 손정목, 위의 글, 262~270쪽.
37) 강동진, 앞의 글, 370쪽.
38) 손정목, 앞의 글, 250쪽.

1930년대에 들어 도평의회, 부협의회와 지정면협의회가 도회와 부회, 읍회로 개칭되면서 의결기구로 전환되고, 면협의회는 임명제에서 주민 직선제로 바뀌는 등 1920년대에 비해 지방의회는 그 구성방법이나 기능 에서 크게 신장되었다. 그러나 여전히 선거권을 제한하였고, 그것이 일본 인들에게 유리한 선거결과를 초래한 점, 부회·읍회와 도회 및 면협의회 사이에 구성 방법이나 기능에 차이가 있었던 점은 1930년대 자치제의 확 대가 재조선(在朝鮮) 일본인들의 참정권 확대에 더욱 초점이 맞추어진 것 임을 알 수 있다.

1930년대에 시행된 도·부·읍회 및 면협의회의 한계는 같은 시기 일 본에서 시행되고 있던 부·현회(縣會) 및 시(市)·정(町)·촌회(村會)와 비교 해 보면 명확히 드러난다. 먼저 조선의 면협의회의 경우 의결권이 없었 는데 반해, 일본 부·현회 및 시·정·촌회는 모두 의결권이 있었다. 그 리고 조선의 도회(道會)는 간접선거와 총독임명을 병행한데 반해, 일본의 모든 의회는 선거권과 피선거권의 제한이 없는 주민의 직접 보통선거에 의해 선출되었다. 그리고 의안발안권(議案發案權)도 있었다. 더욱이 시· 정·촌장은 주민의 직접선거에 의해 선출되고 있었다.[39] 비록 기능과 구 성 방법이 개선되었다 하더라도 조선의 지방의회는 일본의 지방의회와 비교해 볼 때 불완전하고 기형적인 의회였으며, 이는 식민지하 지방의회 로서는 차라리 당연한 모습이라고 할 수 있다.

그런데 1942년 태평양전쟁이 일어난 이후 일본은 지방 의회제도의 근 간을 흔드는 정책을 취하였다. 1943년 선거부터 추천선거제를 실시한 것 이다. 추천선거란 부윤 및 읍면장이 경찰·검찰·지방유력자의 의견을

---

39) 손정목, 위의 글, 246~247쪽.

들어 '공정하고 신망이 두터운 인사'로 의원후보자 추천모체(推薦母體)를 구성하고, 이 추천모체가 '애국심과 봉공심(奉公心)이 투철한 자'를 의원정수와 동수의 의원후보자를 추천하면, 이들이 출마하여 모두 당선되게 하는 제도이다. 그리고 이들 이외에는 가급적 입후보를 하지 못하도록 제한하였다. 이처럼 1940년대에 들면 선거 자체가 요식행위가 되고 말았던 것이다.[40]

## 5. 맺음말

이상에서 식민지하 조선에서 실시된 '지방자치제'를 살펴보았다. 조선은 유향소−향청−향회로 이어지는 지방자치의 전통을 지닌 국가였다. 이 같은 지방자치의 전통은 일제가 조선을 통치하는데 큰 장애요인이었다. 그래서 일본은 1910년대 식민지 지방통치체제를 개편하면서 강력한 중앙집권적 무단통치체제를 확립하였다. 그리고 조선의 지방자치 문화의 중심 단위였던 군의 통폐합을 실시하고, 면의 기능을 강화하였다. 이 과정에서 자치단위로서의 촌락은 면의 하부 행정단위로서의 행정촌락으로 개편되었고, 조선의 지방자치 전통은 붕괴되었다.

그러나 3·1 운동 이후 일제는 조선인을 회유하기 위해서 조선에 부분적으로 '지방자치제'를 허용하지 않을 수 없었다. 그 결과 1920년대에는 도 및 면 단위에 자문기구인 도평의회와 면협의회가 설치되었다. 그런데 1920년대에 민족운동이 활발히 전개되자 일제는 조선의 '자치기구'

---

40) 손정목, 1992, 「1940년대 태평양전쟁기의 희한한 지방자치」, 앞의 책, 308~309쪽.

에 의결권을 부여하는 등 조선인을 회유하는 조치를 취하였다. 그러나 그 구성 및 기능에 많은 제한이 가해진 기형적인 의회였다.

이들 '자치기구'는 민족차별주의를 바탕으로 구성되고 운영되었다. 즉 재산의 정도에 따라 선거권을 제한하여 일본인보다 가난한 조선인이 선거에 참여할 수 있는 폭을 크게 제한하여 인구 구성상 소수인 일본인이 다수 의원직에 선출될 수 있게 한 것이다. 뿐만 아니라 일본인의 인구 구성비가 다른 지역보다 상대적으로 높은 부와 읍 단위에 설치된 부회(부협의회)와 읍회(면협의회)는 그렇지 않은 면협의회와는 달리 의회 구성방법 및 기능에 차이를 두었다.

식민지하 의회에 진출한 조선인들은 기본적으로 친일파였다. 따라서 식민지시기 구성된 의회의 가장 큰 기능은 친일파를 회유하는데 있었다. 그리고 일본 정부로서는 조선에 거주하는 일본인에게도 참정권을 부여하지 않을 수 없었다. 그래서 설치된 것이 식민지하 의회였던 것이다.

(『경기도 의회사』, 경기도 의정회, 1997.12)

## 참고문헌

京城府, 1936・1941, 『京城府史』 中・下券.

越智唯七, 1917, 『新舊對照朝鮮全道府君面里洞名稱一覽』, 中央市場.

仁川府, 1933, 『仁川府史』.

朝鮮總督府, 1912, 『地方行政區域名稱一覽』(1985, 『舊韓國地方行政區域名稱一
　　　　覽』, 太學社 影印本).

_____, 1915, 『朝鮮總督府施政年報』.

_____, 『朝鮮總督府官報』.

_____, 1940, 『施政三十年史』.


강동진, 1980, 『일제의 한국침략정책사』, 한길사.

강진갑, 1994, 「근현대」, 『아차산의 역사와 문화유산』, 구리시・구리문화원.

구영희, 1986, 「1920・30년대 일제의 지방통치정책; ‘지방자치제’ 시행을 중심으
　　　　로」, 연세대 석사논문.

김선경 외, 1989, 「우리나라 지방자치제의 역사－3 일제의 식민지 지배와 지방자
　　　　치」, 『구로역사연구소회보』 2, 구로역사연구소.

박찬승, 1989, 「일제하 자치운동과 그 실상」, 『역사와 현실』 2, 한국역사연구회.

_____, 1991, 「일제하 ‘지방자치제도’의 실상」, 『역사비평』 13, 역사문제연구소.

손정목, 1992, 『한국지방제도・자치사연구』, 일지사.

염인호, 1984, 「일제하 지방통치에 관한 연구－‘조선면제’의 형성과 운영을 중심으
　　　　로」, 연세대학교 대학원 사학과 석사학위논문.

윤해동, 1995, 「일제의 지배정책과 촌락재편」, 『역사비평』 28, 역사문제연구소.

이상찬, 1986, 「1906~10년의 지방행정제도 변화와 지방자치논의」, 『한국학보』
　　　　42, 일지사.

_____, 1991, 「한말 지방자치 실시 논의와 그 성격」, 『역사비평』 13, 역사비평사.

이정은, 1992, 「일제의 지방통치체제 수립과 그 성격」, 『한국독립운동사연구』 6,
　　　　독립기념관.

# 해방 후 북한 통치하의 연천사회[1]

## 1. 머리말 : 해방과 소련군 진주

1945년 8월 15일 해방이 되었다. 연천군은 청산면·전곡면·백학면 일부 지역을 제외한 대부분 지역이 38선 이북에 위치하고 있으므로, 소련군이 진입하였다.

소련군이 한반도에 처음 진입한 것은 1945년 8월 12일 소규모 해군 병력이 옹기·나진·청진항을 점령하면서부터이다. 이어 8월 17일과 18일 소련군 본진인 25군이 만주에서 한반도로 남하하였으며, 24일에는 함흥, 26일에는 평양에 입성하였다. 그런데 일본이 예상외로 빨리 항복하였기에, 북쪽에 진주한 소련군은 점령에 대한 구체적인 계획을 세우지 못하고 있었다. 다만 소련에 우호적인 정권을 수립함으로써, 다시는 한반

---

1) 본고 서술에는 1999년 8월 21일 연천군 연천읍 상리 음식점에서 조기학(1917년생), 허은(1918년생, 이상 해방 직후 연천군 연천읍 상리 거주), 윤익중(1928년생, 해방 직후 연천군 왕징면 고왕리 거주) 씨로부터, 같은 날 연천군 연천읍 통현리 자택에서 권병희(1920년생, 해방 직후 연천에 거주하였으며, 1947년 12월 월남하였고, 전쟁이 끝난 후인 1955년 4월 연천에 돌아와 현재까지 연천에 거주)씨로부터 청취한 증언이 크게 도움 되었다.

도 북쪽지역이 소련의 극동지역을 공격하는 전진기지가 되지 않도록 한다는 기본적인 정책 방향 정도만 가지고 있었다.

소련군은 북쪽에 진주한 이후 공산당 조직을 강화하고, 인민위원회를 정비하였다. 당시 그 지역에는 다양한 정치성향의 자생적인 인민위원회가 조직되어 있었는데, 소련은 좌익이 우세한 지역은 기존의 조직을 그대로 두었으나 우익이 우세한 지역은 좌우연합 형태로 인민위원회를 개편하였다.[2] 그리고 이들 인민위원회 형태의 지방자치기관을 북한 정권 수립의 기반으로 인정하고 이 조직을 통해 구체적인 정책을 실현해 나갔다.[3]

해방 직후 연천에도 자생적인 자치위원회가 조직되어 있었다.[4] 자치위원회는 행정 공백 상태에서 치안확보를 위해 노력하였고 행정을 담당하였다. 당시 연천군 자치위원장은 박성철이었다. 그런데 소련군이 진주한 이후 연천군 자치위원회는 개편되었고, 박성철은 위원장직에서 물러났다.[5]

본 글에서는 북한 통치하의 연천사회 변화상과 한국전쟁 준비과정에 대해 살펴보겠다.

---

2) 김용복, 1989, 「해방직후 북조선인민위원회의 조직과 활동」, 『해방전후사의 인식』 5, 한길사, 206쪽.

3) 김용복, 위의 논문, 183~187쪽.

4) 브루스 커밍스, 김주환 역, 1986, 『한국전쟁의 기원』 하, 청사, 194쪽.

5) 박성철은 독일 철학박사이며, 일제시대에 독립운동을 하고 7년간 복역하였다. 소련군이 진주한 이후 위원장직에서 물러났으며, 곧 바로 월남하였다. 월남 후 전력관계 회사 사장을 하였다 한다(앞의 권병희 증언).
   박성철이 자치위원장을 물러난 이후의 행적으로 비추어 보아, 박성철은 우익 성향의 인물이었을 것으로 생각된다. 당시 연천에 진주한 소련군도 연천군 자치위원회를 우익적 성향의 인민위원회라 판단하여 조직을 개편한 것으로 보인다.

## 2. 인민위원회 조직

해방 후 북한에서는 건당(建黨)과 건국(建國)이 당면 주요 과제로 설정되었고, 공산주의자들은 당 건설에 착수하였다. 그래서 1945년 10월 10~13일 당 창립대회를 열고 조선공산당 북조선분국을 조직한데 이어,[6] 1946년 8월 28일에는 북조선 공산당이 조선신민당과 합당하여 북조선 노동당을 창당하였다.[7]

북한에는 노동당 이외의 정당도 창설되었는데, 조선민주당과 북조선 천도교청우당이 그것이다. 조선민주당은 1945년 11월 3일 조만식이 중심이 되어 창당되었다. 지식인과 전문가, 사업가들이 참여하고 있어 영향력이 컸다.[8] 창당 3개월 만에 북한 전역 도·시·군·면에 이르기까지 지방당부가 조직되었고, 당원도 수십만을 헤아렸으며,[9] 연천군에서는 많은 유식자들이 조선민주당에 가입하였다.[10] 천도교를 기반으로 하는 북조선천도교청우당은 1946년 2월 8일 창당되었으며, 당원의 95%가 농민이었다.[11] 그러나 조선민주당과 북조선천도교청우당은 곧 노동당의 영향권 하에 들어갔다

6) 김남식, 1994, 「북한사의 인식방향」, 『한국사』 21, 한길사, 64~65쪽.

7) 당시 연천에서는 많은 사람들이 노동당에 입당을 희망하였으나, 입당은 매우 어려웠다. 유산계급은 입당이 허가되지 않았다. 일제시대에 면서기 시험에 응시한 경력자가 입당을 희망한 적이 있는데 이 역시 허가되지 않았다. 친일파가 되고자 한 사람을 입당시킬 수 없다는 이유에서 였다(앞의 윤익중 증언).

8) 안나 루이스 스트롱, 1989, 「기행 : 북한, 1947년 여름」, 『해방전후사의 인식』 5, 509쪽.

9) 김용복, 앞의 논문, 195~196쪽.

10) 앞의 권병회 증언.

11) 스칼라피노·이정식, 한홍구 역, 1986, 『한국공산주의운동사』 2, 돌베개, 448쪽.

앞에서 살펴본 바와 같이 소련군은 한반도 북쪽에 진주한 이후 인민위원회를 정비하고, 인민위원회를 지방자치기관으로 인정하였다. 그래서 아직 인민위원회가 조직되지 않은 지역과 행정 단위에서도 빠른 속도로 인민위원회가 조직되어, 1945년 11월 말에 이르면 한반도 이북 전역의 읍·면·군·시·도 단위 지방인민위원회의 조직이 완료되었다. 이제 각 지방 인민위원회 간의 연계를 보장하는 과도적인 중앙행정 관리기구 조직의 필요성이 제기되었다. 그 결과 조직된 것이 1945년 11월 19일에 구성 완료된 북조선 5도 행정10국이다. 이어 1946년 2월 8일 북조선임시인민위원회가 구성되었는데, 이는 임시법령을 제정하고 공포할 권한까지 지닌 북한의 최고집행기관이었다.[12] 이 같은 과정을 거쳐 당과 집행기관인 인민위원회 조직이 완료되자, 북한에서는 토지개혁을 비롯한 제반 인민민주주의 개혁을 실시하였다.

그리고 프롤레타리아 독재정권 수립에 착수하여, 1946년 11월 3일 도·시·군 인민위원회 선거를 실시하였다. 선거는 민주주의 민족통일전선에서 공동 추천한 입후보자에 대한 찬반 투표 형식으로 진행되었다. 1947년 2월 17일부터 4일간 앞서 선출된 도·시·군 인민위원들에 의한 인민위원회 대회가 개최되어 대의원이 선출되었고, 선출된 대의원들이 북조선인민위원회를 구성하였다. 그리고 2월 24일에는 리(동)인민위원회 선거가,[13] 3월 5일에는 면 인민위원회선거가 각각 실시되었다.[14] 이제

---

12) 김남식, 앞의 논문, 64~65쪽.
13) 연천에서는 리 인민위원장 선거에 당선된 사람의 반혁명 경력이 후에 밝혀져 당선이 취소되고 재선거가 실시된 경우도 있었다(앞의 권병회 증언).
14) 연천군 초대 인민위원장은 군남면 남계리 출신으로 농장에서 일했던 박은선이었고, 연천면 초대 인민위원장은 이찬회였다. 두 사람 모두 교육 수준은 높지 않았으나, 행정 업무를 처리하는데 지장은 없었다 한다(앞의 허은, 윤익중, 권병회 증언). 이찬회는

중앙과 지방 모두 선거라는 형식을 거친 인민위원회가 구성됨에 따라 북
한에서는 인민을 대표하는 정통성을 갖춘 권력 기구가 구성되었고,[15] 이
를 바탕으로 1948년 9월 9일 조선민주주의인민공화국이 창건되었다.

인민위원회는 현장 행정을 중시하였기에 이 시기 연천군 및 각 면 인
민위원회에 소속된 직원들은 현장 조사업무와 각종 집회 관련 업무에 많
은 시간을 할애하였다. 직원들의 하루 일과 중 가장 큰 비중을 차지하는
것이 군중대회, 여맹 및 민청 등 각종회의 참석하는 일이었다. 그리고 세
금 징수 및 호적 조사와 같은 업무에도 많은 시간을 할애하였다. 그런데
인민위원회는 당의 정치노선을 실현하는 기구였기에 행정업무는 당의
지도하에 이루어졌다. 그래서 당시 연천군 인민위원회 소속 직원들은 업
무 처리시 당에서 직접 지시한 일을 우선적으로 처리하였다.[16]

북한에서는 사회주의 체제를 정착시키기 위해 교육제도가 정비되었
다. 1946년 6월 이후 당과 행정 간부 양성을 위한 당 및 간부학교가 창설
되었고, 10월에는 김일성종합대학이 평양에서 건립되었으며, 각급 전문
학교·중학교·인민학교 등이 설립되었다.[17] 연천군 인민학교에서는 남
한의 정치 체제에 대한 비판과 북한 사회주의 체제의 우월성에 대한 교
육이 실시되었다.[18]

---

한국전쟁 당시 국군이 연천에 진입하였을 때, 미쳐 북으로 피신하지 못하였다. 이때
국군이 관용을 베푼다는 소리를 듣고 자수하였으나, 그 후 행방불명되었다(앞의 허은
증언). 그리고 박은석과 이찬회가 인민위원장이 된 시기가 1946년 11월과 1947년
2월 실시된 각급 인민위원회 선거에서였는지, 이보다 앞서 1945년 하반기 각급 인민위
원회가 구성될 당시였는지에 대해서는 명확하지 않다.

15) 강정구, 1994, 「인민정권의 수립과 '민주개혁'」, 『한국사』 21, 한길사, 122~135쪽.
16) 앞의 윤익중 증언.
17) 김남식, 앞의 논문, 66쪽.
18) 앞의 허은 증언.

그리고 대중에 대한 적극적인 사상개조운동이 전개되었다. 이를 위해 연천군에서는 각종 군중대회와 민청, 여맹 등의 집회가 거의 매일 저녁 열렸다. 그래서 주민들 사이에는 "가족계획을 따로 할 필요가 없다"라는 말이 나돌 정도였다. 집회에서는 노동당사 교육 등 사상교육이 이루어졌으며 토론식으로 진행되었다.19) 특히 군중대회에서는 남한의 정치체제와 이승만, 김구 및 마을 내 반혁명 세력에 대한 비판이 가해졌으며, 북한 사회주의 체제의 우월성이 강조되었다. 때로는 남한의 북진 가능성이 언급되기도 하였다.20)

## 3. 토지개혁과 물물교환

### 1) 토지개혁과 농업현물세제 실시

1946년에 들어 북한에서는 인민민주주의 개혁의 일환으로 토지개혁이 실시되었다. 1946년 3월 5일 토지개혁 법령이 발포된 후 토지개혁은 빠른 속도로 진행되어 20여 일만에 완료되었다. 토지개혁은 임시인민위원회의 지도 아래 빈농과 고농(雇農)들로 조직된 농촌위원회가 중심이 되어 집행되었다. 무상몰수 무상분배 원칙 아래 진행되었으며, 5정보 이상 소유한 지주의 토지는 모두 몰수되었다. 5정보 이하 소유한 토지라 하더라도 자력으로 경작하지 않고 소작을 주거나 고용노동으로 경작한 토지

---

19) 앞의 윤익중 증언.
20) 앞의 권병희 증언.

는 모두 몰수하여, 고용농민과 토지가 없는 농민, 그리고 토지가 적은 농민에게 분배하였다. 그러나 지주라 할지라도 자기 노력으로 경작할 의사가 있는 지주에게는 다른 군으로 이주시킨 후 토지를 분배하였다.[21] 토지개혁 결과 북한 농민 100%가 자작농이 되었으며, 이제 농민은 북한 정권의 탄탄한 지지기반이 되었다.[22]

한편 토지개혁으로 토지를 상실한 지주 중 많은 수가 월남하였다. 전곡의 5대 대지주 중의 한 명인 부익동도 토지개혁 직후 바로 월남하였다. 토지개혁에 대해 비판적인 발언을 한 사람들은 군중대회에서 공개리에 비판받았는데, 연천에서는 '건국의 방해자' '민족의 반역자'라고 비판받았다.[23]

토지개혁에 이어 1946년 6월 27일 농업현물세제가 실시되었다. 농업현물세제는 지세 및 수익세 등 각종 토지에 관한 세금 제도를 폐지하고, 각 농가가 수확한 벼·잡곡·콩류·감자 등 각종 곡물의 수확고 25%를 현물로 징수하는 제도이다. 물론 징수한 나머지 75%는 경작한 농가의 소유가 되었다.[24]

현물세 징수 과정에서 가장 중요한 일은 농가의 수확량을 정확하게 산정하는 일이다. 연천군에서는 수확량을 산정하는 일을 '평뜨기' 또는 '평해'라 하였는데, 이는 마을 단위로 조직된 판정위원회에 의해 이루어

---

21) 김주환, 1989, 「해방후 북한의 인민민주주의 혁명과 사회주의혁명」, 『해방 전후사의 인식』 5, 288~289쪽. 윤익중 씨의 증언에 따르면, 연천군에서는 지주에게 이주할 지역에 대한 선택권을 주었다. 연천군이 38선에 인접해 있어 다른 지역보다 지주에게 유화적이었기 때문이라 한다.
22) 강정구, 앞의 논문, 113쪽.
23) 앞의 권병회 증언.
24) 사회과학원 력사연구소, 1981, 『조선전사』 23, 과학백과사전출판사, 195쪽.

졌다. 판정위원회는 마을 실정을 비교적 소상히 파악하고 있는 사람으로 구성되었다. 마을에서 다년간 농사를 지은 경력이 있으면서, 식견을 갖춘 사람들로 조직된 것이다. 그리고 '평뜨기'는 면 인민위원회 직원 입회하에 실시되었다.

'평뜨기'는 마을의 작황을 상·중·하 3등급으로 구분하고, 각 등급별로 토지 1평을 선정하여 수확량을 산출하였는데, 이때 곡물은 낱알까지 세었고, 호박은 포기를 세었다. 그리고 각 농가를 작황에 따라 3등급으로 구분한 후 소유 평수에 따라 농가 총 수확량을 추산하였는데, 수확량은 대체로 정확하게 맞추었다고 한다.

각 농가의 수확량 추산 결과는 군중대회에서 발표되어, 주민의 동의를 얻는 절차를 거쳤다. 그런데 해당 주민이 이의를 제기하면 재심사를 하였다. 이때 이의를 제기한 주민은 명확한 근거를 제시해야 했다. 수확 당시 같이 일한 사람을 증인으로 내세워 농가의 실제 수확량과 판정위원회에서 발표한 수확량이 차이가 있다는 것을 입증하는 방법 등이다. 그런데 대체로 이의 제기는 받아들여지지 않았다고 한다.[25]

토지개혁과 현물세제 개혁 외에도 여러 정책이 시행되었다. 1946년 6월 24일에는 노동법령이, 7월 30일에는 남녀평등에 대한 법령이 발표되었다. 그리고 8월 10일에는 중요산업 국유화 법령이 발표되고 개혁이 수행됨에 따라, 북한에서는 인민민주주의제도가 확립되어 갔다.[26]

---

25) 앞의 윤익중 증언.
26) 김남식, 앞의 논문, 65~66쪽.

## 2) 남북교역

해방 직후 38선상에서 남북교역이 이루어졌으며, 연천 상인들은 포천 군 영중면 양문리 남북교역시장에서 남한 상인과 물물교환을 하였다. 공식적인 남북교역은 1947년 5월 22일 미군과 소련군의 합의에 의해 시작되었으며, 1949년 3월 31일 금지될 때까지 약 2년간 지속되었다. 양문리 시장 이외에도 38선상에 위치한 토성·대원리·춘천에서 남북교역시장 이 열렸으며, 여기서는 북한의 북어, 카바이트, 오징어, 인삼 등과 남한의 의약품, 전기용품, 생고무, 자동차부속품, 광목 등이 물물 교환되었다.[27]

양문리 시장에서는 연천 상인들이 가지고 온 북어, 고등어 등 해산물 과 남쪽 상인이 가지고 온 의약품, 고무신, 비누, 라이터 등 생필품이 물물 교환되었다.[28] 북어와 고등어 등 해산물은 원산과 안변 등지의 상인들 이 연천에 가지고 온 것을 연천 상인들이 건네 받은 것인데, 당시 연천에 는 남북교역시장에서 제때 교환하지 못한 해산물이 넘쳐나 이를 비료로 사용하는 일도 있었다.[29]

남북교역시장은 첩보전장(諜報戰場)이기도 하였다. 상인중에는 남북 모 두 첩보원들이 다수 포함되어 있었다. 북한은 국군 무기를 남북교역시장 을 통해 비공식적으로 확보하기도 하였다. 서부전선의 토성 및 대원리 시장에서 남한 상인이 북한 상인에게 미제 45구경권총, 캘빈소총 등을 넘겨주다가 적발된 것이 이를 뒷받침해 준다.[30] 남북교역은 1949년 3월

---

27) 국방부 전사편찬위원회, 1967, 『한국전쟁사』 1, 424~425쪽.
28) 앞의 허은·윤익중·권병회 증언.
29) 앞의 허은 증언.
30) 국방부전사편찬위원회, 앞의 책, 424~425쪽.

공식적으로 금지된 이후에도 계속되어 한국전쟁 직전까지 이어졌다.[31] 이 남북교역으로 연천 상인들은 큰 이득을 보았다.


## 4. 한국전쟁 개전

한국전쟁 직전 연천에는 많은 변화가 있었다. 북한 지도부가 전쟁을 승리로 이끌기 위해 38선 가까운 지역에서 여러 가지 준비를 하였기 때문이다. 부대를 전진 배치하고, 전투훈련을 실시하였다. 그리고 원활한 수송체계 확립을 위해 교량을 신설하는 등의 토목공사를 벌였으며, 38선 부근의 주민을 소개시킨 것이다.[32]


### 1) 인민군 4사단의 연천 배치

인민군은 개전에 대비하여 전력을 크게 강화하였다. 1948년 2월 창설된 인민군은 1950년 봄 4개 사단이 증편되어 모두 13개 사단이 되었다. 이와 같은 전력 증강에는 1950년 봄 중국인민해방군 소속 한인 병사들의 북한으로의 귀환이 결정적으로 기여하였다. 그리고 소련으로부터 전차, 자주포, 항공기 등 무기 반입도 급증하였으며, 군사훈련도 강화하였다.[33]

---

31) "6·25 바로 직전 북한 지역에 엄청나게 쌓여지는 북어 더미를 보면서 이제 곧 북어장사를 통해 큰돈을 벌 수 있겠다고 기뻐하던 정보원이 있었다고 한다(신용철, 1997, 『광동과 광릉문화』, 광릉문화연구모임, 42쪽)"에서 알 수 있듯이 남북 밀무역은 한국전쟁 직전까지 계속되었다.
32) 박명림, 1996, 『한국전쟁의 발발과 기원』1, 나남출판, 332쪽.
33) 박명림, 위의 책, 341~343쪽.

그리고 연천 지역은 전쟁 개시 몇 해 전부터 방공호를 파는 공사가 실시되었다.[34]

개전이 임박한 1950년 5월에는 38선 이북에 인민군이 전진 배치되었으며, 연천 지역에도 인민군이 계속 증강되었다. 이 때 연천에 배치된 부대는 인민군 4사단이었으며, 6월 23일까지 부대 배치가 완료되었다.[35] 연천면 상리초등학교에도 인민군이 진주하였는데,[36] 군인들은 주민들의 학교 출입을 통제하면서 주민들에게 상리초등학교에 들어오면 총살시킨다고 농담하였다고 한다.[37]

인민군 4사단은 1950년 봄 신의주에서 제4독립혼성여단이 중국인민해방군 166사단 소속 한인병력 1개 연대를 지원받아 증편된 부대이다.[38] 이 4사단은 6월 25일 인민군 남침 당시 주공 역할을 성공적으로 수행하여, 동두천 · 의정부를 거쳐 서울에 입성한 조선인민군의 최정예부대이다.

## 2) 토목공사

군사 수송을 원활하게 하기 위한 도로와 교량 공사 등의 토목공사는 1949년과 1950년도에 집중적으로 실시되었다. 38선 부근의 도로와 교량 수리는 1950년 봄까지 끝내도록 되어 있었다. 임진강과 한탄강 부근, 그

---

34) 안천, 1993, 『남침유도설 해부』, 교육과학사, 26쪽.
35) 주영복, 1990, 『내가 겪은 조선전쟁』, 고려원, 248쪽.
36) 앞의 윤익중 증언.
37) 앞의 허은 증언.
38) 박명림, 앞의 책, 343쪽.

리고 연천 등지에서 토목 공사가 집중적으로 이루어졌다. 연천에는 한탄교가 신설되었는데, 이 공사는 1949년 3월에 시작되어 1950년 6월 1일 완성목표로 진행되었다. 그리고 연천군 관인면의 신천에 신천교가 건설되었다.[39] 그리고 연천역 구내 철로 옆 지면을 높이는 작업을 하였는데, 이는 군수품을 비롯하여 각종 화물 하역을 원활히 하기 위해서였다. 이들 토목공사가 이루어진 곳은 1950년 한국전쟁 개전 당시 인민군이 집중적으로 배치되고, 이동한 지점들이다.[40]

## 3) 주민 소개

1950년 2월과 3월 사이에 38선 북방 3~4㎞ 이내에 거주하는 주민에게 소개령이 내려졌다. 소개는 내무성 보안국 소속 38경비대에 의해 이루어졌으며, 소개 명령은 38선 부근 1만 8,000가구 6만 5,000명의 주민에게 내려졌다. 이는 인민군의 38선 전진 배치를 앞두고, 병력 이동 비밀을 유지하고, 군사시설을 설치하는데 장애물을 없애기 위해서였다. 3월 18일 오후에는 백학면과 군남면의 주민 200명이 강제로 트럭에 태워져 연천면으로 보내졌다가, 다음 날 오후에 다시 원산으로 보내졌다. 이보다 늦은 4월 17~18일에도 전곡면의 여러 마을 주민들에게 소개령이 내려졌다. 이들 역시 트럭에 태워져 연천면을 거쳐 원산으로 소개되었다. 그러

---

39) 연천읍 중심지를 관통하던 차탄천 물길을 연천읍을 우회하도록 하는 대대적인 토목공사도 이루어졌다. 이 공사에는 연천군과 삭녕 등 이웃 지역 주민이 동원되었다. 16세 이상 주민이 자기 쌀을 가지고 작업에 교대로 참여하였다. 숙박은 천막을 쳐서 해결하였으며, 가까운데 친척이 있는 사람은 친척집에서 숙식을 해결하였다(앞의 허은·윤익중 증언).

40) 박명림, 앞의 책, 333~336쪽.

나 노동당원과 그의 가족은 비밀이 보장될 수 있기에 소개 대상에서 제외되었다.[41]

## 4) 개 전

1950년 6월 25일 병력 13만 5,000여 명과 T-34전차를 앞세운 인민군이 38선을 돌파하여 남침하였다. 인민군의 공격 목표는 서울 장악이었다. 그래서 공격에 투입된 인민군 2개 군단의 작전도 여기에 초점이 맞추어져 있었다. 연천에 배치된 인민군 4사단과 운천에 배치된 3사단이 한국전쟁 개전 당시 인민군 주공격 축선에 배치된 인민군 최정예 부대였다. 인민군 4사단은 6월 25일 전차연대와 협공하여 38선을 돌파하고 동두천으로 남하하였다. 개전 3일 만에 서울을 점령한 부대도 인민군 4사단이다.

한편 인민군이 남하한 이후, 38선 이북 연천 주민들은 전쟁물자 수송을 위해 동원되기도 하였으며,[42] 개전 얼마 지나지 않아 제공권을 장악한 유엔군의 폭격으로 많은 고초를 겪었다.[43]

그런데 38선 이남 연천 지역은 인민군이 진주한 이후 큰 변화를 겪기 시작하였다. 인민군의 진격 속도가 빨라 주민들은 미처 피난을 가지 못하였다. 북한의 점령정책이 실시되면서 제반 개혁이 이루어졌고, 마을 내의 사회주의자들이 자치를 시작하였다. 그리고 김일성에 대한 선전이 실시되었고, 날마다 회의가 열렸다.[44] 38선 이남의 전곡면 양원리에서는

---

41) 박명림, 위와 같음.
42) 안천, 앞의 책, 35쪽.
43) 앞의 허은 증언.

반공유격대가 조직되었다. 이들은 의용군 모집 방해, 유치장 습격, 인민군 기습 공격 등의 유격전을 펼쳤다.[45]

## 5. 맺음말

연천지역은 해방 이후 한국전쟁이 발발할 때까지 북한 통치하에 있었다. 그래서 1953년 7월 27일에 한국전쟁 휴전이 이루어졌으나, 바로 한국정부에 의한 통치가 이루어지지 않고 군정이라는 과도기를 거쳤다. 군정은 연천에 주둔한 미 7사단이 담당하였다. 민정관이 군수를 대신하여 행정을 담당하였고, 군청에는 군청 직원 몇 명이 근무하면서 군정을 수행하였다.[46]

연천군에서 한국정부의 행정이 펼쳐진 것은 1954년부터였다. 이 해 11월 17일 '수복지구 임시행정조치법'에 의거하여 연천군 연천면 등 8개 면의 행정권이 미군으로부터 한국정부에 이양된 것이다.[47] 연천군은 분단시대의 상징적인 지역이다. 해방 후에는 북한 통치를 받았고, 한국전쟁 후에는 미 군정을 거쳐 한국정부의 통치하에 들어왔기 때문이다.

(『연천군지』 상, 연천군지편찬위원회, 2000.9; 2007.8 일부 개고)

---

44) 안천, 앞의 책, 35쪽.
45) 양원리 유격대는 80여 명으로 구성되었으며, 초기에는 본부를 양원리에 두었으나, 활동이 일부 탐지된 후, 양원리에서 6㎞ 떨어진 마차산으로 옮겼다. 마차산으로 옮긴 이후 식량이 떨어져 고전하였으나, 유격대 활동은 활발히 전개하였다. 1950년 8월 1일에는 의용군 입대 예정인 청년들을 설득하여 피신시켰으며, 8월 14일에는 적성면 내무서 유치장을 습격하여 감금된 청년들을 구하는 등 1950년 10월 초 국군이 연천에 진입한 때까지 활동하였다 한다(연천군, 1983, 『연천의 맥박』, 64~66쪽).
46) 앞의 허은 증언.
47) 경기도, 1996, 『지방행정구역요람』, 248쪽.

# 한국전쟁기 인민군 점령하의 파주사회

## 1. 머리말

개전 3일 만인 1950년 6월 28일 인민군은 파주 전역을 완전히 장악하였다. 개전 직후 인민군을 피하여 남쪽으로 피난한 주민도 있었으나 인민군의 진격 속도가 그들을 앞질렀기에 귀향할 수밖에 없었다.[1] 한편 지하에 잠복해 있던 파주지방의 좌익들은 인민군이 진주하자 인공기를 게양하고 그들을 환영하는 모습을 보여 주기도 하였다.[2] 이후 10월 1일 미 해병대가 파주를 진격해올 때까지 96일간 파주는 인민군의 점령 하에 있었다.

북한의 남한 점령정책은 1946년 3월 북조선 임시인민위원회가 발표한 20개 정강이 그 골간이 되었다. 그 주요 내용은 일제 잔재의 숙청, 우익정당 및 인사의 정치활동 금지, 인민위원회 구성, 새로운 법률제도의

---

1) 1993년 8월 3일 파주읍사무소에서 호경만(파주읍 백석리 거주, 1914년생)과의 대담.
2) 1993년 7월 27일 파주군청에서 사상욱(월롱면 능산2리 거주, 1928년생)과의 대담.

확립, 운수·은행·광산 등 대기업의 국유화, 무상몰수·무상분배 원칙에 기초한 토지개혁의 실시, 의무교육의 실시, 8시간 노동제 실시 및 단일 세금제도의 실시 등이다.

북한에서 실시한 제반 정책을 남한에서도 실시한다는 방침은 1948년 9월 9일 북한 최고인민회의에서 결의된 헌법에 반영되었는데 이때 채택된 「헌법 승인과 실시에 관한 결정서」에는 북한 헌법이 전 조선지역에서 적용된다고 밝히고 있다. 특히 북한 헌법 제7조에는 토지개혁이 실시되지 않은 조선 내의 지역에 대해서는 최고인민회의가 규정하는 시일에 이를 실시한다고 명시해 놓고 있었다. 이러한 점으로 미루어 북한은 전쟁 발발 이전부터 남한지역에서 수행할 기본정책의 방향을 수립하고 있었음을 알 수 있다.

이러한 정책방향에 기초하여 북한은 파주를 포함한 남한의 점령지역에서 노동당 및 각종 단체를 조직하고 정책집행기관으로서 인민위원회를 조직, 토지개혁 등을 추진하였다. 또한 인적·물적자원을 전쟁에 동원하기 위해 전선지원사업과 의용군의 모집을 강조하였고, 이러한 과정에서 주민에 대한 대대적인 선전작업과 소위 반동분자에 대한 숙청을 감행하였다.[3]

---

3) 인민군 점령 하의 남한 사회에 대해서는 다음과 같은 연구가 있다.
김남식, 1984, 『남로당연구』, 돌베개, 446~454쪽; 권영진, 1989, 「북한의 남한 점령정책」, 『역사비평』 여름호, 역사문제연구소, 78~94쪽; 김주환, 1989, 「한국전쟁과 인민민주주의혁명」, 『미국의 세계전략과 한국전쟁』, 청사, 128~162쪽; 장미승, 1990, 「북한의 남한점령정책」, 『한국전쟁의 이해』, 역사비평사, 170~203쪽; 온만금, 1992, 「공산치하의 남한」, 『한국전쟁사』 3, 행림출판, 450~495쪽.

## 2. 당과 행정기구의 조직

### 1) 당 조직의 복구

북한당국이 파주를 점령한 뒤 추진한 일은 노동당과 당의 각종 조직들을 우선적으로 복구·조직하는 일이었다. 해방 직후 남한에서는 박헌영을 중심으로 하여 조선공산당(1946년 11월 남로당으로 전환)이 재건되어 정치활동을 전개하였다. 그러나 미군정의 통제와 감시로 그 조직과 활동이 위축되어 전쟁 직전에는 와해의 위기에 직면하고 있었다.

이러한 때에 전쟁이 발발하였고 남한을 점령한 북한당국은 노동당 조직 복구에 심혈을 기울였다. 이를 위하여 북한은 노동당의 핵심요원들을 남한에 파견하였다. 주로 남로당 출신의 당원들을 선발하여 각종 간부학교와 양성소에서 교육시켜 남한에서의 당 조직활동에 참여시켰다.

서울에 조직된 서울지도부가 남한 점령지역의 당사업을 총괄하였으며, 서울시 및 도당위원회, 시·군당위원회, 읍·면당위원회, 리와 동의 당세포가 각각 조직되었다. 그리하여 7월 말경에는 서울·경기·강원에 도·시·군의 당위원회가 구성되었으며, 파주군당 위원장은 정종석(鄭宗奭)이 선출되었다.[4]

### 2) 인민위원회의 복구

북한은 파주를 점령한 뒤 노동당의 조직과 더불어 군·면·리 단위까

---

4) 파주문화원, 1994, 「미군정과 6·25 동란의 약사와 통일의 염원」, 『파주문화』 8, 74쪽.

지의 인민위원회를 조직하였다. 인민위원회는 행정을 담당하고, 전쟁을 지속하는 데 필요한 인전·물적자원을 효율적으로 동원하는 중추적 역할을 담당하였다.

인민위원회의 구성은 점령 직후 임시인민위원회를 조직하고, 이어 선거 절차를 통해 정식 인민위원회를 구성하는 순서로 진행되었다. 정식 인민위원회 선거는 1950년 7월 14일 북한 최고인민위원회 상임위원회에서 공포한 정령에 기초하여 실시되었다. 이 정령에는 만 20세 이상의 모든 공민은 선거권과 피선거권을 가지나 친일·친미분자 등 소위 민족반역자에 대해서는 임시인민위원회의 결정에 의해 선거권을 박탈한다고 규정하고 있다. 그리고 면 단위 이상의 인민위원은 주민에 의해 직접 선출되는 것이 아니라 대표자에 의한 간접선거로 선출되고 리 위원 선거는 리 총회에서 직접 선출하도록 규정하였다.

파주군 인민위원회 선거 결과 군위원장에는 기로춘(奇老春)이 선출되었으며,5) 각급 인민위원회 위원으로 선출된 인문들은 파주지역민으로 대부분이 전쟁 전 좌익으로 활동한 사람, 투옥 경력이 있는 사람, 머슴 출신, 소작농 등이었다. 그 전형적인 경우가 맥금리 인민위원장에 선출된 정학균이다. 그는 소작농으로 전쟁 전 남로당원으로 활동하다가 검거되어 약 2년간 복역한 경력이 있었던 것이다. 이렇게 조직된 인민위원회는 토지개혁·선전활동·의용군 모집·전선원호사업 등 전반적인 점령정책을 집행하는 데 선도적인 역할을 하였다.6)

---

5) 파주문화원, 위의 글, 74쪽. 파주군 인민위원장에 선출된 인물은 기로춘이 아니라 그의 아들 기덕서라는 증언도 있다(1993년 7월 27일 파주군청에서 강원옥과의 대담).
6) 1993년 7월 20일 법원읍사무소에서 심재현(법원읍 직천리 거주, 1922년생)과의 대담; 1993년 7월 21일 탄현면사무소에서 박시래(탄현면 금승리 거주)와의 대담; 1993년

## 3) 각종 사회단체의 조직

북한당국은 노동당과 인민위원회를 조직하면서 다른 한편으로 다양한 사회단체를 조직하였다. 이중 북한이 가장 중시하였고 활동이 활발했던 것은 민주청년동맹(이하 민청이라 함)이었다. 당시 북한은 민청을 조직하여 청년학생들을 집단화하는 데 전력하였다.

파주에서의 민청은 인민군 점령 직후 소집된 파주지역 학생회의에서 조직되었으며, 군단위와 일부지역에서는 면단위까지 조직이 구성되었다.[7] 지식 청년학생들이 많이 참여하였으며 가입한 학생들에게는 부서가 배당되었다. 선전부에 배치된 학생들은 교육을 받은 후, 각 마을을 다니면서 선전활동에 종사하였다. 선전내용은 당시 인민군의 전승(戰勝) 내용, 북의 토지개혁과 남의 농지개혁 비교, 북의 단일세제 등이었다.

이들의 선전활동에 대한 반응은 다양하였다. 좌익세가 강한 마을에서는 선전활동에 대한 호응도가 높았고 이들에 대한 대접이 융숭하였으며, 우익세가 강한 마을은 이들의 활동에 냉담한 반응을 보였다고 한다.[8] 이밖에도 의용군 모집을 비롯하여 소위 반동세력의 적발과 숙청에 앞장섰으며 물적 자원의 전쟁동원에도 큰 역할을 담당하였다. 또한 파주에서

---

7월 27일 교하면사무소에서 황시열(교하면 오도리 거주, 1926년생)·황규현(교하면 동패리 거주, 1928년생)·윤갑용(교하면 당하리 거주, 1919년생)·윤영세(교하면 와동리 거주, 1920년생)와의 대담 ; 1993년 7월 27일 파주군청에서 김갑동(금촌읍 맥금리 거주, 1924년생)·강원옥(금촌읍 금릉1리 거주)과의 대담 ; 1993년 7월 29일 적성면사무소에서 장후봉(적성면 두지리 거주, 1923년생)과의 대담 ; 1993년 8월 3일 파주읍사무소에서 김형외(파주읍 봉암1리 거주, 1914년생)와의 대담.

7) 파주문화원, 앞의 글, 74쪽.
8) 1993년 5월 17일 파주군지편찬위원회 사무실에서 당시 민청활동을 하였던 아무개의 증언.

민주여성동맹도 조직되었다.9) 이들은 노동력의 동원을 통한 전쟁지원사
업 등의 활동을 하였다. 당시 서울과 경기도에서 8월 말까지 인민군의 식
사와 세탁 등의 사업에 동원된 여성동맹원의 수는 1만 3,522명에 이르렀
다. 이외에 토지개혁을 수행할 농촌위원회[군위원장 안경만(安慶萬)]과 전선
지원사업을 담당할 조국보전위원회[군위원장 이복응(李福應)]도 조직하였
다.10) 한편 점령지의 안정을 위하여 남한 정부 하에서 조직된 각종 기구
중 필요한 조직은 그대로 운영하기도 하였다. 점령 초기에 북한의 재정
관련자가 금촌·문산금융조합원들의 출근을 명하고 근무를 요구한 것이
그 예이다.11)

## 3. 토지개혁과 농업현물세제 실시

### 1) 토지개혁

북한은 개전 직후인 1950년 7월 4일 최고인민위원회에 「조선 남반부

---

9) 1993년 7월 27일 교하면사무소에서 윤영세와의 대담.

10) 파주문화원, 앞의 글, 74쪽.

11) 1993년 7월 27일 교하면사무소에서 한국전쟁 당시 금융조합원을 지낸 윤영세는 점령
초기의 금융조합에 대해 다음과 같이 증언하였다.
"6월 25일 아침 8시 출근하였는데, 문산 방면에서 포격 소리가 들렸다. 그래서 금촌
과 문산금융조합 직원들은 돈을 지고 일산으로 피난을 갔는데 인민군이 앞질러 가서
파주로 되돌아왔다. 그로부터 2~3일 후 북한 재정관련 책임자가 금융조합직원을 소
집하고 조합에 출근하여 근무할 것을 명령하였다. 그리고 직원증명서를 발급해주고,
직원 중 책임자를 뽑아 근무시켰다. 동시에 직원들을 성씨·재산·토지소유 정도로
분류하였다."

지역에 토지개혁을 실시함에 관한 정령」을 발표하였다. 정령의 골자는 다음과 같다.

제1조 남한에서의 토지개혁은 무상몰수・무상분배의 원칙에 의거한다. 제2조 미국의 한국 정부 및 그 예하기관이 보유한 토지와 소작지는 몰수하고 자작농의 토지는 5~20정보까지 허용한다. 제3조 몰수된 토지는 고용농민, 토지 없는 농민 및 토지가 적은 농민에게 무상으로 분배한다. 제4조 토지분배 방법은 농민의 총회에서 결정한다. 제6조 현물세를 납부한다. 제8조 토지개혁 실시를 위해 리(동)에 농촌위원회를 조직하고 그 위원은 농민총회에서 피선된 7~9명으로 구성한다. 농촌위원회는 몰수대상의 토지를 조사하고 토지분배안을 작성하여 농민총회를 통과한 후 지방 인민위원회의 승인을 얻어 분배한다.

이처럼 토지개혁은 경작자 소유원칙, 무상몰수・무상분배원칙이 그 골간을 이루었으며 북한당국은 이러한 토지개혁을 주관할 토지개혁 지도위원회를 조직하였다. 이들 지도위원들은 7월 15일에 서울에 도착하였으며, 7월 16일에는 경기도의 각 인민위원회를 비롯한 정당・사회단체 관계자회의를 소집하여 토지개혁 실행위원회를 구성할 책임자를 선임하고, 7월 17일과 18일 이틀 동안 이들에 대한 교육을 실시하였다. 또한 전국농민총연맹으로 하여금 7월 16일과 17일에 경기도 각 군 단위 농민대표자를 소집하여 강습회를 실시토록 하였다. 이와 같이 토지개혁 실행위원회 책임자와 농민대표를 교육시킨 후, 토지개혁 지도위원들은 7월 19일부터 남한 각 지역으로 파견되어 토지개혁을 지도하였다.

그리하여 8월 1일 일부지역에서 토지개혁이 시작되었고 토지개혁을 계획된 기간 내에 완료하기 위해서 당과 인민위원회, 그리고 각종 사회단체들을 조직적으로 동원하여 부농과 지주들의 저항에 대비하였다.

파주에서의 토지개혁도 군·면단위 토지개혁 실행위원회와 리 농촌위원회가 조직된 후 농촌위원회를 중심으로 진행되었으며, 농촌위원회 위원은 머슴 출신이 많았다.12) 농촌위원회는 우선 국유지 및 지주토지, 계속적으로 소작주던 토지 등 무상몰수 대상토지를 조사하고, 이를 무상으로 분배받을 고용농민과 토지가 적은 농민들을 조사하여 토지분배안을 작성, 분배하였다. 당시 토지를 몰수당한 한 지주는 그때의 상황에 대해 "인민군 점령 후 토지는 통보 없이 몰수되었고, 그 토지는 전쟁 전 머슴으로 있던 사람에게 분배되었다"고 증언하였다.13)

북한당국은 경기도에서의 토지개혁이 8월 10일에 완료되었다고 발표하였다. 그리고 밭 6만 2,258정보, 논 8만 8,110정보, 기타 6,466정보로 총 15만 6,834정보의 토지가 몰수되었으며, 이것이 고용농민에게 4,611정보, 토지 없는 농민에게 5만 4,032정보, 토지를 적게 보유한 농민에게 8만 9,383정보가 분배되었고, 나머지 8,789정보를 국유화하였다고 한다. 이때 토지를 분배받은 농가의 호수는 총 21만 3,115가구로 경기도 총 농가의 85%를 차지하고 있다. 이 같은 토지개혁은 남한농민들의 호응을 받았을 것으로 보인다. 파주군에서도 이 같은 사례는 확인되었다. 당시 "토지개혁은 땅 많은 사람의 토지를 몰수하여 어려운 사람에게 분배한 것"으로 인식되기도 하였으며, 이것이 북한 정책에 대한 지지를 이끌어 내기도 하였다고 한다. 이는 토지개혁으로 토지를 분배받은 자 중에 의용군 지원자가 많은 데서도 확인된다.

---

12) 1993년 7월 27일 교하면사무소에서 황시열·황규헌·윤갑용과의 대담; 1993년 7월 27일 파주군청에서 김갑동·송석현(금촌읍 야동리 거주, 1921년생)과의 대담.
13) 1993년 7월 27일 파주군청에서 송석현과의 대담.

## 2) 농업현물세제의 실시

북한당국은 토지개혁을 실시함과 동시에 지세를 비롯한 일체의 세금과 부담금을 폐지하는 대신 현물세제를 도입하였다. 북한내각은 1950년 8월 18일 내각 결정 제148호 「공화국 남반부에 있어서 농업현물세를 실시함에 관한 결정서」를 채택하였다.

북한당국은 남한의 점령지역에 각급 농작물 판정위원회를 조직하고 농업현물세제 실시를 위한 책임위원과 지도요원을 선발, 교육시켜 8월 30일까지 각 도에 파견하였다. 파견된 판정지도요원의 지도하에 판정위원회가 조직되고 수확고의 판정과 현물세 징수가 이루어졌다.

파주에서는 농작물의 수확량을 판정함에 있어서 정확성을 기하기 위하여 평균 수확이 이루어진 한 곳을 선정하여 조, 벼 등의 낟알을 한 알씩 세고 과일 수를 헤아려 현물세를 부과하였다. 이는 다른 지역과 마찬가지로 농민들로부터 비난을 초래하였고 불만을 증대시켰다. 그러나 일부 주민들은 그것이 정확성을 기하기 위하여 불가피하다는 입장을 보이기도 하였다. 그러나 곧이어 인민군이 후퇴하여 실제 징수는 이루어지지 못하였다.[14]

---

14) 1993년 7월 21일 탄현면사무소에서 박시래와의 대담; 1993년 7월 27일 파주군청에서 김갑동과의 대담; 1993년 7월 29일 적성면사무소에서 김정홍(적성면 주월리 거주, 1932년생)과의 대담.

## 4. 군사적 동원

전쟁이 계속되면서 남한 현지에서 인적·물적자원을 동원할 필요성이 크게 증대되었다. 북한지역으로부터의 병력 및 물자 지원에 한계가 있고, 설사 동원할 물자와 인력이 있다 하더라도 북한으로부터 남한의 전장까지 연장된 병참선이 유엔군의 제공권으로 인해 심각한 위협을 받고 있었기 때문이었다.

### 1) 의용군의 모집

북한은 전선에서 손실된 병력을 보충하기 위하여 의용군을 모집하기로 하고, 7월 1일 최고인민회의 상임위원회 명의로 「조선민주주의인민공화국 전 지역에 동원을 선포함에 관하여」라는 정령을 발표하였다. 이 정령에 의하여 1914년부터 1932년 사이에 출생한 18세부터 36세까지의 전체 주민이 의용군 모집 대상이 되었다.

파주에서의 의용군 모집에서 주도적인 역할을 담당한 단체는 민청이다. 민청은 거의 매일 밤 공회당 또는 정미소 등지에서 회의를 소집하였다. 점령 초기에는 회의에서의 선전활동을 북한에서 파견된 사람들이 직접 담당하였다. 그 내용은 "민족과 나라를 위하여 의용군에 지원해야 한다"는 것 등이었다.

점령 초기 의용군 모집은 지원 형식으로 이루어졌으며, 독자보다는 형제가 많은 집안의 청년들에게 집중적으로 권유되었다. 그리고 맥금리에서 지원한 3명 모두가 머슴 출신이었으며, 독일유학생 출신 김재중이 지원한 데서 알 수 있듯이 머슴 출신이나 지식인들이 다수 의용군에 지

원하였다.15)

그런데 전선에서의 인민군 병력 손실이 증대되자, 강압적으로 의용군을 모집하는 현상이 나타났다. 시간이 지날수록 강제성은 더해갔으며, 각 행정기관과 학교 및 사회단체에 의용군 수가 할당되기도 하였다.

파주도 사정은 같았다. 표면적으로는 여전히 지원 형식이었으나, 거절하면 반동으로 몰리는 분위기였다. 그래서 의용군 모집을 피하기 위하여 피신하는 사람이 속출하였다. 물론 토지개혁으로 토지를 분배받은 사람 가운데 의용군에 자원하는 사람도 있었으나, 인민위원회 등지에서는 할당된 의용군 모집 숫자를 채우기 위하여 남한 정부 하에서 면사무소 직원으로 근무한 바 있는 청년에게 전력(前歷)을 문제 삼은 후 강제로 지원시키기도 하였다. 이 같은 모집으로 인하여 도중에서 탈출하는 사람도 많이 발생하였다. 이런 과정을 거쳐 많은 사람들이 의용군에 모집되어 갔으며, 어떤 마을은 60여 명의 청년 중 10여 명이 의용군에 나갔다. 이들은 문산을 거쳐 개성에 집결하여 부대에 배치되었다.16)

당시 북한당국은 1950년 8월 15일까지 남한에서 지원에 의해 의용군에 모집된 청년 남녀의 수는 무려 45만 명이며, 북한지역까지 합하면 120만 명에 이른다고 발표하였다.

15) 1993년 7월 21일 탄현면사무소에서 조병호(탄현면 금산리 거주, 1926년생)와의 대담; 1993년 7월 27일 교하면사무소에서 황시열 · 황규현과의 대담; 1993년 7월 27일 파주군청에서 김갑동 · 송석현과의 대담.
16) 1993년 7월 27일 교하면사무소에서 황시열 · 황규현과의 대담; 1993년 7월 27일 파주군청에서 김갑동 · 강원옥과의 대담; 1993년 8월 3일 파주읍사무소에서 김형외와의 대담.

## 2) 전쟁지원사업과 주민동원

6월 26일 북한 최고인민회의 상임위원회 명의로 공포된 「군사위원회 조직에 관하여」에서는 전쟁에 전체 주민의 물자와 인력을 동원하기 위해 모든 주민과 기관들은 군사위원회의 결정에 절대 복종할 것을 지시하였다.

북한당국은 남한의 물자와 노동력 동원을 위해 인민위원회와 사회단체를 중심으로 인민군 원호대책위원회 등 각종 명칭의 기구를 행정 단위별로 설치하여 이 조직들로 하여금 남한주민들을 동원하여 전선원호사업을 대중운동으로 발전시키려 하였다. 북한당국은 남한주민들을 동원하여 파괴된 교량이나 도로를 복구하였고, 전선에 무기와 탄약 및 식량을 비롯한 군수물자를 운반토록 하였으며, 부상당한 인민군들을 치료하도록 하였다. 경기도에서도 많은 주민들이 파괴된 교량·도로·철도 등의 복구에 동원되었는데, 장단군에서는 3,000명이 동원되었다. 파주에서도 인민위원회 주도로 집회를 가진 후 복구사업에 동원되었으며, 임진강 등으로 가서 군수품을 운반하기도 하였다.[17]

남한 전 점령지역에서 가장 광범위하게 진행된 사업은 인민군의 식량과 부식을 조달하기 위한 이른바 '애국미거출운동'이었다. 이 애국미거출운동은 전국적으로 전개된 군량미 조달방법으로, 경기도의 경우 8월 26일까지 쌀과 보리 1,600가마·소 82마리·돼지 142마리가 수집되었으며, 기타 손수건·양말·내의 등의 의류도 많았다. 이러한 애국미거출운동은 주민들에게 커다란 부담이 되었으며, 파주에서도 인민위원회에 의하

---

17) 1993년 7월 27일 파주군청에서 김갑동과의 대담.

여 이 같은 식량거출이 이루어졌다.18)

9월이 지나면서 전세가 불리하게 되자 북한당국은 원호활동을 더욱 강화하기 위해 조국보전위원회를 조직하였다. 북한당국은 남한지역에서 가용할 수 있는 노동력은 거의 모두 동원하였다. 파주에서도 조국보전위원회가 면과 리 단위까지 조직되었으며, 위원장은 선거에 의하여 선출되었다.19)

## 5. 선전과 숙청

인민군이 남한지역을 점령한 후 북한당국은 남한주민에 대한 정치적 선전과 교육을 실시하고 다른 한편으로 북한당국에 의해 반동으로 지목된 남한주민에 대한 숙청작업을 전개하였다.

### 1) 선 전

선전은 노동당 중앙위원회에서 결정된 정책에 따라 당 선전부가 주요 기구가 되어 경기도당 등 각 도당위원회, 각급 인민위원회 및 각종 언론매체와 사회단체에서 전개하였다. 정치적 선전은 호별 방문이나 좌담회를 통하여 이루어졌으며, 크게 활용된 조직은 리 단위로 조직된 10호 단위 선전반인데, 이것은 한 선전원이 10호를 책임 맡아 각 단위에 소속된

---

18) 위와 같음.
19) 1993년 7월 27일 교하면사무소에서 황시열 · 황규현 · 윤영세와의 대담; 1993년 7월 27일 파주군청에서 김갑동과의 대담.

주민에게 선전선동사업을 실시하는 것이었다. 이 밖에 강연회나 대규모 군중집회를 개최하였다.

파주의 경우 초기에는 북한에서 직접 파견된 요원에 의하여 선전활동이 이루어졌다. 그러나 곧 파주에서 조직된 각종 단체들이 여기에 참여하였는데 그 대표적인 것이 앞에서 서술한 민청이다. 민청은 각 마을에 파견되어 정치 선전활동을 펼쳤다. 선전활동은 매우 활발하게 전개되었으며, 많을 때는 한 달에 27일 내지 28일이나 회의가 소집되었다.[20] 선전의 궁극적인 목적은 공산주의 체제를 선전하고, 제반 정책의 추진과정에 있어서 주민들의 자발적 참여를 유도하는 것이었다. 특히 남한주민들의 인적·물적·군사적 동원에 초점이 맞추어져 있었다.

## 2) 숙청

북한당국은 무력을 통한 남한의 공산혁명을 이룩하는 데 있어서 친일·친미세력, 그리고 우익세력 등 소위 반혁명세력의 제거를 반드시 거쳐야 할 과정으로 인식하였다. 숙청을 감행하는 데 중요한 역할을 담당한 기구는 북한 내무성 산하의 정치보위국이었으며, 실질적인 숙청작업은 각 도 및 시·군, 읍·면 단위에 설치된 내무서에서 실행하였다.

파주에서의 숙청작업도 다른 지역처럼 내무서 주도로 이루어졌다. 아동면 금촌리에 파주군 내무서가 설치되었으며, 면에는 분주소가 각각 설치되었다. 리에는 자위대 또는 치안대로 불리는 주민자치기구가 구성되

---

20) 1993년 7월 27일 파주군청에서 강원옥과의 대담; 1993년 7월 27일 교하면사무소에서 윤영세와의 대담; 1993년 8월 25일 파주군청 내 파주군지편찬위원회 사무실에서 경기동(한국전쟁 당시 하지석리 거주, 1932년생)과의 대담.

었다. 내무서 서장은 북한에서 파견된 당원 출신이 임명되었으며, 서원은 지역민으로 구성되었으나 지역을 바꾸어 근무하기도 하였다.21)

인민군의 파주 점령 초기에는 학살이 없었으나, 시간이 흐르면서 인민군과 자위대·치안대의 청년들이 집을 수색하여 반공인사와 국군 낙오병, 그리고 이들에게 식사를 제공한 사람들을 잡아 사살하였다.22)

대대적인 학살이 이루어진 것은 9월 중순 전세가 불리해지고 북한 노동당이 군 전선사령부에 후퇴명령을 내리는 한편, "유엔군 상륙시 지주가 될 모든 요소를 제거할 것에 대한 지시"를 각 지역당에 하달하면서부터이다.23) 이러한 지시가 하급당으로 내려갈수록 점차 확대 해석되어 책임자의 재량에 의해 반동가족 등을 방공호 같은 곳에서 집단적으로 처형하라는 지시로 바뀌었던 것이다.

파주의 경우도 예외는 아니었다. 파주에서의 민간인 학살 대부분은 이 시기 즉, 유엔군의 인천상륙작전 성공과 9·28 서울수복을 전후하여 일어났다. 지금까지 조사된 자료와 당시 학살을 겪은 주민들의 증언을 토대로 대표적인 학살사건을 살펴보면 다음과 같다.

1950년 8월 하순 파평면 두포리 산38번지에서 수백 명이 집단 학살되었다. 패주하던 인민군이 이곳에 이르러 납치해 가던 사람들과 주민들을 대량 사살하였다는 내용이 이곳에 세워진 「6·25 반공위령탑」에 기재되어 있다.24)

---

21) 1993년 7월 21일 탄현면사무소에서 박시래와의 대담; 1993년 7월 27일 파주군청에서 김갑동·사상욱과의 대담; 1993년 7월 27일 교하면사무소에서 윤영세·황시열·황규현과의 대담.

22) 1993년 7월 20일 법원읍사무소에서 심재현과의 대담; 1993년 8월 3일 파주읍사무소에서 김형외와의 대담.

23) 권영진, 1990, 「'6·25살상' 다시 본다」, 『역사비평』 봄호, 역사비평사, 300쪽.

그리고 임진면 마정리 임진강의 갑바위(현 임진각)에서도 집단학살사건이 일어났다. 후퇴하던 인민군이 이곳에 이르러 강을 건너려 하였으나 유엔군의 폭격으로 다리가 파괴되어 나룻배로 강을 건널 수밖에 없었다. 사태가 이에 이르자 인민군들은 귀찮은 존재가 된 납북인사 약 300~400명을 이곳에서 학살하였다.[25]

같은 시기에 문산역 북방 8km 지점 장터(장사지내는 곳)에서도 약 600명의 민간인이 학살되었다.[26]

이와 같은 학살은 인민군 점령지역 여러 곳에서 이루어졌다. 북한의 남한 점령지역에서의 집단 피살자 수는 남한 정부의 공식 추계에 따르면 남자 9만 7,680명, 여자 3만 1,258명 등 약 12만 9,000명이나 된다.[27]

---

24) 당시 상황을 직접 목격한 조길산은 다음과 같이 증언하고 있다.
　　"9·28탈환 당시 …… 전황이 긴박해진 북괴군이 문산내무서에 가두었던 애국청년들을 전깃줄로 손을 묶어 이 길로 데리고 오다가, 일부(를) 파평면 분주소에 이 지역 몇몇 사람들과 함께" 감금시켰다. 이같은 상황에서 조길산 자신도 일시 피난하였다가 "얼마 후 집에 와서 있는데, 낯 모른 사람들이 찾아와서 쇠스랑을 빌려 달라고 하여 사연을 물은 즉, 97명이 묶여오다 내 자식 둘과 모든 사람들이 저 산기슭(두포리 산39번지) 방공호에 괴뢰군 따발총을 맞고 피살당하였으며, 나만 팔 관통상을 입고 죽은 척하니 (인민군들이) 다 죽었다면서 달아나, 구사일생으로 혼자만 살았다고 눈물을 흘려, 즉시 산으로 쫓아가 보니 과연 교통호 속에는 분간도 할 수 없는 시체가 늘비하게 있고 냄새가 코를 찔러 있을 수가 없었다. …그 후 몇몇 사람의 시체(를) 찾아갔으나 대부분은 그대로 시체가 묻혀 있다며 바람만 불면 이 장깨 부락 사람들(은 시체 썩은 냄새로 인하여) 이리저리 피해다녔으며 수개월 동안을 (마을에서) 살 수가 없었다"(파주문화원, 1992, 「한 많은 생매장」, 『傳說의 香脈』, 135쪽).
25) 한국방송공사, 1985, 『반공피학살 영령 추모사업자료집』, 19~20쪽.
26) 한국방송공사, 위의 책, 64~65쪽.
27) 권영진, 1990, 「'6·25살상' 다시 본다」, 『역사비평』 봄호, 역사비평사, 302쪽.

## 6. 맺음말 : 유엔군의 파주 진주 이후 부역자 문제와 민간인 학살

1950년 6월 28일 이후 약 3개월에 걸친 인민군의 파주 점령을 종식시킨 것은 미 해병대였다. 10월 1일 미 5해병연대의 일부 병력이 문산을 지나 임진강까지 진출하면서 파주를 완전히 장악한 것이었다. 이에 대한 인민군의 저항은 문산 일대에서나 조직적이었을 뿐 그 밖의 곳에서는 산발적이었다.

9월 28일 서울수복 이후 남한 전역이 점차적으로 수복되면서부터 이른바 부역자 처리가 새로운 문제로 대두되었다. 부역자라 함은 북한이 남한을 점령한 지역에서 자진 혹은 자의반 타의반, 또는 위협과 강제에 못 이겨 북한에 협력한 자들을 말한다.

서울이 수복되자 이들 부역자에 대해 우익세력들의 보복이 가해졌고, 그것은 학살 또는 집단구타 형태로 나타났으며, 이러한 분위기를 이용하여 개인의 원한을 풀려고 하는 자까지 나타났다. 뿐만 아니라 군인과 경찰들 중에는 간혹 비행을 저지르는 일이 있어 피점령지역에 잔류했던 국민들이 은연중에 정부를 불신하는 경향도 있었다.

이에 정부와 국회는 부역자에 대한 처리 방침을 조속히 확립함으로써 민심의 불안을 진정시킬 필요가 있었다. 그 일환으로 국회는 9월 중순 「부역행위 특별 심사법」과 「사형(私刑)금지법」을 상정하여 12월 1일에 통과시켰다. 정부는 같은 날 「사형금지법」을 공포하여 감정적인 사적 제재를 금지시키고, 동시에 「부역행위 특별조치법」을 제정하여 「국가보안법·비상사태하의 범죄처단에 관한 특별조치령」에 저촉되는 자에 대한 처벌을 완화시켰다. 이는 불가피하게 부역을 하였거나 그 정도가 경미한 사람들이 받게 될 피해를 최소화해서 민심을 안정시키기 위함이었다. 그러나 이러한 정부의 시책에도 불구하고 곳곳에서 부역자와 그 가족에 대한 보복이 자행되었으며 파주군도 예외는 아니었다.

1950년 10월 1일 미 해병5연대가 임진강까지 진출하면서, 인민군의 파주 점령은 종식되었다. 이후 파주군의 산남리·문발리 등 고양군 인접지역과 고양군 일대에서 주민학살이 있었다는 주장이 희생자 유가족들과 시민단체들에 의해 제기되었다.[28] '금정굴 양민 희생자 합동위령제 준비위원회'에 따르면 9·28 서울수복 직후 조직된 우익단체인 치안대와 경찰, 그리고 인민군에 가족을 희생당한 일부 주민이 합세하여, 공산주의자 가족이나 인민군 점령기간 중 부역자와 그 가족들을 대량학살했으며,[29] 희생자의 수가 최소 500명에서 최대 2,000여 명에 이른다는 것이다.[30]

당시 순경으로 근무했던 고아무개에 따르면 학살은 경찰서장과 치안대장의 재량권으로 이뤄졌다는 것이며,[31] 유족회는 2개월간에 걸쳐 고양군 탄현리 금정굴과 덕이리 새벽구덩이, 구산리, 파주군 교하면 산남리 등 곳곳에서 학살이 자행되었다고 주장하고 있다. 산남리·문발리 등 고양군 인접지역 사람들은 지금의 한강 하류지역인 교하면 신촌리(속칭 반석뿔)와 산남리 나루터 등지에서 학살됐으며, 파주군 교하면 사람 일부도 고양군 금정굴에 집단 매장되었다고 한다.[32]

김아무개는 "30세 전후로 갓 결혼해 백석리 이장을 맡고 있던 고모부 강아무개가 인민군 점령 당시 강제부역을 했다는 이유로 총살당했다"고

28) 『파주저널』, 1993년 9월 23일자.
29) 『세계일보』, 1993년 9월 14일자.
30) 『파주저널』, 1993년 9월 23일자.
31) 『노동자신문』 208호.
32) 『파주저널』, 1993년 9월 23일자; 『노동자신문』 208호.

증언했다.[33] 또한 마아무개는 덕이리 안씨 집안에 시집온 후 시삼촌이 좌익활동을 했다는 이유로 시할아버지를 비롯해 형님 2명(당시 13·17세 학생)이 끌려가 몰살을 당했으며, 당시 어린 나이였던 남편은 항아리에 숨어서 무사했다는 말을 들었다고 증언하고 있다.[34]

한편 당시 학살을 목격했던 주민들의 증언을 들어보면, 정아무개(고양시 탄현동 거주, 1993년 증언 당시 73세)는 "수복 직후인 10월쯤 당시 지역경찰관 등이 50여 명의 주민을 묶은 채로 끌고 올라가 총살했고, 이들은 파주군 금촌까지 언제 가느냐면서 금정굴로 방향을 바꿨다."[35] 그리고 "인민군의 강압에 못 이겨 부역 등에 동원됐던 사람과 가족 50여 명이 밧줄로 묶인 채 밤을 틈타 이곳 동굴 주변으로 끌려온 뒤 총과 죽창 등으로 학살당한 후 굴속에 버려진 주검들을 5차례나 목격했다"고 증언하고 있다.[36]

한편 학살 당시 반공단체에 가입했던 이아무개(교하면 산남리 거주, 1993년 증언 당시 70세)는 "시대적 상황이 만든 비극이며, 치안대와 반공단체에서 수복 후 보도연맹이나 좌익단체에 가입했던 사람들을 색출해 죽인 것은 사실이나 괴뢰군의 앞장에서 이들이 저지른 만행은 이루 말할 수 없다"며, "안 죽을 사람들도 많이 죽은 것으로 알고 있어 이들을 위해 위령제를 지내주는 것은 정당한 일"이라고 말하고 있다.[37]

（『파주군지』 상, 파주군, 1995.4）

---

33) 『세계일보』, 1993년 9월 14일자.

34) 『노동자신문』 208호.

35) 『세계일보』, 1993년 9월 14일자.

36) 『한겨레신문』, 1993년 9월 26일자.

37) 『파주저널』, 1993년 9월 23일자.

# 분단의 산물, 대성동 마을의 역사

## 1. 머리말

　'자유의 마을 대성동'은 휴전선 남쪽 비무장지대 안에 위치하고 있는 특이한 마을이다. 이곳은 자유의 다리로부터 북으로 약 12.5㎞, 개성으로부터 남으로 약 11.5㎞ 떨어져 있으며, 행정구역상으로 파주군 군내면 조산리이다. 마을 북동쪽으로 약 1㎞ 지점에 판문점이 위치하고 있어 세계의 이목을 받고 있다.

　그리고 마을로부터 400m밖에 떨어져 있지 않은 곳에 군사분계선이 지나고 있으며, 그 건너 북에는 북한 마을 기정동이 자리를 잡고 있다. 북한 역시 세계의 이목이 쏠리는 그곳 기정동에 새로운 건물을 계속 신축 및 증축하고 있으며 기계화 영농작업을 실시하고 있다.

　대성동의 또 다른 특이한 점은, 이 마을이 대한민국정부가 아닌 유엔군 사령부의 통제 하에 있다는 점이다. 이는 「한국휴전협정」 제1조 10항 "비무장지대 내의 군사분계선 이남의 부분에 있어서의 민사 행정 및 구제사업은 국제연합군 총사령관이 책임진다"에 근거한 것이다.

　그렇다고 이곳이 대한민국 법률과 통치가 전혀 미치지 않는 치외법권

지대는 아니다. 대성동 주민도 대한민국의 국민이며, 이들이 범법 행위를 하면 일단 대성동에서 추방되는 형식을 거친 후, 대한민국 법률에 의하여 제제를 받는다. 이처럼 대성동은 유엔군사령부의 통제 하에 있으면서, 실질적으로는 대한민국정부의 통제권이 미치는 특이한 지역이다.

## 2. 대성동의 역사[1]

### 1) 해방 직후의 대성동

해방 직후 대성동은 행정구역상 경기도 장단군 군내면 조산리 대성동이었으며, 50세대 200여 명이 거주하는 마을이었다. 주민들은 조상 대대로 농업을 생업으로 하여 살고 있었으며, 교통이 불편하여 외부와의 접촉이 별로 없는 가난한 벽촌이었다. 부근에는 어용리(현 어영개 부근), 조산동(현 조산 부근), 광명동(현 굉캐 부근), 냉정동(현 찬우물 부근), 방축동(현 방추골 부근)의 5개 마을이 있었다.

한편 마을 부근의 옥답과 인삼밭은 대부분 개성 유지들의 소유였고, 주민들은 그들의 소작농으로 생계를 유지하였다. 당시 마을 전체의 경작지는 9만 평에 불과하여, 평균 호당 벼 수확량은 20~25가마 정도의 영세 농가가 대부분이었다. 또한 마을에는 민족 고유의 소형 초가집이 산재되어 있었으며, 필요한 생활용품은 개성이나 장단면의 장단시장(속칭 시투리

---

1) 이 글은 자유의 마을 대성동 민정반의 프린트본(「대성동 역사」)을 많이 참조하였다. 그리고 1994년 2월 25일 대성동 노인정에서 실시한 대성동 이장 김근수, 주민 전창권을 비롯한 여러 주민과의 집단 면담에서 채록한 내용을 참고하였다.

장)에서 농산물을 팔아 구입하였다.

당시 대성동 주변에는 진서국민학교, 군내국민학교(백학산 밑), 광명국
민학교(광매 부근, 군내국민학교 분교) 등 3개의 국민학교가 있었다. 1947년
광명국민학교가 설립되기 전까지 대성동 아이들은 모두 군내국민학교
를 다녔고, 광명국민학교가 설립된 후에는 약 30여 명의 대성동 아이들
이 이곳으로 옮겨왔다. 그러나 1950년 한국전쟁 발발로 위의 3개 국민
학교가 폐교됨에 따라 대성동에는 4~5년간 초등교육의 공백기를 맞기
도 했다.

## 2) 한국전쟁과 대성동

한국전쟁 개전 직후 대성동 주민들은 미처 피난을 가지 못하고 마을
에 잔류하여 인민군의 지배를 받았다. 1951년 1·4 후퇴 때에는 대부분
의 주민들이 피난을 하였으나, 노인과 어린이를 포함한 일부 주민들은
피난을 가지 못하였다.

1953년 봄 피난 갔던 일부 청장년들이 귀향하여, 대성동에는 30세대
160여 명이 거주하게 되었다. 당시 전선은 이 일대에서 교착되어 치열한
전투가 전개되고 있었으나, 대성동은 휴전회담이 열리고 있던 판문점 부
근이어서, 교전이 이루어지지 않았다. 그래서 주민들의 거주가 가능하였
다.[2]

그러나 전쟁으로 인하여 두 채의 초가집을 제외하고 모든 것이 파괴
되었기에 당장 거주할 공간을 마련하는 것이 급선무였다. 그래서 주민들

---

[2] 1995년 4월 4일 대성동 이장 김근수로부터 채록.

은 마을 인근에서 벌목하여 간이 주택을 짓고 마을 주변의 약 200마지기 땅과 약간의 밭을 경작하여 생계를 유지하였다. 인력에 전적으로 의존하는 원시적인 방법으로 농사를 지을 수밖에 없었기에 수확은 세대 당 70~80가마에 불과하였다.

1953년 7월 27일 마침내 휴전협정이 체결되었다. 휴전협정 부칙에 의하여 휴전협정이 조인될 시점 비무장지대 내에 거주하고 있던 주민들은 계속 거주가 허용되어, 대성동 주민들은 이곳에서 거주할 수 있게 되었다. 그러나 휴전 협정 체결 이후 귀향은 허용되지 않았기에 이때까지 귀향하지 못한 사람들은 대성동에 돌아올 수가 없었다.[3]

160명의 주민이 거주하기 시작한 1953년 봄부터 휴전협정이 조인될 때까지는 물론이고, 휴전 직후에도 대성동은 행정적인 혜택이 전혀 미치지 않는 버려진 땅이었다. 후방과 완전히 고립되어 주민들은 후방 출입을 할 수 없었으며, 의식주의 대부분은 마을 내에서 자급자족하였고 생필품은 가끔씩 후방으로 출입하는 대성동 주둔 켈로부대 차량에 의해서 구하는 것이 고작이었다.

1954년 켈로부대가 대성동에서 완전히 철수한 후부터 대성동에 대한 약간의 지원이 이루어졌다. 월롱면 영태리에 주둔하는 미 해병대 민사처에서 일주일에 한 번씩 2~3대의 트럭을 동원하여 미 해병사단 민사처 병원(현 경기도 금촌의료원) 앞에서 대성동 사이를 오전에 입촌하여 오후에 퇴촌하면서 교통 편의를 제공한 것이다. 그러나 일단 후방으로 퇴촌하였다가 다시 마을로 입촌하려면 특별한 일이 없는 한 일주일 동안 후방에서 기다렸다가 다음 주일 차량 편을 이용해야 하므로 당시 주민들의 후

---

3) 위와 같음.

방 출입은 매우 불편하였다.

그러던 중 1957년 1월 20일부터 대성동에 전기가 들어왔다. 이는 정부 예산과 미 8군의 원조로 5kW 규모의 자가 발전시설이 대성동에 설치되었기 때문이다.[4] 그러나 대성동을 관할하는 유엔군 사령부, 그리고 대한민국정부의 무관심으로 대성동은 여전히 버려진 땅이었다.

한편 대성동은 지역적 특수성으로 인하여 한국전쟁 중인 1951년 10월경부터 한국군 1사단 소속의 HID 요원 10여 명이 잔류하여 경계와 첩보 임무를 띠고 마을에 상주하였다. 이들은 1952년 8월경 미 해병대 소속 8240켈로부대와 교체되었는데, 새로 마을에 진주한 8240켈로부대 요원은 30~40명 정도였으며 모두 한국인이었다. 이들 역시 첩보활동과 마을 경계임무를 수행하였다. 특히 야간 경계시에는 주민들과 합동 작전을 실시하였는데, 마을 주변에 설치된 18개소의 초소에 2명씩 배치되어 마을의 청장년들과 함께 잠복근무를 하였다. 휴전협정이 체결된 후에는 판문점 부근에 주둔하던 켈로부대 요원들이 대성동에 추가로 투입됨에 따라 한때 주둔 병력이 70~80명에 이르기도 하였으나, 점차 감소하다가 1954년 11월경에 완전히 철수하였다.

그 후 1958년 12월 8일 자정 주민 이대성이 살해되는 사건이 발생하였다. 부인의 말에 따르면 가족들이 모두 잠자고 있었는데 헌병대에서 나왔다는 5~6명의 사람들이 남편을 끌고 갔다고 한다. 그리고 이대성의 시체는 조산 부근에서 발견되었는데, 유엔군은 이 사건을 북한군이 살해한 뒤 유엔군 측이 살해한 것으로 조작한 사건으로 규정지었다. 유엔군 사령부의 발표에 따르면, 북한군이 이대성을 살해한 동기는 이대성이 북

---

4) 『동아일보』, 1957년 1월 21일.

한 간첩이었는데 더 이상 그들의 말을 듣지 않았기 때문이라는 것이다.5)

한편 1959년에도 북한은 한국전쟁 당시 HID요원으로 활약하였고 1995년 현재 대성동의 이장직을 맡고 있는 김근수를 2차에 걸쳐 강제 납북하려고 하였으나 실패한 사례가 있었으며, 1958년 7월에는 주민과 미군의 통역을 하던 통역관 이영기가 월북하였다.

한편 이대성 피살사건은 대성동에 대한 정부의 관심이 모아지는 계기가 되었다. 당시 이 사건을 조사하기 위해 대성동에 입촌하였던 한국군 연락장교 최덕빈 중령이 낡은 초가집과 가난에 찌든 생활상이 북한에게 선전요소를 제공해 줄 수 있다고 판단하여, 정부에 지원을 강력히 요청하였던 것이다.

이에 따라 유엔군 사령부는 대성동 마을을 1959년 12월까지 '근대화시킨다'는 계획을 세웠다. 마을 구조의 근대화뿐만 아니라 자치위원회를 만들어 운영하고 4H클럽과 같은 청소년조직을 만드는 한편 중학교도 세워 하나의 이상촌을 만들고자 하였다.6)

이에 맞추어 보건사회부도 1959년 10월 주택 32동의 건축에 착공하여 12월 23일 입주식을 거행하였다. 이 건물은 주택 30동에 동회사무실, 이발실, 발전실, 의무실 등을 합쳐 32동이다.7) 그러나 건물만 완성되었을 뿐 생활에 필요한 부대시설이 제대로 갖추어지지 않았고, 그 건물마저도 벽에 금이 가는 등의 부실공사여서 주민이 2개월이 지나도록 입주하지 못하는 상황이 벌어졌다. 이에 대해 보사부와 국방부는 서로 책임을 회피하였다.8) 결국 대성동을 하나의 이상촌으로 만들겠다는 당초 계획은

5) 한국반공교육연구원, 1984, 『북괴만행사십년』.
6) 『동아일보』, 1959년 11월 13일.
7) 『동아일보』, 1959년 12월 24일.

상당한 차질을 빚고 말았다.

1963년 1월 1일 대성동은 「수복지구 및 동 인접지구의 행정구역에 관한 임시조치법」에 의해 장단군 군내면에서 파주군 임진면에 편입되었다.

## 3) 민정반 상주 이후의 대성동

대성동의 특수한 지리적 여건으로 인해 그동안 후방의 민사처에서 관리하던 민사업무를 1963년 10월부터 미 제1기갑사단 민사처에 소속된 민정반이 마을에 상주하면서 직접 담당하게 되었다. 이에 따라 대성동에 대한 제반 행정적 지원이 효율적으로 이루어지기 시작하였다.

당시 민정반의 주요 업무는 각급 행정관청 및 관할 미군부대를 통한 효과적인 대민 지원, 비무장지대 내에서의 경찰 임무, 주민들의 후방 출입을 위한 차량 지원 및 통제, 비무장지대 내에서 발생하기 쉬운 문제에 대한 선도 및 통제였다. 그 후 민정반 관할부대는 1965년 7월 1일자로 미 제1기갑사단에서 미 보병 2사단으로 교체되었다. 한편 1967년부터 주민들에게 선거권이 주어졌다.

민정반이 주둔하면서 제일 먼저 교통 불편이 해소되었다. 이전에는 후방 출입이 매우 어려웠으나 민정반이 상주하면서 주 2회씩(화, 금요일) 금촌까지 출입을 할 수 있게 되었으며, 가을 추수철에는 민정반에서 2~3대의 트럭을 증차하여 벼 및 기타 작물의 반출을 도왔다.

그 후 민정반의 사정으로 차량 지원이 끊기게 되자, 1971년 초부터는 파주군청의 협조로 군 대형버스가 주 2회씩 금촌까지 운행을 하여 출입

---

8) 『동아일보』, 1960년 3월 5일, 3월 8일.

이 전보다는 나아졌다. 1972년 말에는 청와대에서 마이크로버스 1대를 기증함에 따라, 자치적으로 주 3회씩(월, 수, 금) 금촌(수요일은 문산)까지 운행하는 방식으로 후방을 출입하였다.

한편 정부는 1965년, 앞서 1958년 보사부에서 무상으로 분양해 준 브러크 주택을 철거하고 새로운 기와집을 건축하도록 하기 위해 전 세대에 기와를 무상으로 공급하였고, 주택 건축에 필요한 재목을 마을 인근에서 구할 수 있게 벌목을 허가해 주었다. 이에 1966년에는 주민들이 기와집에서 생활하게 되었다. 그리고 1969년에는 주민들에게 주민등록증이 발급되었다.

또한 민정반의 협조로 영농지를 점차 확대해 나갔는데, 1966년부터 1968년까지 미 8군 불도저 2대가 투입되어 개간사업, 제방작업 등을 실시함에 따라 주민들은 더 많은, 그리고 정리된 경작지를 가지게 되어 농가 소득이 증가하게 되었다. 특히 민정반에서는 주민 중 생활이 몹시 곤란하던 10세대에 대하여 현재의 어영개, 윗샘뜰, 화성골 지역에서도 영농작업을 할 수 있도록 해주어 주민들간의 소득 평준화를 꾀하기도 하였다.

그리고 영농지가 확대됨에 따라 주민들만으로는 넓은 영농지를 경작할 수 없어, 1966년부터 민정반은 세대당 1~2명씩의 노무자 고용을 허용하고 이들이 대성동에 입촌하여, 주민들의 농사를 도울 수 있도록 조치하였다.

한편, 정부는 대성동이 특수지역이란 점을 감안하여, 후방의 농촌보다 우선적으로 비료·농약 등을 지원하여 주었으며, 경운기(6마력) 2대를 무상으로 지원하여 주었다. 이러한 제반 지원에 힘입어 벼의 수확량은 눈에 띄게 늘어 1962년 벼 총생산량이 2,000여 가마였던 것이 1966년에는 4,500가마, 1968년에는 6,500가마, 1971년에는 1만 여 가마로 증가되었다.

1972년에는 군사·정책적인 면이 고려되어 대성동 제1차 종합개발공사가 시작됨으로 해서 대성동의 새로운 시대가 개막되었다. 1972년 1월 대통령의 특수지역개발 승인으로 실시된 제1차 종합개발공사는 약 1억 2,000만 원의 공사비가 소요되었다. 주된 사업은 마을의 주택 개량, 영농지의 개간, 마을 도로포장, 마을 주변환경의 개선, 제방 보수 및 마을 내의 가로등 설치 등이었다.

이렇게 민정반이 상주하게 되어 마을의 체계가 다소 잡혀가기 시작하던 중 1975년 8월 26일 오후 4시 15분경 북한의 무장군인 2명이 대성동 마을 근처에 침입하여 민간인 1명을 강제로 납치해 간 사건이 발생하였다. 납치된 사람은 대성동 마을에 고용된 노무자 김세연이었다. 이 납치사건은 남방한계선 남쪽 약 50m 지점에 있는 논에서 함께 일하던 농부에 의해 알려지게 되었는데, 북한 군인의 민간인 납치는 휴전 이후 이 사건이 처음이었다. 같은 날 정부 대변인 이원경 문공부장관이 북한에 대해 성명서를 발표하여 즉각 송환할 것을 촉구하였다.[9] 그리고 29일 오후 문산읍 공설운동장에서는 3만여 명의 파주군민이 참석한 가운데 북한의 행위에 대한 규탄대회가 열려 국제연합과 국제적십자사 앞으로 보내는 메시지를 채택하기도 하였다.[10] 한편 1965년 평소 민정반의 일에 비협조적이고, 정부를 비판하던 주민이 월북한 사건도 일어났다.

1976년 4월 대성동 민정반 소속이 미 2사단 민사처에서 유엔사 공동

9) 『동아일보』, 1975년 8월 27일.
10) 『동아일보』, 1975년 8월 30일.

경비구역 경비대사령부로 바뀌었으며, 1995년 현재까지에 이르고 있다. 민정반이 경비대사령부로 이양된 후인 1976년 7월 민간업자인 서부관광 주식회사에 대성동－문산간 버스운행이 허가되었다. 이제 대성동 주민들은 하루 두 차례 아침과 저녁 문산까지 후방 출입을 할 수 있게 되었다. 그 후 10월에는 한국기독실업인회에 의해 대성동교회가 완공되었다.

1974년 4월 10일에는 유엔사 공동경비구역 경비대사령부 작전참모의 통제를 받고 있었던 민정반의 모든 업무가 작전과로부터 독립되어 하나의 참모부서가 되었다. 이로써 민정반 부대의 발언권은 훨씬 강화되었다. 이어 그해 5월 12일부터 약 2개월에 걸쳐 주민과 노무자가 인식 부족 또는 부주의로 군사분계선을 넘거나 유엔사 공동경비구역 경비대사령부의 관할구역이 아닌 곳으로의 이동을 막기 위해 영농 한계선의 정확한 지점을 표시해 주는 80여 개의 표지판을 설치하였다.

1980년부터는 마을 환경미화를 위해 분기별로 마을환경경진대회를 개최하여 주택의 주변과 내부의 정리정돈상태, 부속 건물의 청결상태를 점검하였다. 그리고 마을 내에서 가장 정리정돈이 잘 된 한 가구를 선정하여 경비대사령관의 표창을 수여하고, 모범 가정 표지판을 세워주어 주민들이 마을 환경 개선 및 보존에 힘쓰도록 하는 한편 야간 순찰도 강화하여 주민들의 안전에 만전을 기하였다. 또한 민정반에서는 1978년부터 실시된 대성동 종합개발사업의 원만한 진척을 위하여 시공회사인 현대건설과 감독청인 농업진흥공사의 직원과 노무자의 보호가 필요해, 이들에 대한 근접 경호를 실시하였다.

대성동은 기계화 영농을 위해 경지정리사업이 계속 진행되었으며, 집집마다 약 2대 꼴의 경운기와 트랙터를 소유하였다. 그리고 1982년부터 구입하기 시작한 콤바인으로 예년에 비하여 추수가 일찍 끝나 겨울철 농한기에 다른 부업을 할 수 있는 시간도 갖게 되었다.

정부의 대성동 지원사업은 계속되었으며, 그 결과 놀랄만한 발전을 거듭하여 지금은 전국 제1의 농촌으로 성장하였다. 그 중 가장 커다란 정부의 지원은 1979년부터 1983년 사이에 이루어진 대성동 제2차 종합개발공사였다. 그 목적은 마을환경 개선, 주민복지 향상, 농작물 증산에 두어졌고, 주택개발사업, 농산물의 증산을 위한 경지정리와 개간, 스프링쿨러 시스템, 저수지의 보수·신설 사업을 내용으로 하고 있다.

사업 기간 중 세워졌던 국기 게양대는 당초 85m로 설계되어 세워졌으나, 국기봉이 짧아 국기의 손상이 심하고, 게양과 하기시에 국기가 손상되는 사례가 자주 발생하였다. 이에 1981년 12월부터 1982년 1월에 걸쳐 보수공사를 실시하여 국기봉의 높이를 15m 더 높여 현재 국기 게양대의 높이는 100m가 되었으며, 국기의 게양과 하기시의 손실을 막기 위해 보호망을 설치하였다. 한편 북한은 종래 80m 게양대를 제거하고 약 165m에 이르는 게양대를 신축하였다.

1982년을 전후해서는 정부의 계속적인 새마을 정신의 계몽과 농가 소득을 위한 여러 가지 농촌부업이 제시됨에 따라 대성동 주민들은 버섯재배와 인삼재배를 시작하였다. 그러나 토질검사 결과 대성동의 토지에 모래 성분이 너무 많이 섞여 있어 인삼재배가 불가능하다는 판정이 나와 인삼재배 계획은 수포로 돌아갔다.

1982년 3월 민간 전화가 개통되었으며, 같은 해 12월에는 마을 복지회관이 건립되었다. 그리고 1993년 8월 12일 테니스장이 준공되어 놀이시설이 없는 대성동 주민들의 여가 선용에 큰 도움을 주었다.[11]

---

11) 『파주저널』, 1993년 8월 12일; 1995년 5월 16일 대성동 이장 김근수의 제보.

1994년 2월 현재 대성동 주민은 남자 105명, 여자 133명 등 총 238명이며, 모두 46세대를 구성하고 있다. 대성동 주민들이 경작중인 논은 142만 평이며, 연간 수확고는 3만 8,000가마이다. 그리고 밭 19만 평에 콩, 고추, 참깨 등을 재배하고 있다. 마을 전체에 트랙터 33대, 이앙기 34대, 콤바인 33대가 보급되어 100% 기계화 영농이 실현되고 있다.

세대 당 연평균 소득은 4,500만 원에 달하고 있으며, 마을에 보유중인 승용차가 34대이고, 트럭은 35대이다. 그리고 오디오가 30대, VTR이 33대, 피아노가 9대이다. 이처럼 대성동 주민들의 경제적인 수입은 높은 편이다.

그러나 생활을 하는 데 있어 여러 제약은 여전히 존재하고 있다. 휴전선에 연접해 있어 친지가 대성동을 방문하거나 대성동 주민이 장기 출타할 때 사령부의 허가를 받아야 한다. 그리고 대성동 내에서도 야간에는 통행 제한이 있다.

대성동은 휴전선에 연접해 있다는 이유로 1970년대 이후 정부의 지원을 받아 높은 소득 수준을 유지하고 있다. 그러나 같은 이유로 생활상의 큰 불편을 겪고 있다는 면에서, 대성동은 분단체제가 낳은 우리시대의 상징적인 마을이라 할 수 있겠다.[12]

끝으로 대성동의 유일한 교육기관인 대성동국민학교에 대해 살펴보면 다음과 같다.

한국전쟁 이전의 대성동 아이들은 마을 인근에 위치해 있던 군내국민학교, 광명국민학교에 취학하였다. 그러나 전쟁으로 인하여 이들 학교가 폐교됨에 따라 4~5년간 초등교육의 공백기를 거친 후 1954년 주민들 스

---

12) 민정반 제공 자료.

스로 옛날의 서당 교육과 유사한 과정의 교육을 가정집에서 실시하였다. 주민이 교사가 되어 20명 안팎의 학생들을 교육시켰는데, 교사는 학생 1인당 벼 1가마씩을 교수비로 받았다.

1956년도에 후방에서 여교사를 초빙하여 국민학교 과정의 교육을 실시하였다. 1957년 7월 15일에는 미 7사단 민사처의 경비 후원으로 2개의 교실 및 화장실, 창고를 신축하였다. 1957년부터 1967년 사이에는 파주군 교육청의 협조로 2~3명의 교사를 초빙하여 국민학교 과정의 교육을 실시하여 해마다 두서너 명의 졸업생을 배출하였다. 그러나 대성동국민학교는 휴전선 완충지대에 위치한 특수학교로 운영자금의 부족과 노후된 건물을 개축하지 못할 뿐만 아니라 무자격 교사를 채용하여, 아동 교육 및 학교 운영에 있어 교육의 실효를 거두지 못하였다.

이런 지역적 특수성을 고려하여 정규 직원의 배치, 시설 개선과 확충, 교육의 정상화를 위하여 1968년 5월 8일 문교부는 대성동국민학교를 정식으로 인가하였다. 그 후 노후한 학교 건물은 현대식 건물로 완전히 탈바꿈하여 학생들이 좋은 환경에서 수업을 받을 수 있게 되었다. 그리고 문교부의 특별 배려에 의하여 1977년부터는 대성동국민학교의 졸업생은 본인의 희망에 따라 연고지가 있으면 서울, 인천, 파주 등지로 학군에 관계없이 자유로이 진학할 수 있게 되었다.

1995년 2월 4명이 졸업함에 따라 대성동국민학교는 모두 113명의 졸업생을 배출하였다. 졸업식은 마을의 특수성으로 인해 공공관서나 주위의 군부대 고위층이 참석하여, 후방 어느 학교보다도 성대하게 열려 졸업생 3~4명의 졸업식이 마을의 커다란 잔치가 되고 있다. 1995년 4월 현재 대성동국민학교는 9명의 교사가 재직하고 있으며, 국민학생 23명, 유치원생 11명이 재학하고 있다.[13]

## 3. 대성동 마을의 운영[14]

### 1) 「대성동 민사 규정」

대성동을 직접 관장하는 부대는 유엔사 공동경비구역 경비대사령부
이며, 동 부대 사령관(이하 사령관)은 대성동 주민을 관할하기 위하여 「대
성동 민사규정(Civil Administration Regulation for Taesong-dong)」(이하 「규정」)을 제정
하여 실시하고 있다. 「규정」은 대성동 부락 내의 법과 질서를 유지하는
지침으로, 휴전협정에 관하여 대성동 주민이 준수해야 할 방침을 설정한
것이다. 「규정」은 영문으로 작성되어 있으며, 영문 조항 바로 밑줄은 국
문으로 번역문이 기재되어 있다. 내용은 유엔군사령부의 대성동에서의
민사업무 범위, 민정반과 민정장교의 임무와 권한, 민정반과 정부부서와
의 관계, 이장의 임무·권한·임기·선출 방법, 주민의 의무, 대성동에
고용된 노무자에 대한 내용, 대성동 방문객에 대한 내용, 대성동 주민과
대한민국 법률과의 관계 등이다.

「규정」은 이장과 운영위원 선출 방법, 마을 재정 충당 방법 등 일부
조항을 제외하고는 대부분 대성동에서 준수되고 있다. 「규정」에는 필요
시 사령관, 민정장교, 대성동 이장 및 운영위원 합의하에 「규정」을 정기
적으로 보충할 수 있다고 되어 있다. 그러나 유엔군사령부 측으로서는
「규정」과 다르게 운영되고 있는 부분이 대성동을 관리하는데 지장을 초
래하고 있지 않다고 판단해서인지 일부 사문화된 조항을 개정하지 않은

---

13) 1995년 5월 16일 대성동국민학교 장주순 교감으로부터 채록한 증언.
14) 「대성동 민사규정」과 1995년 5월 16일 대성동 이장 김근수로부터 직접 확인한 내용
    을 중심으로 서술하였다.

채 그대로 두고 있다.

대성동 주민은 「한국휴전협정」에 의해 유엔군사령부의 통제 하에 있으나, 대한민국 국민으로서 대한민국 법률의 통제를 받고 있다. 따라서 대성동 주민이나 대성동에 고용된 한국인이 대한민국 형법을 위반한 혐의가 있거나 위반하면, 대한민국 관계당국에 이첩되어 조사를 받고 혐의가 있으면 기소된다. 위법사항에 대한 집행 절차는 우선 위법사항이 대성동 마을에서 발생하면, 민정반은 사령관에게 즉시 보고하고 사령관의 추가 지시를 받는다. 그리고 가능한 신속히 대한민국 관계당국과 협조하고 증거 보존을 위해 노력해야 하며, 범인이 범행을 시도하는 도중에 체포되면 범인·증인·증거를 관계당국에 인계한다. 주민이 관계당국에 이첩되어 유죄판결을 받고 6개월 이상을 복역하게 되면 주민권이 박탈된다. 한편 사령부의 대성동에 대한 통제임무도 대한민국 법률의 범위 내에서 이루어지고 있다.

## 2) 유엔사 공동경비구역 경비대사령부와 민정반

유엔군사령부가 대성동에서 수행하는 민사업무의 골자는 주민에 대한 협조 및 구조와 휴전협정 준수 확인, 그리고 마을 내부 경계라고 할 수 있다. 이를 위하여 사령관은 민정반을 설치하고, 민정장교를 두어 그 책임을 맡게 하고 있다.

민정반은 대성동의 민사행정을 수행하고 휴전협정을 수행하며, 마을 내부 경비, 지역 주민의 복지 안녕, 문화 및 경제개발에 공헌, 그리고 구호업무에 대비하는 제반 조치에 관한 업무를 수행한다.

민정반의 책임자로서 민정장교는 부락 내의 책임관인 유엔사 공동경비구역 경비대사령관을 대표한다. 민정장교는 마을의 출입과 마을 내부 경계에 대한 책임을 지며 법과 질서를 시행하고 한국정부의 법률문제에 협조해야 하는 책임이 있다. 또한 정부 기관에 대해서는 독립된 단체장 역할을 수행하고 운영위원회를 보좌하여 사령관과 마을 주민 간에 연락 관의 역할을 담당한다. 민정장교는 기타 민정반원의 보좌를 받는다. 그리고 1979년부터 시작된 제2차 대성동 종합개발공사 때에는 작업에 투입된 인원에 대한 신변 호보, 월북 방지 등이 주요 임무로 부과되었다. 아울러 비무장지대 내에서의 임무를 충실히 하기 위하여 매달 정기적인 사격 훈련을 하고 마을 내부 경계임무가 줄어드는 가을철과 여름철에는 자체 훈련을 실시하여 평소 업무에 쫓겨 소홀하기 쉬웠던 군인 기본 훈련과 체력단련을 실시하고 있다.

한편 민정반은 정부 부서에서 요구한 사항에 대하여 최대한 노력을 아끼지 않는다는 원칙 속에서 대성동 마을의 개발, 복지, 소득 증진과 관련된 정부 부서 관리들의 출입을 권장하며 협조하고 있다.

## 3) 마을의 운영

### (1) 이장의 임무와 민정장교 및 사령관과의 관계

이장은 마을의 전반적인 관리 및 복지 그리고 행정에 대한 책임을 지고 있으며, 일상업무를 수행할 때는 군청 및 도청 직원에 대해 마을을 대표한다. 그리고 운영위원회와 마을회의를 소집할 권리를 가진다. 뿐만 아니라 필요시 운영위원들과 함께, 또는 단독으로 사령관을 만나 제반사항을 논의하며 일상업무는 민정장교와 협조하여 수행한다.

이장은 부락에 관한 모든 문제에 대하여 민정장교와 민정반원에게 조력해야 할 의무가 있다. 만일 이장과 민정장교 사이에 의견차이가 생기면 규정에 입각하여 의사결정을 하고 그것이 불가능할 경우 사령관이 해결한다.

이장은 마을 복지를 위한 목적으로 운영위원과 사령관이 사전에 승인한 활동이 아니면, 대성동 마을과 주민을 연루시켜 이익의 동기가 되거나 이익을 얻기 위한 행동에 가담할 수 없다. 즉 어떠한 경우에도 마을운영위원회 및 사령관의 승인을 먼저 얻지 아니하고서는 마을이나 마을의 자원을 손상할 수 없으며, 특히 마을 내 자원을 반출해야 할 경우에는 행정관서의 승인, 운영위원회의 동의, 사령관의 승인을 받아야 한다.

### (2) 이장의 임기와 선출

이장의 임기는 매년 1월 1일부터 12월 31일까지 1년이며, 주민의 투표에 의하여 선출된다. 그리고 중임 횟수는 제한받지 않는다. 투표권은 주민등록증 소지자, 즉 18세 이상 대성동 주민에게 주어지며, 피선거권은 25세 이상 주민에게 주어진다. 투표는 비밀투표로 하며, 선거는 사령관 혹은 그가 임명한 대행자의 감독 하에 운영위원회가 관리한다.

이장 선출은 두 차례의 투표를 통해서 이루어진다. 먼저 매년 12월 20일 이전에 이장 후보 3명을 선출한 후, 이들 후보를 대상으로 결선 투표가 실시된다. 결선 투표일은 민정반이 별도로 주민에게 공지하나, 최근 들어 대체로 12월 셋째 화요일에 실시되고 있다. 그리고 과반수를 득표하면 이장으로 선출된다.[15]

---

15) 「규정」에는 투표권이 20세 이상 주민에게 주어진다고 되어 있으나 실제로는 18세

### (3) 마을회의와 운영위원회

대성동에는 마을회의와 운영위원회가 있다. 회의는 모두 이장이 소집한다. 회의는 과반수 출석으로 개회하고, 출석인원의 과반수 찬성으로 안건이 가결된다. 그런데 대성동이 외부와 일정하게 격리되어 있는 마을의 특성상, 회의가 소집되면 성원 미달로 유회되는 경우는 극히 드물다.

마을회의는 이장과 운영위원 선거 등 마을 중대사가 있을 때 소집된다. 선거 등의 경우에는 투표권을 지닌 18세 이상 주민들이 모두 참석하나, 기타의 경우에는 세대주들이 참석한다. 「규정」에는 마을회의를 적어도 4개월에 한 번 씩 연간 3회 개최하도록 규정되어 있으나 실제로는 안건이 있을 때 부정기적으로 소집된다.

운영위원회는 마을의 각종 사안을 협의하기 위하여 수시로 소집된다.[16] 운영위원회는 이장, 수리조합장 2명, 부녀회장, 청년회장, 대성동국민학교 육성회장, 새마을지도자, 마을 3개 반의 반장[17] 등 10명으로 구성된다. 이장과 수리조합장, 새마을지도자는 마을회의에서 선출하며, 부녀회장은 부녀회에서, 청년회장은 청년회에서, 육성회장은 대성동국민학교 육성회에서 각각 선출한다. 그리고 마을의 3개 반 반장은 이장이 임명한다. 반장의 경우 이전에는 마을회의에서 또는 각 반에서 선출하기도 하였으나, 최근에는 이장과의 업무협조를 위하여 이장이 임명하고 있다.[18]

---

이상 되는 주민에게 주어지고 있다. 그리고 이장 결선투표 역시 「규정」에는 매년 마지막 주에 실시하도록 규정되어 있으나, 실제로는 특별한 일이 없는 한 12월 셋째 화요일에 실시되고 있다.

16) 「규정」에는 최소한 2주일에 한 번씩 소집하도록 되어있으나 실제로는 필요시 소집되고 있다.

17) 대성동 전 세대는 3개 반으로 나누어져 있으며, 각 반에는 반장이 있다.

## (4) 마을 재정

대성동 주민들은 납세의 의무를 면제받고 있다. 그리고 마을에 필요한 각종 사업은 대한민국정부에서 예산을 지출하여 시행하고 있다. 그러나 마을 운영에 필요한 경비는 자체에서 조달하고 있는데, 그 방법은 1982년경을 전후하여 큰 차이를 보이고 있다.

그 이전에는 필요한 경비를 주민들로부터 징수하여 지출하였다. 사용처는 공공보수, 행정사무용품비, 업무여비, 기념행사비, 섭외비 등이었다.

1977년 대성동 마을의 세입 세출을 살펴보면, 총 94만 7,492원을 징수하여 같은 금액을 지출하였다. 세입 확보를 위하여 각 세대 당 벼 수확량과 경작지 평수에 비례한 일정 금액을 부과하였다. 즉, 당해연도 대성리 마을의 경작지 평수가 61만 9,345평이었는데, 1평당 0.7원을 부과하여 43만 3,542원을 징수하였다. 그리고 벼 수확량 1만 4,301가마 중 1만 3,525가마에 가마당 38원이 부과되어 51만 3,950원을 징수하였다. 세출은 대성동국민학교 졸업식비 2만 원, 기념품비 15만 원, 사무비 3만 원, 출장비 15만 원, 섭외비 8만 원, 접대비 5만 원, 예비비 20만 원, 76년도 부족금 7만 9,003원, 공공건물 관리 및 보수비 18만 8,489원이었다.

1982년경부터는 필요 경비를 주민들로부터 징수하지 않고, 주민들이 적립하여 조성한 기금을 운용하여 충당하고 있다. 기금 원금을 필요한 주민에게 대출하고 그 이자로 필요한 경비를 지출하고 있는 것이다. 현재 기금은 방문객 접대비, 매년 구정에 실시하는 인근 부대 위문비, 기타 분야 등에 사용하고 있다. 회계연도는 매년 1월 1일부터 12월 31일까지

---

18) 「규정」에는 운영위원 전원을 마을회의에서 선출하도록 되어있으나 실제로는 다르게 운영된다.

이며, 이장 선거 직전에 열리는 마을회의에서 결산한다.

그리고 일부 운영위원에게 약간의 연봉이 지급되는데, 이는 주민들로부터 징수하여 지급하고 있다. 현재 이장에게는 세대 당 쌀 한 가마씩 총 46가마가, 반장에게는 각 반에서 세대 당 쌀 한 말씩, 수리조합장에게는 200만원이 지급되고 있다. 그리고 새마을지도자에게도 보수가 지급되는데 이는 파주군 군내면출장소에서 부담하고 있다.

## 4) 대성동 주민권

대성동 주민은 최소 8개월 이상 마을에 거주하여야만 주민권 즉, 마을 거주권이 주어진다. 모든 주민들은 대성동 외부에 출입할 때 민정반에 신고해야 하며, 일몰시 민정반 병사들이 모든 세대의 인원을 점검한다. 이 과정에서 대성동 주민이 1년에 8개월 이상을 거주하였는지를 민정반에서 파악하는 것이다. 그래서 8개월 이상 거주하지 않은 주민은 장기 외부체류자로 간주되어 대성동 주민으로서 인정받을 권리와 미래에도 주민권을 요구할 권리를 상실한다. 세대주는 반드시 마을에 거주하여야 한다. 그러나 입원환자, 대성동 외부에 취학하는 자녀의 시중을 드는 사람, 사회 경험을 얻기 위하여 사령관에게 1년 동안의 기간을 허가 받은 사람 또는 유사한 경우에 사령관의 승인을 받은 사람은 예외로 하고 있다. 이 경우 반드시 재학증명서, 재직증명서, 장기입원증명서, 기타 사유서를 매년 민정반에 제출하여야 한다.

주민권을 가진 모든 주민에게는 민정장교 명의의 패스가 발행된다. 매년 7월 1일 모든 패스를 검토하며 주민권 소유조건을 구비하지 못한 자의 패스는 무효화시킨다. 방문객에 관한 방침이행, 통금조사, 증명서발급, 최저규정조건 등을 이행하지 못한 주민에 대해서는 주민권이 박탈된다. 이장과 운영위원들은 주민권 박탈에 관해 토의한 후 민정장교를 통해 사령관에게 제출하며 주민권 박탈에 관한 최종결정은 사령관이 결정한다. 그러나 주민권을 박탈당한 주민이 장남이거나 아들이 없는 집안의 장녀일 경우, 그 부모가 생활력을 상실하여 시중들 사람이 필요할 때에는 귀촌 허가요청서를 제출할 수 있다. 한편 마을에 거주하는 가족의 아들이 주민이 아닌 여자와 결혼하는 경우 새 세대주가 될 수 있다.

대성동 주민에게 주어진 의무의 하나는 해가 질 때까지 마을로 돌아와야 하며, 밤 11시까지 모든 사람들은 자기 집에 와 있어야 한다는 것이다. 또한 외출은 날이 밝은 후 가능하다.

## 5) 대성동 출입자

### (1) 대성동 노무자

대성동 주민들은 많은 토지를 경작하므로 가족 노동력만으로는 경작이 불가능하여 노무자를 고용하고 있다. 그러나 노무자가 대성동을 출입하기 위해서는 입촌 전에 한국 경찰서의 신원 조회 결과가 나와 있어야 하며, 결격 사유가 없는 신원 조회 결과를 정부의 관계기관으로부터 접수할 때까지 주민은 노무자의 '패스'를 신청하지 못한다. 이전에는 신원조회 과정이 보통 2개월 이상 소요되었기 때문에 주민이 춘계 파종 시기에 노무자를 고용하기 위해서는 매년 1월 31일까지 모든 노무자의 한국 경찰 신원 조회 서류를 완성해야 하였다. 노무자가 한국 경찰 신원 조회를 한 번 받으면 2년 동안 계속 대성동 입촌이 허가되었다.

그러나 최근에는 신원조회에 일주일 내지 10일 정도의 기간이 소요되기 때문에, 주민들이 노무자를 고용하기 위하여 필요한 신원조회는 수시로 신청할 수 있게 되었다. 그리고 1995년부터 한 번 신원 조회를 받으면 5년 동안 대성동 입촌이 허용되고 있다.

「규정」에는 노무자에게 지급되는 임금이 마을 내에서는 균일해야 한다고 규정되어 있다. 그러나 실제로는 노무자를 고용한 세대마다 일정한 차이를 보이고 있다. 한편 노무자들은 노임을 인상시킬 목적으로 다른 노무자와 담합해서는 안 되며 이를 어길 시에는 마을에서 추방된다. 뿐만 아니라 고용주를 바꾸어서 다른 집에 고용되고자 하는 노무자는 전 고용주와 새 고용주의 완전한 합의가 이루어진 경우에만 가능하며, 노무자는 노무자로서의 역할을 수행할 때 노무자로 인정된다. 즉, 방문객 혹은 친척이 노무자로 전용되어 노동을 하지 않는 경우에는 인정되지 않는다.

고용할 수 있는 노무자의 수에 있어서 각 세대 당 2명의 노무자를 둘 수 있으며 이장을 비롯한 운영위원회 위원은 3명까지 둘 수 있다. 만일 각 세대가 2명의 노무자를 초과하여 3명 이상의 노무자가 필요한 경우 노무자가 필요 없는 세대의 명의를 빌려 노무자를 고용할 수 있으며, 이 때는 반드시 노무자가 필요 없는 세대로부터 서류 형식의 동의서를 받아야 한다.

### (2) 대성동 방문객

마을의 지리적 특수성 때문에 대성동을 방문한다는 것이 거의 불가능하였으나, 1976년 민간업자에 의하여 버스가 왕래함에 따라, 엄격한 신원 조회를 마친 후 당일 방문이 가능해졌다. 그 후 1980년부터는 신원 조회 없이 방문이 가능하게 되어 많은 사람들이 대성동을 방문하였다. 그러나 곧 방문을 엄격히 규제하기 시작하여 1982년 2월부터 공무원은 국장급 이상의 관리가 서명한 약식 신원 조회 서류를 첨부하여 출입 신청을 하여야 하며, 민간인인 경우 주거지 경찰서장의 신원 보증이나 한국 경찰 신원 조회를 마친 후 출입 신청을 하여야 비로소 입촌을 할 수 있게 되었다. 특히 민간인이 대성동을 방문하기 위해서는 주민의 초청이 있어야 한다.

입촌 후 방문객은 마을 내에서만 활동하여야 하며 마을을 이탈할 때에는 민정반에 신고하여야 한다. 방문객은 마을을 완전히 떠나기 전까지 민정반 병사의 호위를 받아야 하며, 마을에 있는 동안 주민이나 노무자에게 적용되는 모든 기준을 적용받는다.

한편 대성동 외부에 거주하는 주민의 가족은 1년 방문 패스가 발급되어 수시로 대성동을 방문할 수 있다. 이는 대성동 주민의 자녀들이 외부에서 직장을 구하는 경우가 증가하면서 취해진 조치이다.


## 4. 맺음말

이곳 대성동 주민들은 정부로부터 많은 혜택을 받고 있으면서, 동시에 큰 제한을 받고 있다. 참정권과 교육을 받을 권리를 가지는 면은 다른 지역의 국민들과 같으나, 국방의 의무와 납세의 의무를 면제받고 있으며, 정부로부터 각종 지원을 받는 혜택을 누리고 있다. 그러나 거주 이전의 자유를 포함하여 여러 가지 제한을 받아 생활에 큰 불편을 느끼고 있다.

이 모든 것이 대성동이 비무장지대 안에 위치하고 있기에 주어진 특혜이고 제한인 것이다. 그런 면에서 대성동은 철저히 분단체제의 산물이라고 할 수 있다.

(『파주군지』 하, 파주군, 1995.6)

제 **3** 부

경기지역문화와 문화정책

# 경기도 향토자원의
# 활용실태와 개발방향

## 1. 머리말

향토자원은 지역경제를 활성화시키고, 정체성을 확립하는데 매우 유용한 자원이다. 경기도에는 이와 같은 향토자원이 많이 있다. 농촌진흥청 농촌생활연구소가 발간한 『전통지식 자원 활용실태 조사보고서』에 따르면, 경기도에서 2002년 기준으로 활용되고 있는 향토자원은 모두 1,320 건에 이른다.[1] 경기도를 포함하여 각 지방자치단체는 향토자료를 활용하여 지역 경제를 활성화시키기 위해 많은 투자를 하고 있으나, 기대한 만큼의 효과를 거두지 못하고 있다.

이 글은 경기도의 향토자원 활용실태를 분석하여 성공요인과 한계에 부딪힌 원인이 무엇인지를 분석하였다. 이를 바탕으로 향토자원을 성공적으로 활용하기 위한 방안과 경기도에서 성공 가능성이 높은 향토자원

---

1) 농촌생활연구소, 2003, 『전통지식 자원 활용실태 조사보고서』, 14쪽.

사례를 제시하였다.


## 2. 경기도 향토자원 활용실태

경기도에는 앞에서 살펴본 바처럼 1,320건의 향토자원이 활용되고 있다. 이 중 생활기술자원이 501건, 유적·유물 126건, 민속 54건, 공동체 활동 252건, 경관 278건, 전시관 109개가 있다.[2]

경기도 향토자원을 16개 광역자치단체와 비교하면, 생활기술, 민속, 전시관은 전국에서 가장 많은 편이며, 나머지 자원도 대체로 상위권에 들어 있다. 이는 경기도 인구가 16개 광역시도중 가장 많은 것과 무관하지 않은 것으로 보인다.

경기도 향토자원은 상품화된 것이 396건이고, 향토음식으로 활용되는 것이 87건, 축제로는 288건, 교육공간으로 활용되는 것이 109건, 관광자원으로 372건, 공모전에 제출된 것이 68건이다. 경기도 향토자원의 활용을 위한 사업 주체는 개인이 578건, 민간단체가 335건, 지방자치단체가 352건, 중앙기관이 56건으로 개인이 가장 많으며 이는 전국적으로 보편적인 현상이다.[3]

---

2) 향토자원은 유형자원, 무형자원, 환경자원으로 나눌 수 있는데, 유형자원은 다시 전통지식으로 생성된 생업기술, 토종생물, 의약, 의식주에 관련된 생활기술자원과 유적·유물로 나누어진다. 무형자원은 전통 공동체문화의 소산으로서 춤·음악, 놀이 등의 민속과 다양한 지역적 공동체 활동으로 나눌 수 있다. 환경자원은 전통지식을 기반으로 조성되는 자연경관과 전통지식자원의 보존·활용을 위한 공간으로서 박물관, 문화원 등의 전시관으로 나눌 수 있다(농촌생활연구소, 위의 책, 7쪽).
3) 농촌생활연구소, 위의 책, 15~18쪽.

# 3. 경기도의 대표적인 향토자원 활용사례[4]

본장에서는 경기도에서 활용되고 있는 향토자원 1,320건 중 5개의 대표 사례를 선정해서 분석하였다. 선정은 농촌생활연구소가 『전통지식 자원 활용실태 조사보고서』에서 선정한 경기도 사례에서 발췌한 것이다

## 1) 상품화 사례

전통기술을 활용하여 상품화한 사례로는 안성마춤 브랜드와 가평 장지방 전통한지를 들 수 있다

### (1) 안성 안성마춤 브랜드

안성마춤 브랜드는 안성시가 쌀, 포도, 배, 한우, 인삼 등 5개 품종 농축산물의 인지도를 높여서 고품질 농특산물로 판매하기 위해 브랜드화한 것이다. 안성시가 1995년 안성마춤 브랜드를 출원, 1999년 상표 등록을 마친 후, 2000년에는 안성마춤 상표 사용에 관한 조례를 제정하여 안성마춤 브랜드의 품질관리에 필요한 제도적 장치를 마련하였다.

상표등록을 전후하여 안성마춤 제품은 전국 쌀 품평회와 경기미 품평회, 전국 한우경진대회, 전국 우수과일 품평회, 전국 인삼품평회에서 모두 대상 또는 우수한 성적으로 입상하였다. 뿐만 아니라 브랜드에 참여한 농가 및 축산가의 숫자와 소득도 크게 증가하였다. 쌀농사는 2002

---

4) 이 부분은 농촌생활연구소, 위의 책, 「4장 전통지식 자원을 활용한 지역 활성화 사례 조사」를 많이 참조하였다.

년에는 1,000농가가 참여하였으나, 2006년에는 7,363농가가 참여하여 900억 원을, 포도는 2002년에는 200농가가, 2006년에는 939농가가 상표를 사용하고 있으며 116억 6,500만 원을, 배는 2002년에 250농가가 상표를 사용하였으며, 2006년에는 1,368농가에서 사용하고 있고 450억 원을, 인삼은 236농가에서 203ha를 재배하여 연 600톤을 수확하여 400억 원의 농가수익을 올리고 있다. 한우는 2002년에는 250농가가, 2006년에는 965농가가 상표를 사용하고 있으며 연 469억 1,200만 원의 수익을 올리고 있다.

안성마춤 브랜드가 이처럼 성공할 수 있었던 것은 안성을 상징하는 안성마춤이라는 테마를 선정한 후, 최고 품질의 명품 브랜드를 생산하겠다는 차별성, 엄격한 품질관리, 고품질 고가 원칙, 리콜제 등을 시행하였기 때문이다. 이를 위해 안성시는 생산자와 농협을 네트워크로 연결하고, 서로 역할을 분담했다. 농가는 최고 품질의 농축산물 생산에 주력하고, 농협은 유통을 담당하였으며, 안성시는 기획 및 예산지원과 홍보를 맡았는데, 2001년부터 38억 원을 투자하여 공중파, 케이블TV, 지하철 광고 등에 광고를 시행하였다.5)

### (2) 가평 장지방

가평 장지방 전통한지는 경기도 가평군에 소재하는 전통한지 생산업체이다. 대표인 장용훈은 경기도 무형문화재 지장분야 제16호로 지정되어 있고, 특허청에 특허와 의장등록이 되어 있다. 대표인 장용훈의

---

5) 『인터넷 일요신문』 2006년 5월 18일.
(http://www.inews.org/Snews/11/articleshow.php?Domain=ilyo&No=11445).

증조부가 1938년부터 문창호지를 전문적으로 생산한 이후 4대째 이어 오면서 독창적으로 한지 30여 종을 개발하여 제작, 판매하고 있다. 전통적인 방법으로 한지를 생산하고 있는데, 제품이 우수하고, 언론에 여러 차례 보도되어 제작된 한지는 모두 판매되고 있다. 하루에 400여 장의 한지를 생산하는데, 2002년에는 월 순수익이 400~500만 원이었으나, 현재는 그 몇 배가 된다고 한다. 생산량 중 절반은 국내에서 소비하고, 나머지 절반은 일본에 수출되고 있다. 국내 판매는 인사동·한국관광공사·무형문화재전수회에서 판매하거나 개인적으로 찾아오는 고객에게 판매하고 있다.

그런데 제조기술을 기계화하지 못해 생산량이 늘지 않는 것이 문제이다. 생산된 것이 모두 판매되기에 특별한 마케팅을 하고 있지 않으며, 인터넷을 통한 홍보도 거의 이루어지지 않고 있다. 가평군청 홈페이지에도 장지는 경기도 무형문화재 지장으로만 소개되고 있으며, 가평군청이 운영하는 가평인터넷 쇼핑몰6)에서도 거래되고 있지 않다.

## 2) 지역축제화 사례 : 파주 장단 콩 축제

파주 장단 콩 축제는 1997년부터 경기도 파주시가 장단 콩을 지역 특산품으로 만들기 위해 개최하고 있는 축제이다. 장단 콩은 조선시대에는 임금에게 진상된 우수한 농산품이었는데, 장단 콩이 파주에서 다시 재배되기 시작한 것은 1970년대 초 파주에 통일촌이 조성되고 입주자들이 장단 콩을 심기 시작하면서부터였다.

---

6) http://www.gpfarm.co.kr.

파주시는 장단 콩을 특산화 상품으로 개발하기 위해 1990년대부터 특산화 전략을 추진하였다. 1단계로 장단 콩 재배면적을 넓혔고, 2단계로 장단 콩 가공사업을 추진하였으며, 3단계로 유통체계를 구축하여 판매확대정책을 펼쳤다. 장단 콩 축제를 개최한데 이어, 장단 콩 기계화생력단지를 조성하고, 장단 콩 장류가공시설을 운영하여 장단 콩 일관 생산체계를 구축하였다. 뿐만 아니라 파주시는 파주특산물 인터넷 쇼핑몰[7]을 운영하여 장단 콩 판매를 크게 증대시켰다.

그 결과 장단 콩 재배면적은 1997년에 20ha에서 2004년에 505ha로, 참여농가는 1997년 50농가에서 2004년 460농가로, 판매액도 1997년에 8,000만원에서 2004년 50억 원으로 각각 늘어나는 등 장단 콩의 브랜드화는 성공하였다.[8]

## 3) 관광자원화 사례

### (1) 양평 명달리 생태산촌마을

양평 명달리 생태산촌마을은 농촌진흥청이 지정한 전통테마마을이다. 2002년 농촌진흥청으로부터 농촌전통테마마을 시범사업 대상지로 선정되었으며, 자연환경을 이용한 산촌체험프로그램을 운영하고 있고, 학생, 대기업 임원 등이 들어와 우렁이 농법을 이용한 논농사 체험, 밭농사 체험, 숲 조성을 위한 가지치기, 간벌, 잡초제거, 소유곡 계곡 체험 등을 하고 있다. 체험마을로서 정착될 수 있었던 요인은 단순 관람형이 아

---

7) http://www.pajufarm.co.kr
8) 이혁근, 2004, 「파주 장단 콩 특산화 사업 추진 사례」, 『한국콩연구회지』 21권 1호.

닌 주민과 함께 하는 산촌체험을 통해서 주민들이 체험가이드 역할을 하여 타 관광과 차별화시키고, 인터넷 홈페이지[9]를 통해 홍보도 하고 체험 관광을 예약할 수 있도록 하는 등의 마케팅을 한 결과이다.

그러나 '명달리 생태산촌 만들기' 프로젝트에 참여한 농가수가 아직 적고 관련 기관간의 유기적인 협조체제가 부족한 점이 보완할 점이다.

### (2) 파주 DMZ 관광

세계 유일의 민족 분단 현장이면서 남북교류의 현장인 파주 임진각 북쪽 DMZ를 관광 상품화한 것이다. 통일부와 철도청, 국방부, 파주시가 공동으로 추진하고 있으며, 관광 코스는 도라산역, 제3땅굴, 도라전망대, 임진각 평화누리 등이다. 1998년에 'DMZ 녹슬은 철조망'을, 2002년에는 제3땅굴의 돌을 이용한 'DMZ 평화석'을 상품화하였다. DMZ 관광은 파주 지역경제 활성화에 일정 정도 기여 하였으나 그 효과는 크지 않다.[10]

## 4. 경기도 향토자원 활용 사례 분석

향토자원이 모범적으로 개발되고 활용되기 위해서는 첫째, 테마가 창의적이고 지역성을 지닌 독특한 것이어야 하며, 둘째, 주제와 일관성 있는 프로그램이 개발되어야 하고, 셋째, 향토자원의 특성에 적합한 마케팅

---

9) http://ecosanchon.invil.org.
10) 강진갑 외, 2003, 「파주」, 『문화환경가꾸기 2003 문화환경진단』, 문화관광부 · 한국 문화관광정책연구원.

과 홍보가 이루어져야 한다. 넷째, 가장 중요한 것으로 지방자치단체가 향토자원 개발, 활용에 대한 리더십과 기획, 전략적인 지원정책이 이루어져야 하고, 관련기관간의 다양한 협력관계를 확보하여야 한다.[11]

앞에서 살펴본 5개의 사례 모두 테마 선정은 적절하였다. 안성시의 안성마춤 브랜드와 파주 장단콩 축제는 프로그램과 마케팅, 자치단체의 리더십 모두가 훌륭하게 이루어져 성공할 수 있었으며 지역경제 활성화에도 크게 기여하였다.

양평 명달리 생태촌 마을도 프로그램이 훌륭하여 성공적인 활용사례로 평가할 수 있으나 마케팅과 자치단체를 포함한 관련기관간의 협조가 원활히 이루어진다면 더 나은 성과를 거둘 수 있을 것으로 보인다. 장지방의 경우 생산이 수요를 따라가지 못한 경우이다. 관련기관과 협력해서 기술 개발이 이루어진다면, 유형문화재의 성공적인 문화산업화 사례가 될 것이다.

파주 DMZ관광은 지역경제 활성화에 기여하지 못하고 있다. 그 이유는 프로그램과 마케팅이 분단에 초점을 맞추고 있기 때문이다. 20세기 말부터 남북관계는 대립에서 대화의 길로 가고 있다. 파주는 분단으로 인해 가장 큰 고통을 받은 지역이었으나, 21세기에 들어 남북교류의 중심지, 평화의 상징터가 되고 있다. 그래서 2005년 임진각 일대에 평화누리가 조성되었고, 평화축제도 개최되었다. 그러므로 파주 DMZ관광도 '분단을 극복하고 대화와 평화의 길로 가는 파주'라는데 초점을 잡고 프로그램을 재구성하고 마케팅을 해야 할 것이다.

---

11) 김현호·한표환, 2004, 『지역발전을 위한 향토자원의 개발 및 활용방안』, 한국지방행정연구원(http://www.krila.re.kr/02_sub/sub01.asp?mode=v&num=200).

## 5. 맺음말 : 경기도 향토자원의 개발방향

향토자원을 성공적으로 개발하고 활용하기 위해서는 테마 발굴부터 프로그램 구성, 홍보 마케팅에 이르는 전 과정이 적절하게 이루어져야 한다.

첫째, 향토자원 조사 발굴 단계에서 전문가에 의한 조사가 이루어지고 데이터베이스가 구축되어야 한다. 그리고 향토자원의 시장성을 면밀히 검토해야 한다. 그러나 향토자원을 시장성 여부만으로 발굴, 활용 여부를 결정해서는 안 된다. 향토자원은 시장성이 떨어진다 하더라도 지역의 정체성을 확립하는데 기여할 경우 개발 활용할 수 있다. 따라서 테마 발굴 시 향토자원 활용목적이 지역경제 활성화인지, 지역정체성 확립인지를 정확히 설정해야 한다.

둘째, 개발 육성단계에서 컨설팅 기능이 강화되어야 하고, 적절한 프로그램이 마련되어야 하며, 기술개발이 이루어져야 한다.

셋째, 홍보 마케팅 단계에서 공급자가 아닌 수요자에 맞춘 전략이 수립되어야 한다. 그리고 21세기 정보화시대에 맞추어 인터넷을 활용한 홍보와 전자상거래가 이루어져야 한다. 앞에서 살펴본 5개 사례 중 안성마춤 브랜드, 장단 콩, 양평 명달리 생태산촌마을의 경우 인터넷을 어느 정도 이용하고 있으나, DMZ 관광과 장지방은 DMZ를 소개하거나 무형문화재로서의 한지를 소개하는데 그치고, 전자상거래는 이루어지지 않고 있다.[12]

넷째, 지방자치단체와 중앙정부, 관련 단체 간의 유기적인 협조체제

---

12) 김현호 외, 위의 책.

구축을 통한 공공영역에서의 리더십 발휘이다. 그리고 지적재산권을 보장해주기 위한 조치, 도로 등 필요한 기반시설 구축을 포함하여 향토자원 개발에 필요한 적절한 지원이 이루어져야 한다.[13]

경기도에는 앞에서 살펴본 사례 이외에도 이미 개발되었거나 개발할 향토자료가 많이 있다. 수원의 화성, 수원 갈비, 경기도 도당굿[14], 이천과 여주·광주의 도자기, 안성 남사당놀이, 화성의 효 교육자원화, 안양유원지의 예술공원화, 광주 남한산성의 역사주제 공원화[15], 구리 동구릉과 고구려 테마공원 조성, 남양주 실학박물관, 연천 선사박물관 및 전곡리 구석기문화제, 포천 막걸리, 파주 평화축전과 평화 누리, 대성동, 양주 관아거리, 양주별산대놀이, 소놀이굿, 상여회다지소리 등이 그 예이다.

경기도가 향토자원을 성공적으로 활용하기 위하 위한 시스템을 갖춘다면, 앞의 사례를 포함하여 1,320건의 경기도 향토자원은 지역경제 활성화와 지역 정체성 확립에 유용한 자원이 될 수 있을 것이다.

(『농촌자원과 생활』 2006년 춘계호)

---

13) 강진갑, 2006, 「배영동 교수의 향토자원의 활용을 위한 시스템 구축과 지원정책 방향에 대한 의견」, 『전통지식기술의 향토자원화 방안』, 농촌진흥청 농업과학기술원·한국지역사회생활과학회, 51쪽.

14) 강진갑, 2002, 「21세기 지식기반사회와 문화정책의 방향」, 『기전문화예술』 11·12월호, 35쪽.

15) 강진갑 외, 1999, 『남한산성 품에 안긴 산성마을』, 41~45쪽.

# 수원지역 문화콘텐츠 제작 현황과 활성화를 위한 제언

## 1. 머리말

21세기는 문화의 시대이다. 문화의 시대에 사람들의 문화향유 형태는 소극적인 감상 위주에서 직접 참여하고 향유하는 적극적인 것이 중시되고 있다. 사람들은 이성적인 효용의 비교에 의한 소비가 아니라 느끼고 좋아할 수 있는 감성적인 소비를 선호할 것이고 이에 따라 감성과 감동, 그리고 재미가 모든 산업에서 강조될 것이다. 여기에 디지털 기술 발달에 따라 사이버 공간에서의 가상현실을 다루는 디지털시대의 문화산업이 발달될 것으로 전망된다.

이러한 변화 속에서 건전하고 생산적인 '노는 것'들을 제공하는 상품의 개발은 상상할 수 없을 정도로 발전하고 있다. 그리고 사람들에게 재미와 감동을 주는 상품이나 콘텐츠를 만드는 것이 엄청난 부가가치를 창조할 것으로 예상된다. 문화산업, 혹은 문화콘텐츠산업이 세기의 관심 산업으

로 떠오른 것도 그것이 엄청난 부가가치를 창조한다는 사실에 기인한다.[1]

　문화콘텐츠산업이 발달하기 위해서는 문화콘텐츠의 제작이 풍부하게 이루어져야 한다. 특히 지역문화자원은 한국 문화자원의 보고이기에, 지역문화자원의 문화콘텐츠화는 문화산업 발달의 기초가 된다.

　본고에서는 먼저 우리나라 지역문화콘텐츠 제작 현황을 살펴보고, 수원지역 문화콘텐츠 제작 현황과 과제를 제시해보고자 한다.

　참고로 '콘텐츠'란 단어가 내용물을 지칭하는 것으로 이전부터 있었지만, 근년에 들어 한국사회에서 영화・음악・애니메이션・게임・캐릭터와 각종 정보자료나 도서 저작물 중, 디지털 기술을 이용하여 저작되었거나 디지털 미디어를 이용하여 유통되는 내용물을 뜻하고 있다.[2] 그러나 여기에서는 콘텐츠 전반을 다루지 않고 인터넷에 수록된 콘텐츠에 한정해서 살펴보고자 한다.


## 2. 지역문화콘텐츠 제작 현황[3]

　인터넷을 통해 제공되는 지역문화의 콘텐츠화 작업은 지방자치단체,

---

1) 강진갑, 2002, 「디지털 문화콘텐츠 개발과정에서 향토사학자의 역할」, 『한국향토사연구회보』 14, 1~2쪽.
2) 김현, 2003, 「인문콘텐츠를 위한 정보화 연구 추진방향」, 『인문 콘텐츠』 창간호, 인문콘텐츠학회, 29쪽.
3) 필자는 2004년 6월 5일 한국정신문화연구원과 한국향토사연구전국협의회가 '한국향토문화전자대전 편찬작업 어떻게 할 것인가'를 주제로 공동으로 개최한 심포지엄에서 '향토문화자원의 디지털콘텐츠 제작현황과 특징'이란 글을 발표한 바 있다. 이 발표문에서 지역 문화콘텐츠 실태를 분석하였는데, 본장은 이 글을 재구성한 것이다.

민간, 그리고 중앙정부에 의해 진행되고 있는데 이를 살펴보면 다음과
같다.

## 1) 지방자치단체 제작 콘텐츠

지역문화자원의 콘텐츠화는 지방자치단체가 중심적 역할을 수행하고
있다. 각 지방자치단체가 홈페이지를 통해 제공하는 지역문화자원 관련
정보는 매우 다양하다. 지역의 역사와 연혁, 지명유래, 전설, 민속, 지역
축제, 문화유산, 특산물, 인물, 그리고 지역 문화예술 행사 및 시설, 지역
소재 예술작품, 관광자원, 관광시설, 관광코스, 관광쇼핑, 여가시설 등이
그것이다. 그리고 제공되는 정보 유형은 텍스트, 이미지, 동영상, 가상현
실 등이 있다.

향토지는 지역문화정보를 가장 체계적으로 정리한 책이다. 그래서 전
국 232개 시·군 중 신설된 곳을 제외하고 대부분 시·군지 등의 향토지
가 발간되었다. 그 중 일부 자치단체는 발간된 향토지의 내용을 홈페이
지를 통해 서비스하고 있는데, 경기도의 경우 하남시·남양주시·평택
시 등이다

하남시와 남양주시는 출판된 내용을 그대로 홈페이지를 통해 서비스
를 제공하고 있다. 목차, 본문 단어 검색 기능과 색인 기능이 있고, 텍스
트, 2D이미지 등으로 구성되어 있다.

평택시 역시 2003년 전 2권으로 발간된 『평택시사』를 출판된 내용 그
대로 2004년에 홈페이지에 올려 서비스를 제공하고 있다. 기능은 본문
단어 및 목차 검색, 색인, 본문 사진 확대, 주석 연결, 페이지 이동, 인쇄
등이 있으며, 동영상과 2D이미지를 제공하는 점은 다른 향토지와 비슷

하다. 그런데 게시판을 운영하여 쌍방향 소통을 하고 있으며, 이용 중 모르는 단어가 나올 시, 네이버, 엠파스, 야후, 구글, 다음, 한미르, 심마니 등의 포털 사이트 지식 검색기능과 바로 연결되어 궁금한 점을 해소할 수 있는 장치를 한 점이 특색이다.

향토지를 책으로만 출판할 때에 비해, 인터넷을 통해 서비스할 때 여러 가지 이점이 있다.

첫째, 책은 한정부수로 발간되기에 이용에 여러 가지 불편이 따른다. 그러나 인터넷을 통해 서비스될 때 인터넷에 접속할 수 있는 사람은 누구나 쉽게 이용할 수 있다.

둘째, 인터넷을 통해 제공되는 향토지 내용을 재편집하여 다양하게 활용할 수 있다. 예를 들어 자치단체에서 문화재 안내 책자를 제작할 때, '인터넷 향토지'에 수록된 내용 중 필요 부분만 발췌해서 재편집하여 출판하면 자료조사 및 사진촬영, 원고입력, 편집 등 비용절감을 할 수 있다. 이로 인한 예산 절감 효과는 매우 클 것이다.

셋째, 내용의 첨삭과 수정이 가능하다. 따라서 새로 발굴된 자료와 연구성과를 곧바로 반영할 수 있다.

그런데 향토지를 출판물 형태로 간행하는 것보다 인터넷을 통해 서비스하는 진정한 이점은 따로 있다

첫째, 출판물 형태의 향토지는 문자와 사진만을 수록할 수 있는데 반해 인터넷 향토지는 여기에 음향·동영상·플래시 애니메이션·3D 모델링 자료를 제공할 수 있다. 민속놀이를 예로 들면, 출판물 형태의 향토지에서는 놀이 내용을 사진과 문장으로만 표현할 수 있으나, 인터넷 향토지에는 놀이 내용을 오디오와 함께 동영상으로 제공할 수 있다.

둘째, 출판물은 지면의 한계로 인해 수록되는 내용이 제한되나, '인터

넷 향토지'는 용량에 제한을 받지 않는다.

그러나 인터넷으로 서비스되는 『남양주시지』, 『하남시사』, 『평택시사』는 '인터넷 향토지'가 갖는 진정한 이점을 보여주지 못하고 있다. 그 이유는 인터넷을 통해 서비스할 목적으로 향토지가 편찬된 것이 아니라, 출판을 목적으로 제작된 향토지를 출판 이후 인터넷에 올리기만 하였기 때문이다.

'인터넷 향토지'는 출판물 형태의 향토지와는 편찬 추진체제가 달라야 한다. 향토문화전자대전 사업처럼, 향토지 내용을 담당하는 편찬팀과 기술팀이 초기부터 결합되어야 한다. 그리고 원고와 사진 촬영만 하는 것이 아니라 멀티미디어 형태의 정보를 제공할 수 있도록 자료를 가공하여야 한다.4)

이상에서 살펴본 바처럼 지역문화자원 콘텐츠화는 지방자치단체 홈페이지를 통해 다양하게 이루어지고 있다.

그런데 일부 지방자치단체는 문자 및 2D이미지 중심의 서비스 제공에서 탈피하여, 인터넷이 가지는 장점을 살려 지역의 특성을 주제로 하는 콘텐츠를 제공하는 별도의 사이트를 구축하고 있다.

광역자치단체로는 제주도의 관광종합정보시스템(1996), 전라북도의 전통문화예술시스템(1997), 광주광역시의 문화예술 가상체험을 위한 멀티미디어 콘텐츠 개발(1998), 경상북도의 가상 경주세계문화엑스포와 전자 관광시장 구축(1998), 충청남도의 사이버 백제문화관 구축(1999), 경기도의 역사문화체험 가상현실 시스템 구축사업(2000~2003), 강원도의 강원지역 정

---

4) 강진갑, 2000, 「21세기 정보화시대 '인터넷 향토지' 편찬에 대하여」, 『향토사연구』 12집, 한국향토사연구전국협의회, 78~80쪽.

보인프라 구축(2001), 충청북도의 사이버 향토지방문화원 정보시스템(2001), 경상북도의 사이버 유교박물관 시스템(2002) 등을 들 수 있다.

기초자치단체에서 제작한 것으로는 나주시의 나주 마한 사이버문화, 역사박물관 및 관광정보센터(1999), 목포시의 가상 광역목포권 문화전자 관광시장 구축(1999), 정읍시의 정읍지역 역사, 문화 종합정보 시스템(1999) 등이 있다.

이들 사이트는 지역별 문화적 특색을 살리기 위하여 텍스트와 2D이미지만이 아니라, 애니메이션·동영상·가상현실 형태 등 다양한 유형으로 정보를 제공하고 있다.[5]

## 2) 중앙정부 제작 콘텐츠

중앙정부는 여러 부처에서 문화콘텐츠를 제작하고 있다. 문화관광부는 '전자박물관, 미술관, 문화재정보서비스(1995)', '사이버문화관을 위한 표준시범시스템(1997)', '남북통합문화관(1998)', '국가문화유산 종합서비스시스템(2000)', '문화예술종합정보시스템(2000)', '공연예술종합정보시스템(2001)', '전통사찰 관광안내종합정보시스템(2003)'을, 정보통신부는 '한국역사정보통합시스템(1999)', 행정자치부는 '정보화시범마을 조성추진(2001)' 등을 구축하였거나 구축하고 있다.[6]

중앙정부가 제작하여 공급하는 문화콘텐츠는 각 기관이 소장하는 문화재와 문헌, 박물관·사찰관련정보, DB로 구축된 각 기관별로 보유한

---

5) 한국정신문화연구원, 2004, 『한국향토문화전자대전 사업계획서』, 31쪽.
6) 한국정신문화연구원, 위의 책, 29~30쪽.

국악·공연예술·미술자료, 각 기관 관련 문화예술정보, 지역 활성화를 위한 지역특산물 및 관광정보 등 특정 주제 중심이다. 그리고 전문분야 중심으로 사업이 진행되기에 다른 문화콘텐츠 제작 사업에 비해 체계적이며, 사업도 연차적으로 진행되고, 1개 사업 당 투입되는 예산도 지방자치단체나 민간에 비해 상대적으로 많다. 그렇지만 중앙정부가 제작하는 문화콘텐츠는 소관 업무와 관련된 특정분야 자료 중 국가적 가치를 지니는 자료를 중심으로 제작되고 있으며, 지역문화차원에서 접근된 자료는 아니다.

### 3) 민간 영역에서의 제작 콘텐츠

개인, 기업, 단체 등이 관련 업무 및 개인적 취향에 따라 홈페이지를 구축하여 지역에 대한 정보를 제공하고 있다. 대표적인 사례가 전국문화원연합회인데 홈페이지에 한국향토문화자원, 지역축제, 전국향토문화공모전 수상논문이 수록되어 있다.

공공영역에서 제작 서비스하는 콘텐츠와 비교하면, 홈페이지 수는 비교가 되지 않을 정도로 다수이나, 개별 홈페이지 내 콘텐츠 양과 질은 대체로 떨어진다. 그리고 일부 콘텐츠는 사실 관계에서 확인되지 않은 정보가 수록되어 있다

## 3. 수원지역 문화콘텐츠 제작 현황

수원지역에서 제작된 인터넷 홈페이지 제작 실태를 파악하기위해 포

털 사이트 야후 코리아의 "지역정보/한국의 지방/경기도/시·군별/수원시" 범주에 들어 있는 2,612개의 홈페이지를 살펴보면 다음과 같다. 총 2,612개 홈페이지는 12개 범주로 나누어져 있는데, '엔터테인먼트'가 22개, '여가생활'이 33개, '여행·관광'이 45개, '예술'이 12개, '교육'이 271개, '뉴스와 미디어'가 3개, '건강·의학'이 17개, '비즈니스와 쇼핑'이 1,984개, '자연과학'이 2개, '지역공동체'가 213개, '지역안내'가 6개, '취업'관련이 4개이다. 이 중 문화분야 콘텐츠로 분류할 수 있는 것이 '여가생활' '여행·관광' '예술' '교육' '뉴스와 미디어' 범주에 속하는 홈페이지로 모두 386개이며 전체의 13.5%이다. 그런데 이 분석이 수원지역 홈페이지에 대한 정확한 분석이 될 수 없다. 왜냐하면 이 2,612개는 서로 중복되기도 하고, 여기에는 홈페이지에 주소를 정확히 밝힌 것만 들어 있어서 주소를 밝히지 않거나, 개인이 제작한 홈페이지는 들어있지 않기 때문이다. 그렇다 하더라도 수원 지역 인터넷 홈페이지의 대강 추이는 밝혀주고 있다

제작 주체는 각급 기관과 단체·기업 등이고, 내용은 기관·단체, 기업 소개, 행사 소개 등 다양하다.

## 1) 수원시 제작 콘텐츠

수원시 제작 홈페이지 중 수원시 홈페이지와 화성사업소 홈페이지를 살펴보면 다음과 같다.

수원시 홈페이지는 '열린시장실/시정정보/문화관광/민원/기업물가정보/생활정보/위생환경정보/시민참여/통계'로 구성되어 있고, 이 중 '시정정보'와 '문화 관광'에 수원의 역사와 문화 관련 내용이 다수 소

개되어 있다. '시정 정보' 하위 범주인 '수원시 소개' 범주에 수원시 역사, 수원시 유래, 전통 의전복, 수원시 지도, 수원의 인물, 심벌마크, 수원의 상징, 수원의 지명유래, 수원의 길 이름, 우리고장 수원 등이, '문화 관광 범주 하위 범주인 '문화재' 범주에 수원시 문화재, 축제, 문화 공간, 산·공원, 근교관광, 특산물·관광상품, 관광안내소가 각각 소개되어 있다.

눈길을 끄는 것은 수원시가 역점적으로 추진하는 아름다운 화장실 가꾸기사업이 '문화관광' 범주에서 소개되고 있다는 점이다. 이는 수원시가 아름다운 화장실 가꾸기사업의 성과를 내외에 널리 알려 수원시의 이미지도 제고시키고, 관광수입을 증대시키기 위해서이다.

수원시 홈페이지는 다양한 콘텐츠로 구성되어 있다. 그리고 영어, 일어도 제공하고 있으며, 텍스트 중심이나, 동영상도 제공하고 있다.

화성사업소는 수원 최대의 관광자원인 화성을 집중적으로 소개하고 있다. '화성과의 만남 / 화성행궁 소개 / 화성가상여행 / 행사 및 이벤트 / 테마여행 / 커뮤니티 / 자료실 / 화성사업소 소개' 등으로 나누어져 있고, 한글 서비스만 하고 있다. 내용 구성도 텍스트, 동영상만이 아니라, 화성을 가상여행 할 수 있도록 구성하였으나, 파노라마 기법으로 체험토록 한 것이 한계이며, 전체적으로 수원을 상징하는 화성을 특징적으로 부각시키지 못하는 점이 아쉽다.

## 2) 한국문화콘텐츠진흥원의 문화원형사업

2002년부터 한국문화콘텐츠진흥원이 우리문화원형 디지털콘텐츠화 사업을 시작하였다. 이 사업은 우리문화의 원형을 디지털기술을 이용, 콘텐츠화 하여 문화산업발전에 필요한 창작소재로 제공하기위해 시작한

것으로 1차년도인 2002년 모두 40개 과제를 선정 개발을 지원하였다.[7]

이 40개 과제 중 '화성성역의궤 이야기'가 들어 있다. 포스트미디어사가 개발한 것으로, 화성 공사보고서인『화성성역의궤』와『원행을묘정리의궤』를 현대적 감각에 맞게 디지털콘텐츠로 재구성한 것이다. 다양한 멀티미디어 기술과 전문 작가가 작성한 시나리오를 바탕으로 2D 및 3D 기법을 이용하여 데이터를 개발하였다

내용은 '반차도, 행차이야기, 화성이야기, 정조이야기' 4대 메뉴로 구성되어 있다. 정조가 융릉을 참배하기 위해 화성으로 행차하는 행렬을 그려놓은「반차도」를 2D · 3D와 동영상으로 재구성하였고,「반차도」에 나오는 주요인물에 대한 검색도 가능하게 하였다. 행차이야기는『원행을묘정리의궤』를 바탕으로 정조의 8일간의 여행을 시간과 공간축으로 검색이 가능하다. 화성이야기는『화성성역의궤』를 바탕으로 화성 건설 전 과정을 부분별로 검색하도록 구성하였고, 주요건물을 3D VR 체험과 2D 이미지 사진과 조선시대 군사 · 정치 · 경제 · 문화를 살펴보는 부가 메뉴가 들어 있다. 정조이야기는 정조의 삶을 시나리오화하여 구성한 것이다.[8]

### 3) 민간단체에 의한 콘텐츠 제작 사례

화성연구회는 화성을 연구하기 위해 수원시민이 중심이 되어 설립한

---

7) 박경하, 2003,「한국문화원형콘텐츠 개발현황과 과제」,『동북아 문화허브 구축을 위한 한 · 중 · 일 문화원형콘텐츠 개발과 문화사업정책』, 인문콘텐츠학회 · 한국문화콘텐츠진흥원, 4~8쪽.
8) 한국문화콘텐츠진흥원, 2004,『2003 문화원형콘텐츠총람』, 156~159쪽.

법인으로 연구, 조사, 발굴 사업 및 교육, 홍보, 화성 안내사업 등을 펼치는 수원의 대표적인 시민단체이다

화성연구회 홈페이지는 '화성연구회 소개 / 역사문화공부방 / 체험학습 프로그램 / 화성지도 사진 / 열린마당 / 화성강좌 / 자료실'로 구성돼있다. 내용은 다양하고 풍부하게 구성되어 있으며, 계속 업데이트하고 있고, 게시판도 활성화되어 있는 홈페이지이다. 텍스트와 2D이미지로 정보를 제공하고 있다.


## 4. 수원지역 문화콘텐츠의 특징

첫째, 지역문화자원의 콘텐츠화 제작주체는 중앙정부와 지방자치단체 등 공공영역과 개인, 기업, 단체 등 민간영역이다. 콘텐츠 양과 질은 대체로 전자가 후자보다 앞서며, 수원지역도 마찬가지이다. 수원지역에서에서 제작된 홈페이지 중 문화관련 홈페이지는 대체로 13% 내외로 추산된다.

둘째, 수원지역 문화콘텐츠는 수원시와 수원지역에서 제작된 각종 홈페이지에 구축된 콘텐츠보다 중앙 정부 또는 광역자치단체 예산으로 제작된 콘텐츠가 훨씬 다양하고 수원의 특징적인 모습을 잘 부각시켜주고 있다. 수원을 상징하는 화성에 대한 콘텐츠를 비교하면 뚜렷이 드러난다.

이는 타 지방자치단체 문화콘텐츠와 비교해도 분명해진다. 지방자치단체 홈페이지가 통상 지역의 역사, 민속, 축제, 문화유산, 특산물, 인물, 문화예술자원, 관광자원을 소개하고 있는 점은 수원시도 마찬가지이지만, 앞서 살펴 본 나주시, 목포시, 정읍시 등의 일부 기초지방자치단체가

지역의 특색을 드러내기 위해 특정 주제 중심의 특화된 콘텐츠를 제공하고 있지만, 수원시는 그렇지 못하다.

셋째, 출판물로 발간된 시·군지 내용도 일부 자치단체에서 홈페이지를 통해 서비스하고 있어, 인터넷에 접속할 수 있는 사람은 누구나 쉽게 그 내용을 접할 수 있다. 그런데 수원은 이러한 서비스도 하지 않고 있다.

넷째, 수원지역 콘텐츠는 텍스트·이미지·애니메이션·동영상·3D 모델링 등 다양한 형태로 제공되고 있으나, 인터넷으로 제공되는 콘텐츠의 경우 인터넷이 가지는 특징을 살리지 못하고 있는 것이 다수이다. 디지털의 장점은 정보를 멀티미디어로 가공하여 제공할 수 있다는 것인데, 아직도 문자와 2D이미지 중심으로 자료를 구축하고 있다.


## 5. 맺음말 : 수원지역 문화콘텐츠 제작 활성화를 위한 제언

첫째, 수원시를 포함한 자치단체가 문화콘텐츠 개발에 관심을 가지고 직접 개발하거나 개발을 지원해야 한다. 수원의 상징은 화성이다. 수원시는 화성행궁 복원을 위해 1996년 이후 화성행궁 복원사업에 총 325억 원을 투자하고, 2002년까지 문화재 보존관리를 위해 95억 원을 투자하며, 2003년부터 14년간 5,683억 원 투입하여 2016년 화성 복원을 완료할 예정이다.9) 이처럼 막대한 예산을 투입하여 화성을 복원하면서 화성문화유산의 디지털 콘텐츠화 작업은 소홀히 한다는 것은 생각해 볼 문제이다.

---

9) 강진갑, 2004, 「경기도의 지역문화자원 개발과 지역활성화 사례」, 2004년 3월 문화관광부 예술정책포럼 발표문 참조

둘째, 수원지역이 보유하고 있는 풍부한 문화유산을 소재로 문화원형 콘텐츠를 제작해야 한다. 앞서 언급한 화성은 물론이고, 효와 24반무예 등이 그 대상이 될 수 있다.

셋째, 지역 중심 문화콘텐츠 행사 및 이벤트를 지원해야 한다.

넷째, 문화콘텐츠의 기초자료를 구축하기 위한 디지털 아카이브를 구축해야 한다. 아울러 한국정신문화연구원이 추진하는 향토문화전자대전과 연계하여 수원지역 문화자원의 디지털콘텐츠화 하는 것을 검토해 볼 필요가 있다.

다섯째, 지방공무원을 대상으로 지역문화콘텐츠에 대한 지속적인 교육이 필요하다는 점이다.

(『수원학 연구』 창간호, 2005.1)

# 정조시대 전통무예전 평가[1]

## 1. 머리말

'정조시대 전통무예전'은 경기문화재단이 1999년부터 매년 수원 화성 문화제 기간 중 수원에서 개최한 지역축제이다. 이 행사는 정조가 실학 자 이덕무, 박제가 등에게 명하여 편찬한 무예 실학서인『무예도보통지』 에 수록된 24반무예, 그리고 우리 전통의 택견을 재연하는 행사로, 24반 무예를 복원·계승하고 있는 24반무예협회 경당과 한민족전통 마상무예 협회, 그리고 대한택견협회가 참여 하여 진행되었다.

1998년 이후 경기도는 조선후기 실학사상을 재조명하고, 이를 경기도 민에게 널리 보급하는 정책을 펼쳤다. 그래서 경기문화재단에서는 실학 관련 지역축제를 활성화시키기 위한 지원방안을 검토하였고, 1999년부 터 수원 화성문화제 기간 중 24반무예를 재연하는 무예전을 개최하게 된 것이다. 그리고 실학관련 지역축제 활성화 방안을 무예전 형식으로 개최

---

1) 이 글은 필자가 경기문화재단 재직 당시 담당했던 '정조시대 전통무예전'을 평가한 글이다.

하게 된 데에는, 이 무렵 대한택견협회가 경기문화재단에 "수원에서 무예축제를 개최하자"고 제안한 것이 직접적 계기가 되었다.

이 같은 배경 하에 개최된 '정조시대 전통무예전'은 실학사상이 발생하고 발전한 경기도의 정체성을 확립하고, 전통무예를 복원 계승하며, 수원 화성문화제의 문화관광 상품화에 기여한다는 다목적 하에서 매년 개최되었다.

## 2. 정조시대 전통무예전 개최

제1회 대회는 1999년 10월 9일(토), 경기문화재단이 주최하고, 대한택견협회를 비롯한 행사참가 무예단체로 구성된 정조시대 전통무예전 집행위원회의 주관으로 개최되었다. 행사에는 정조대왕과 혜경궁홍씨 등 2명, 국군전통의장대 43명, 육군취타대 34명, 육군 51사단 병력 100명, 민족도장 경당 무예18반 시연단 70명, 백제민족무예원 소속 기사 12명, 대한택견협회 시연단 100명 등 총 361명이 출연하였다.

행사는 10월 9일 오후 2시 수원 화성행궁에서 화성 연무대까지 25분 동안의 전통군사 시가행진을 하면서 막이 올랐다. 행진은 정조대왕과 혜경궁홍씨를 제외한 출연진 전원이 참여하여 진행되었다. 이어 오후 2시 40분부터 5시 10분까지 화성 연무대에서 전통무예가 재연되었으며, 개회식, 대한택견협회 택견 시연, 경당의 18반무예 재연, 백제민족무예원의 마상6기 재연, 국군전통의장대 전통검법 시연, 그리고 폐회식 순으로 진행되었다. 식후에는 시민참여프로그램으로는 관람객과 정조대왕 및 전통군사복장을 한 출연진과의 기념촬영이 있었으며, 약 1,500여 명 가량의 관중이 행사를 관람하였다.

제2회 대회는 2000년 10월 12일(목), 경기문화재단과 수원시가 공동으로 주최하고, 정조시대 전통무예전 집행위원회가 주관하여 개최되었다. 이날 행사에는 정조대왕과 혜경궁홍씨 등 2명, 국군전통의장대 및 취타대 75명, 육군 51사단 병력 200명, 24반무예협회 경당 시연단 50명, 한민족전통 마상무예협회 13명, 대한택견협회 시연단 50명 등 총 390명이 참여하였으며, 전년도보다 30여명이 늘어났다.

행사는 10월 12일 오후 3시부터 4시까지 1시간 동안, 제1회 때와 같은 구간인 수원 화성에서부터 화성 연무대까지 전통군사 시가행진을 하면서 시작되었다. 시가행진은 육군취타대, 국군전통의장대, 조선시대 장용영 외영 군사로 분한 육군 51사단 병력, 경당, 택견시연단 순으로 진행되었으며, 전년도와는 달리 행사에 참여한 단체들이 종로 4거리에서 간단한 시연을 하는 이벤트가 연출되었다.

이어 오후 4시부터 5시 40분까지는 연무대에서 전통무예를 재연하였으며, 개회식에 이어, 정조대왕이 활을 쏘는 어사(御射), 택견 시연, 국군전통의장대 전통검법 시연, 무예18반 재연, 마상 6기 재연과 출연진 전체가 출연하는 전체 합동시연, 폐회식 순으로 진행되었다. 폐회식 후에 시민참여프로그램으로 관중과 출연진들과의 사진촬영 순서가 있었으나, 이날 날씨가 매우 추워 폐회식 무렵에는 상당수의 관람객이 이미 귀가하였기에 제대로 이루어지지 못하였다. 이날 관람객은 약 2,000명이었으며, 행사가 평일에 개최된 까닭에 학생이 다수였다. 특기할 만한 것으로는 주한터키대사가 참관한 것이다.

한편 이날 행사는 경기문화재단의 의뢰로 수원방송(sbn) 프로덕션에 의해 비디오로 녹화되었다. 그리고 『무예도보통지』 편찬과 24반무예 복원·계승 과정을 덧붙여 15분 분량의 「다시 보는 우리의 무예-정조시대 전통무예전」이라는 제명의 다큐멘터리로 제작되었다.


## 3. 수원시민의 반응

2000년 10월 7~13일 사이에 개최된 제37회 수원 화성문화제 기간에, 한국문화정책개발원은 수원시의 의뢰를 받고 수원 화성문화제 관람객을 대상으로 행사에 대한 반응 조사를 실시하였다. 수원 화성문화제 기간 중 개최된 20개 행사 중 가장 재미있었던 행사에 대한 조사항목에서, '정조시대 전통무예전'은 '정조대왕 능행차 연시'와 '불꽃대축제'에 이어 3위 (11.3%)를 차지하였다. 특히 주목되는 것은 20대의 경우 전체 응답자의 15.3%가 '정조시대 전통무예전'을 재미있었던 행사로 밝혀 선호도 2위를 차지하였는데, 이는 수원 화성문화제를 대표하는 '정조대왕 능행차 연시' 보다 앞선 것이었다. 그리고 20개 행사 중 수원 화성문화제의 의미와 거리가 먼 행사에 대한 조사에서는 불과 0.5%만이 '정조시대 전통무예전'을 지적하였다.

이 조사를 통해서, '정조시대 전통무예전'은 화려하고 장엄한 전통군사 시가행진과 철저한 고증을 바탕으로 한 전통무예 재연으로 구성되어 있어, 수원시민을 비롯한 행사 관람객들에게 재미있으면서도, 전통문화를 재연하는 수원 화성문화제 개최 의미에 매우 부합하는 행사로 인식되고 있음을 확인할 수 있었다.[2] 즉 겨우 2년 만에 '정조시대 전통무예전'

---

2) 김규원 외, 2001, 『수원 화성문화제 평가 및 발전방안 연구』, 수원시, 83~86쪽.

은 장장 37회의 역사를 지닌 수원 화성문화제의 대표적인 행사로 자리
잡은 것이다.

## 4. 정조시대 전통무예전에 대한 평가

### 1) 독창성과 지역성

　'정조시대 전통무예전'은 우리의 전통무예를 소재로 하였다는 면에서
독창적인 지역축제라 할 수 있다. 물론 무술을 소재로 한 지역축제로 충
주세계무술축제가 있으나, 충주의 경우는 세계 무술축제이고, '정조시대
전통무예전'은 우리의 전통무예만을 소재로 하였다는 면에서 차이가 있
다. 흔히 한국에서 개최되는 지역축제는 '몇 개의 축제만 관람하고 나면
다른 곳의 축제는 가서 볼 필요가 없다'는 말이 나올 정도로 서로 비슷한
것과 대비되는 대목이다.

　'정조시대 전통무예전'은 수원과 지역적 연고가 있는 향토축제이다.
'정조시대 전통무예전'의 중심 무예인 24반무예가 수원 화성을 축조한 정
조가 실학자에게 명하여 편찬한 『무예도보통지』에 수록된 무예이며, 정
조가 창건하여 수원 화성에 주둔시킨 장용영 외영의 군사훈련과목이었
기 때문이다.

### 2) 전통무예 고증과 계승

　'정조시대 전통무예전'은 전통무예를 고증하여 복원·재연하였다. 이

는 행사에 주도적으로 참여하고 있는 무예단체들이 해당 무예를 철저한 고증을 통해 재연하였기에 가능한 일이었다. 특히 '정조시대 전통무예전'은 전통무예단체들이 중심이 된 행사이기에 무예 기량면에서는 일정한 수준이 확보되어 있다. 택견 시연은 매우 짜임새 있게 진행되었으며, 국군전통의장대의 전통검법 시연은 매우 절도가 있어 관중들로부터 큰 호응을 받았다.

그러나 24반무예의 경우 시연단이 대학생 중심으로 구성되어, 행사 사후 평가과정에서 보다 기량 있는 사범급이 시연을 주도할 필요가 있다는 지적이 제기된 바 있다.

그리고 1회 대회 때 예산문제로 인해 백제민족무예원 소속 기사를 초청한 바 있는데, 이들은 마상6기에 대한 훈련이 전혀 되어 있지 않아 마상6기의 재연이 제대로 이루어지지 않았다. 2회 대회부터 한민족전통 마상무예협회가 참여함에 따라 제 모습을 갖춘 마상6기가 재연되고 있다. 앞으로 보다 기량 높은 무예 고수들이 본 행사에 참여할 수 있는 제도적 장치가 마련되어야 할 것이다.


## 3) 교육적 의의

'정조시대 전통무예전'은 고증에 의해 전통무예를 복원·재연하고 있기에 학생들에 대한 교육적 효과가 높다. 2000년 제2회 대회 당시 많은 중·고등학생들이 관람하였는데 교육적 효과가 높다는 평가를 받은 바 있다.

## 4) 시민참여프로그램

두 차례 행사 폐회식 후, 관람객과 출연진이 함께 사진을 촬영하는 시민참여프로그램을 개설한 바 있으나 성과는 기대에 미치지 못하였다. 앞으로는 전통무예 시민 따라 하기, 전통무예 그림 그리기, 전통무예 백일장, 시민과 전통무예 출연진과의 촬영 사진 전시회 등 보다 많은 시민이 행사에 참여할 수 있는 프로그램이 기획되어야 할 것이다.

## 5) 행사추진 주체

행사 준비는 경기문화재단과 집행위원회, 그리고 수원시 등 3자의 긴밀한 협의체제 하에서 진행되어 왔다. 그리고 행사의 진행은 집행위원회가 중심이 되어 이루어졌다. 행사진행에 따른 문제점으로는 행사추진 주체에 시민의 참여도가 낮았고, 시민자원봉사자가 전무하였다는 것이다. 앞으로는 행사추진 주체에 자원봉사자를 포함한 보다 많은 시민이 참여할 수 있는 시스템이 갖추어져야 할 것이다

## 6) 홍보 및 안내

정조시대 전통무예전은 효율적인 홍보가 이루어지지 못하였다. 우선 2000년까지 수원 화성문화제가 1주일이라는 짧은 기간 동안 20개 이상의 단위 행사가 진행되어, 개개의 행사가 언론과 시민의 관심을 충분히 끌지 못하였는데, '정조시대 전통무예전'도 예외가 아니었다. 더욱이 '정조시대 전통무예' 홍보자료 중 플래카드를 제외한 행사자료집, 포스터

등의 홍보자료가 행사 날짜에 임박하여 급하게 제작 배포된 것도 홍보에 어려움을 주었다.

향후 인터넷을 이용하여 홍보를 하는 등 홍보방식을 다양화하고, 홍보물을 사전에 제작하여 적극 활용한다든지, 홍보전담팀을 구성한다든지 홍보에 많은 노력을 기울여야 할 것이다. 그리고 행사 자료집은 행사 관람객 모두에게 배포되어 행사 안내서 역할을 할 수 있도록 제작되어야 할 것이다. 또한 내용에 만화를 그려 넣는 등 어린이와 학생들이 흥미를 가질 수 있도록 디자인하는 것도 검토할 수 있다.


## 5. 맺음말

지역축제를 준비하는 많은 이들이 축제에 대한 장기적인 전망 없이 즉흥적으로 계획을 세우고 진행하고 있다. 그리고 축제가 끝나면 평가회조차 가지지 않고, 관련 자료를 덮어 두었다가 다음해 행사에 임박해서 다시 관련 자료를 살펴보고 축제를 준비하기 일쑤이다. 그러나 이는 매우 잘못된 것이다. 축제는 종료 후 반드시 철저히 평가가 이루어져야 하며, 장기적인 비전을 가지고 있어야 하고 단계적으로 그 비전에 접근해야 한다.

그렇다면 '정조시대 전통무예전'은 장기적으로 어떤 모습의 축제가 되어야 할 것인가?

첫째, 24반 무예와 택견 두 전통무예를 계승·복원하는 지금의 성격은 그대로 유지하는 것이 바람직하다. 만약 다른 무예를 행사에 포함시키게 되면 수원 화성과의 지역적 연계성이 흐려져 행사의 정체성도 타격을 받게 되고, 충주세계무술축제와의 차별성도 사라지기 때문이다. 그리고 권위 있는 24반무예와 택견 계승 및 보급지가 되기 위해서는 보다 기량 높은 사범급 고수들이 출연하여야 한다.

둘째, 시민들이 함께 하는 행사가 되어야 한다. 시민참여프로그램을 대폭 확대하여 행사가 무예인들의 재연 프로그램과 시민참여프로그램의 두 축으로 구성되어야 한다. 그래서 시민들이 보고 즐기는 지역축제가 되어야 한다. 뿐만 아니라 축제 준비과정에서도 자원봉사자를 모집, 적극 참여시켜 시민이 주인이 되는 축제가 되어야 한다. 이는 경비 절감 차원에서도 필요한 일이다.

셋째, 국제문화교류의 장이 되고 문화관광 진흥에 기여하는 축제가 되어야 한다. 24반무예는 조선 고유무술은 물론이고, 중국 및 일본의 무예 등 조선시대 동아시아 최고의 무예를 집대성한 것이다. 따라서 중국 및 일본 전통무술이 재연되는 '정조시대 전통무예전'은 홍보를 충분히 하면 중국 및 일본인들도 관심을 가질 것이다. 그리고 마상무예는 몽고인들이 관심을 가지는 종목이며, 택견은 우리 고유의 무술이어서 외국인의 호기심을 끌기에 충분한 대상이다.

그러므로 '정조시대 전통무예전'은 장차 동아시아 문화교류의 장으로 만들 수 있다. 그렇게 될 경우 당연히 문화관광 진흥에도 크게 기여할 것이다. 아울러 24반무예와 택견 관련 캐릭터 상품을 개발할 필요도 있다.

(2001.5.12. 24반 무예협회 주최
'24반 무예학술회의 수원화성과 24반 무예'에서 주제 발표; 2007.8 일부 개고)

# 21세기 지식기반사회
# 경기도 문화정책의 방향

## 1. 머리말

21세기에 들어 한국사회는 빠르게 지식기반사회로 전환하고 있다. 20세기 후반에 시작된 정보통신기술의 발달은 세계와 한국경제의 흐름을 자본, 노동, 산업설비가 주도하는 산업사회에서 지식과 창의력이 주도하는 지식기반사회로 전환시키고 있다. 문화산업, 그 중에서도 디지털 문화콘텐츠 산업이 우리 경제의 핵심 산업으로 부상하고 있으며, 문화예술분야에서도 인터넷으로 대표되는 디지털 문화예술분야의 비중이 증대되고 있다. 문화산업에서 중시되는 능력은 창의력인 바, 이는 문화적 감수성을 바탕으로 길러지는 것이기에 21세기 지식기반사회에서 국가의 문화역량은 국가 경쟁력의 원동력으로까지 일컬어지고 있다. 그래서 21세기를 문화의 시대라고도 부르는 것이다.

그렇다고 21세기를 문화의 시대로 부르는 이유가 문화가 문화산업 발전의 원동력이기 때문만은 결코 아니다. 지속적인 경제성장과 지식산업

사회로의 전환은 공장시설과 사무자동화를 초래하였고, 이는 노동시간 단축과 여가시간 증대를 가져와, 개개인은 이전보다 다양하게 문화를 향유할 수 있게 된 것도 21세기를 문화의 시대라고 부르는 이유의 하나이다. 한국사회도 주 5일 근무제가 확대 실시되면서 여가시간을 활용한 문화활동 참여가 다양한 형태로 이루어지고 있으며, 그 욕구는 점차 증대되고 있는 실정이다.

한편 정보통신산업의 발달은 어느 누구도 정보를 독점하거나, 차단하는 것이 불가능한 개방사회로 이행시키고 있다. 인터넷을 통해 전 세계 어느 지역의 문화도 아무런 장애 없이 우리 안방 깊숙이 들어와 있으며, 전 지구적 규모로 진행되는 세계화는 국가간, 문화권 상호간 문화 경쟁을 가속화시키고 있다. 이에 대응하기 위한 경쟁력 향상과 문화정체성의 확립이 시급한 과제로 제기되고 있다. 특히 경기도의 경우는 세계 속에서의 문화 정체성 확립 못지않게 한국사회 내에서의 지역정체성을 확보하는 문제도 중요한 과제이다.

경기도는 한국사회 공업화 결과 빠른 속도로 인구가 증가하였다. 해방 직전인 1944년 5월, 190여 만 명에 불과하였던 경기도 인구는 2002년 말 현재 1,000만 명을 내다보고 있다. 경기도의 높은 인구증가는 경기도 자체의 자연 증가의 결과가 아니라 외부 인구의 전입으로 인한 것이다. 이들 이주 경기도민, 그 중에서도 서울을 생활기반으로 하는 이들은 스스로가 경기도민이라는 의식이 매우 희박하다. 그리고 경기도가 문화적 흡인력이 강한 서울 주변에 위치한다는 지정학적 요인도 경기도의 정체성 위기를 초래한 원인의 하나이다.

최근 들어 남북 간의 긴장이 완화되고 교류가 활발해지면서 통일의 가능성이 점차 높아지고 있다. 남북 문화통합을 위한 준비 조치로 문화

교류를 단계적으로 추진하여, 남북 간의 문화적 이질감을 해소시키기 위한 노력이 요구되고 있다.

이러한 문화 여건의 변화에 대응하여 경기도는 다음과 같은 문화발전 전략과 목표를 수립할 필요가 있다. 첫째, 지식기반사회에 맞는 문화콘텐츠 중심의 문화체제 구축과 문화산업 육성, 둘째, 문화기반시설을 확충하고 다양한 문화 프로그램을 실시하여 도민의 문화향수 기회를 증대시키고, 어린이와 청소년의 창의력을 길러주며, 문화예술인들의 창작활동을 지원하는 체제 구축, 셋째, 경기도 문화정체성 확보, 넷째, 경기북부를 통일에 대비하는 문화전진기지로의 육성이다.

## 2. 문화산업 육성과 문화콘텐츠 중심의 문화체제 구축

21세기 지식기반사회로 접어들면서 문화콘텐츠산업 중심으로 문화산업이 개편되고 있어, 문화콘텐츠산업의 육성은 지역경제 활력과 지역발전을 좌우하는 과제로 제기되고 있다. 특히 출판, 영상, 게임, 음반 등 기존 콘텐츠에 디지털 기술이 결합된 디지털문화콘텐츠 분야가 문화산업에서 차지하는 비중이 빠른 속도로 증대되고 있으며, 디지털문화콘텐츠 시장의 성장률은 가히 놀랄만하다. 세계 시장은 1999년 6,470억 불에서 2001년 8,400억 불로 평균 28% 성장하였고, 국내 시장은 2000년 1조 3,000억 원의 규모로, 1998년도 2,000억 원 수준에 비해 무려 6.5배 규모로 성장하였다. 이제 디지털 문화콘텐츠는 21세기 국가경쟁력의 핵이 되었으므로, 이를 육성하기 위한 정책 수립이 시급히 요청된다.

그러나 21세기 문화콘텐츠 산업에서 경기도가 주도적 위상을 확보하기 위해서는 여기서 한 발 나아가 경기도 디지털 문화콘텐츠개발 중장기 종합계획을 수립하고, 문화콘텐츠 분야에 대한 집중적인 지원을 하여야 할 것이다.

디지털 문화콘텐츠 분야가 문화예술에서 차지하는 비중도 점차 증대되고 있다. 따라서 디지털 문화예술 활동에 대한 별도의 지원책 수립이 필요하다. 그리고 디지털 창작 활동과 경기도를 소재로 하는 문화콘텐츠 개발 지원, 디지털 예술제 개최, 경기도 예술인들의 창작품을 전 세계 어디서나 감상할 수 있도록 현재 경기문화재단에서 운영 중인 사이버 갤러리 아트 스페이스를 대폭 확장해야 하고, 경기도 영상 아카이브 설립도 검토해야 한다. 영상 아카이브란 디지털기술을 이용하여 사진 및 동영상 비디오 저장고를 만들고, 그 속에 저장된 자료를 다양하게 활용할 수 있도록 하는 일종의 영상박물관이다.

## 3. 도민의 문화향수기회 확대와 창작활성화를 위한 지원

경기도가 문화기반시설의 지속적인 확충을 위해 도립미술관, 도립국악당, 백남준 미술관을 건립하고, 지역주민 문화활동 지원, 문화예술인의 창작활동과 소외 계층을 위한 문화예술공연을 확대하기로 정책방향을 수립한 것은 주 5일 근무제 실시 확대에 따른 도민의 문화 향수 욕구 증대에 대응하고, 특히 IMF 위기 이후 빈부격차가 심해지는 이 시점에서 사회적 약자에게도 문화 향유 기회를 제공한다는 면에서 매우 의미 있는 조치로 여겨진다.

그러나 문화예술인들의 창작 활동을 활성화시키기 위해서는 지금보다 문예진흥지원금이 증액되어야 한다. 특히 경기문화재단이 2001년부터 우수 창작품을 대상으로 집중 지원하는 창작활성화제도는 더욱 확충되어야 할 것이다.

예술 시장 형성이 창작 활성화의 관건인 만큼 예술기획사를 지원하고 세제 혜택을 주어야 하며, 미술인의 해외 미술품 견본시장 진출을 지원해야 한다. 아울러 1시·군 1상주 공연단체 갖기 운동을 전개하여, 공연예술인들에게는 고정적인 수입이 확보되어 안정적으로 공연 활동을 할 수 있게 하고, 지역주민에게는 보다 많은 문화향유 기회가 제공되도록 해야 한다. 아울러 인디문화, 전위예술 등 젊고 창의적이고 실험적인 문화에 대한 지원도 필요하다. 21세기는 창의성을 지닌 자만이 문화예술을 주도하는 문화의 시대이기 때문이다.

그리고 미래 세대의 주역인 어린이와 청소년들에게 창의성을 길러주기 위한 문화예술 프로그램이 제공되어야 하고, 이의 확대를 위한 특별기금 확보도 검토해 볼만하다. 그리고 청소년 눈높이에 맞춘 청소년 문화예술제, 청소년 롤러스케이트 경진대회, 댄스 경연대회 등도 개최할 만하다. 아울러 온갖 불이익을 당하는 외국인 노동자들에게도 문화예술 향유기회가 제공되어야 하며, 장애우를 위한 장애우 문화제, 여성을 위한 여성 문화제, 노인을 위한 문화제 등 소외된 계층에 대한 문화제 개최도 필요하다.

## 4. 경기도 정체성의 확보

경기도는 경기도 역사·문화·예술 등을 체계적이고 종합적으로 연구하기 위해 '경기학'이라는 개념을 제기하고, 이를 연구하는 경기학연구소의 설립을 계획하고 있다. 그리고 경기도에서 발생하고 발전한 실학 관련 유물을 수집·전시하고, 실학연구 중심기관 역할을 할 실학박물관의 건립을 추진하고 있다. 경기도민들이 경기도를 대표하는 정신적 가치로 여기고 있는 효 문화유산을 수집·전시하고, 효를 새로운 가족공동체 복원운동으로 연결시킬 현대적인 서당교육을 실시할 효 박물관도 건립하고 있다.

아울러 경기도는 문화예술자원을 발굴하기 위한 다양한 사업을 계획하고 있다. 경기도의 전통문화를 복원하기 위해 안성 남사당놀이 다섯 마당을 복원하고, 경기소리 채록 채보, 토속 민요 및 농악에 대한 추가 조사 발굴을 실시하고 있다. 특히 정조대왕의 능행차를 서울서 화성까지 재연하여 세계적인 축제로 만들 계획을 세우고 있는데, 이러한 일들은 경기도 정체성 확립을 위해 필요하고도 시급한 일들이다.

아울러 경기도당굿과 구리시 갈매동도당굿을 공연작품화하고, 김포 통진 두레놀이를 하나의 오페라로 만들고, 재인청 춤 등 경기도 춤을 더욱 계승·발전시키면 경기도 문화예술은 더욱 풍부해 질 것이다.

## 5. 문화재의 체계적인 관리

경기도는 회암사를 발굴 복원하고, 남한산성, 수원 화성, 아차산성, 파사산성을 복원 정비하며, 전곡리 구석기유적지를 보존할 계획을 세우고 있다. 이는 경기도를 대표하는 문화유산을 보호하고, 나아가 관광자원화하기 위해 필요한 일들이다.

그런데 일부에서는 조선시대 이전의 문화유산만을 보존할 가치가 있는 것으로 여기고, 근현대 문화유산은 방기하고 있는데 이는 큰 잘못이다. 최근 경기문화재단에서 전통민가를 조사한 바 있는데, 학술적 가치가 있는 민가를 재조사하기 위해 현장을 다시 답사해 보니 불과 1~2년 사이에 전통민가가 현대적인 건축물로 탈바꿈한 경우가 허다하였다. 이처럼 근현대 문화유산은 빠른 속도로 우리 주변에서 사라지고 있으므로, 지금부터 체계적으로 조사하여 보존하는 조치를 취해야 할 것이다. 한국철도사의 훌륭한 문화유산인 연천역의 급수탑, 한국 산업사의 현장이 그대로 보존된 시흥의 염전 창고와 같은 근대 건축물은 시급히 보존 조치해야 할 소중한 문화자원이다. 그리고 개인 및 공공기관의 기록물을 수집 전시할 행정박물관, 근현대 생활사 자료를 수집·전시할 근현대 생활사 박물관 건립을 검토할 필요가 있다. 얼마 전 작고한 향토사학자 이한기선생이 남긴 근현대 생활사자료는 그 자체만으로 하나의 박물관을 건립할 만큼 방대하고도 가치 있는 자료이다.

아울러 문화재를 보다 체계적으로 관리할 수 있는 제도적 장치가 필요하다. 우선 문화재 지정을 확대하여 국가의 문화재 관리 범위를 넓혀야 한다. 현재 문화재법상 9,000평 이상의 토지를 개발할 때만 문화재 지표조사를 의무적으로 실시하도록 되어 있어, 9,000평 미만 개발지에서의 문화재 훼손은 심각한 상태이다. 그러므로 문화재 데이터베이스를 구축하여 이를 지방자치단체 건축 인허가 부서에 제공, 개발과정에서 문화재에 대한 정보가 없어 문화재가 훼손되는 일은 더 이상 발생하지 않도록 해야 한다. 아울러 모든 시·군에 학예사를 배치하여 전문성에 입각하여 문화재 행정을 펼칠 필요가 있다.

## 6. 경기북부를 통일지향 문화 전진기지로

남북 분단은 경기북부에 커다란 고통을 안겨주었다. 군사시설 보호구역 설정을 비롯한 각종 제약으로 경기북부는 경기남부에 비해 상대적으로 저개발상태에 머물러 있다. 이제 남북이 화해하고 통일이 전망되는 시기에 경기북부는 통일의 길목이 되고 있으며, 통일 이후에는 지정학적으로 보아 남북 통합의 중심지가 될 것이므로 이에 대한 대비를 해야 할 것이다.

비무장지대는 자연사의 보고이며, 하나하나가 분단 상징물이다. 현재 진행되는 경의선 복원 공사는 지구상 마지막 남은 분단 철책을 허물기 시작하는 세계사적 사건이다. 그런데 정부는 군을 동원하여 쫓기듯이 철로, 철목, 지뢰, 철조망 등 각종 분단 상징물들을 제거하고 있다. 경의선 복원에 국민적 관심이 모아져 있고, 세계의 이목이 집중되어 있는 지금, 적절한 시점에 경의선 복원과 관련된 이벤트를 개최할 필요가 있다.

경의선 복원과정에서 수집되는 부서진 기관차, 철로, 지뢰, 철조망 등 각종 분단 상징물들을 수집·보존하고 전시할 경의선박물관 또는 비무장지대 박물관을 임진각에 건립할 필요가 있다. 그러면 이곳은 20세기 한국을 상징하는 박물관이 될 것이고, 세계적인 관광지가 될 것이다. 이외에도 판문점, 통일촌, 대성동 등 각종 분단 상징 시설과 주거지 관련 자료를 지금부터 수집하고, 보존책을 세워 앞으로 이곳을 분단을 주제로 하는 거대한 테마파크로 조성하는 것을 검토할 필요가 있다.

남북문화 통합을 위한 준비조치로서의 문화교류는 단계적으로 추진해야 한다. 경기도의 경우 개성과 기전문화권의 문화유산을 비교하는 학술회의 개최, 문화유산 공동조사, 문화예술단체의 합동공연 등을 추진할 수 있을 것이다. 특히 구리 아차산에서 의정부-연천으로 이어지는 고구려 문화벨트에는 남한에서 유일한 고구려 유적 집적지로, 연천 호로고루 등 약 70여 개의 고구려 성이 모여 있다. 이 고구려 문화유산 벨트를 북한 평양까지 연결시켜, 공동 학술조사와 발굴, 각종 이벤트를 개최하면 훌륭한 남북문화교류 현장이 될 것이다.

## 7. 맺음말 : 동북아시아 속에서 경기도 문화 위상 확보

21세기 경기 문화 비전은 경기도 문화 정체성을 확립하고, 이를 바탕으로 동북아시아 속의 경기도 문화 위상을 확보하는 것이다.

우리는 흔히 경기도 정체성에 대해 오해를 하고 있다. 경기도의 정체성은 복고적이거나 배타적이지 않다. 경기도 개성 출신인 왕건이 건국한 고려는 폐쇄적인 신라의 골품제 사회를 종식시키고 보다 진전된 신분제도인 귀족제도로 이를 대체하였다. 조선시대에 들어 경기도에서 실학이 발생하고 발전하였으며, 조선사회 성리학 질서를 근본적으로 뒤흔들고 근대사회를 준비한 서학이 발생한 곳도 경기도 광주 천진암 일대이다. 이처럼 경기도 문화사는 개방적이며 진취적인 내용으로 채워져 있으므로, 새로운 문화를 준비하고, 다른 문화를 포용하는 특성이 바로 경기도 정체성인 것이다.

실학은 한국에서만 발생한 학문이 아니라, 중국·일본 등 동북아시아에서 공통으로 발생하고 발전한 학문이다. 장차 설립될 경기학연구소와 실학박물관이 중심이 되어, 동북아시아 3국 공동으로 실학을 연구하는 것도 동북아시아 내에서 경기도의 문화 위상을 높이는 한 방안이 될 것이다. 그리고 경기도와 중국 랴오닝성과 일본 가나가와현을 연결하는 문화벨트를 구성하고, 상호 활발하게 문화교류를 펼쳐, 젊은이들 사이의 교류를 활성화시킨다면 동북아시아에서 경기도의 문화 위상은 한층 더 높아질 것이다.

(『기전문화예술』 2002년 11·12월호)

# 경기도를 새로운
# 문화환경으로 디자인하자


## 1. 왜 문화환경인가

　21세기 문화의 시대에 접어들면서 사람들의 문화향수에 대한 욕구가 크게 증대되고 있다. 이전에는 문화예술 창작활동이 이루어지는 특정한 문화시설에서 공연과 전시를 관람하거나, 적극적인 사람의 경우 자신이 직접 창작 활동을 체험하는 정도에 그쳤으나, 이제는 자신의 생활환경이 문화환경이기를 바라고 있다. 300여 명의 문화예술인들이 파주 출판단지 인근 6만평 규모의 택지를 '헤이리 아트 벨리'라고 부르는 집단 예술인촌으로 조성하고 있는 일, 가을에 떨어지는 낙엽을 그대로 쌓아두어 가을의 정취를 물씬 느끼게 해주는 낙엽이 있는 거리 조성, 새로 분양되는 아파트 중 단순한 주거 공간이 아니라 문화환경을 갖추었다고 선전하는 아파트가 크게 인기를 끌고 있는 일, 이 모두가 생활환경을 문화환경으로 가꾸고자 하는 사람들의 기대의 결과이다.

　문화환경이란 용어는 학술적으로 충분히 정리된 것이 아니어서 다소

모호하기는 하지만 문화정책 분야에서 1990년대부터 사용하여 왔기에, 문화분야 전문가에게 생소한 단어는 아니다. 문화환경이란 말은 '문화를 위한 환경'과 '문화적 환경' 두 가지 모두를 포괄하는 개념이다. '문화를 위한 환경'은 문화 창작활동과 문화 향수활동이 이루어지는 문예회관, 미술관, 극장 등 특정한 문화시설을 지칭하는 말이고, '문화적 환경'은 처음부터 전통적인 문화유산이 잘 보존된 전통적인 문화환경이나, 평범한 환경이었지만 문화적으로 변하거나 개발된 환경을 뜻한다. 즉, 도시 안의 평범한 거리에 문화시설이나 문화상품을 취급하는 상점이 들어서면서 문화인들이 모이고 다양한 문화예술 활동이 펼쳐지는 문화거리로 조성되면 이를 '문화적 환경'이라 말할 수 있는 것이다. 이처럼 문화환경은 문화활동이 활발하게 이루어지는 개별 문화시설부터 문화거리, 문화지구, 문화마을, 문화산업단지, 문화도시, 문화벨트 등 공간 개념까지를 포함하는 매우 포괄적인 개념이다. 그러나 문화환경 속의 시설과 공간이 모두 문화적인 것들로 채워지는 것은 불가능한 일이고, 그 속의 시설 및 환경이 비문화적인 것 일색이어서도 곤란하다. 이처럼 문화환경이라는 용어의 개념은 다소 애매하지만, 마을과 도시를 문화마을, 문화도시와 같은 문화환경으로 가꾸는 일은 우리의 일상생활 자체를 문화적인 생활로 바꾸어준다는 면에서 큰 의미를 지닌다.

그런 면에서 문화관광부가 2002년부터 2004년까지 3년 간 문화환경 가꾸기사업을 국가정책 사업으로 추진한 것은 매우 시의적절한 일이라 생각된다. 이 사업은 국민들이 생활을 하면서 직접 접하는 생활환경을 문화환경으로 가꾸어 문화예술을 발전시키고 국민들의 문화향수 기회를 증대시키기 위해 추진하는 사업으로, '문화환경 조성사업'과 '문화환경 활용사업'으로 나누어 추진하였다. '문화환경 조성사업'은 문화지구 조성 및 문화기반 시설의 지속적인 확충, 문화환경 진단, 문화행사 기획, 일상 공간에서의 문화복지와 문화교육 실현을 내용으로 하고 있다. '문화환경 활용사업'은 문화유산 보존 및 활용, 전국 지역별 대표 문화환경을 선정 하여 특성화하는 사업, 문화환경 바로 알리기 사업 등으로 구성되어 있 다.

그런데 문화관광부는 문화환경가꾸기사업을 추진하면서 구체적인 정 책의 실효를 거두기 위해, 문화환경의 범주를 전통적인 문화유산이 보존 되어 있는 문화환경, 문화활동이 집중되어 있는 문화시설과 문화단체가 집중된 환경, 일시적으로 또는 지속적으로 문화향수와 창작이 이루어질 수 있는 환경으로 한정하였다. 이에 따라 광역자치단체나 기초자치단체 또는 그 이하 행정단위를 대상으로 문화도시나 문화벨트와 같은 문화환 경으로 조성하는 일은 문화관광부의 사업 대상에서 제외되어 지방자치 단체 몫으로 넘겨졌다. 지방자치시대에 지방행정 단위를 문화환경으로 가꾸는 사업을 중앙정부가 아닌 지방자치단체가 직접 수행하는 것은 차 라리 당연한 일이기도 하다.


## 2. 경기도 문화환경 어떻게 가꿀 것인가

경기도를 문화환경으로 가꾸는 일, 즉 문화도시로 새롭게 디자인하는 일은 시급하고도 필요한 일이다. 이는 21세기 문화의 시대를 맞이하여 도민의 문화 향유 기회를 증대시키고, 경기도의 문화적 정체성을 확립할 수 있기 때문이며, 문화정책을 효율적으로 추진하기 위해서이다. 경기도 를 문화환경으로 가꾸기 위해서는 먼저 경기도 전체에 대한 문화환경 진

단을 실시한 후, 문화환경 조성 기본계획을 수립하고, 이를 단기・중기・
장기계획으로 나누어 추진해야 할 것이다.

　신도시나 신축 아파트단지 등 새롭게 건립되는 공간은 기획단계에서
부터 문화적인 환경으로 조성하고, 신설 문화시설은 문화공간 배치 계획
에 따라 세워져야 한다. 기존의 시가지나 마을, 그리고 문화시설도 문화
환경 진단 결과에 따라 점진적으로 리모델링해야 한다. 이때 거리 간판
하나 하나까지도 지금처럼 우리 눈을 어지럽히는 현란한 간판이 아니라
문화와 향기가 풍기는 간판으로 바꾸어 나가야 할 것이다. 다음으로 문
화창작이 활성화되고 주민들이 문화 향수 기회를 증대시킬 수 있도록 다
양한 문화 프로그램이 곳곳에 배치되어 주민에게 제공되어야 한다.

　그러나 문화환경을 조성하기 위한 하드웨어와 소프트웨어 구축 전반
을 자치단체에서 부담하는 것은 불가능하며 그럴 필요도 없다. 자치단체
의 역할은 문화환경 조성에 필요한 진단을 실시하고 자료를 구축하며 법
적・제도적 장치를 마련하는 한편, 기반시설을 구축하고 필요한 프로그
램을 운영하는데 그쳐야 한다.

　나머지는 당연히 민간 분야에서 이루어져야 한다. 주민들이 가장 즐
겨 이용하는 문화시설인 극장, 활발한 문화예술 교육이 이루어지는 예능
학원 등 대부분의 문화시설이 민간자본에 의해 설립되어 운영되고 있고,
도시를 구성하는 건물의 대다수, 도시 미관을 결정짓는 중요한 요소인
거리의 간판도 대부분 민간 영역에서 만들어진 것이다. 이처럼 시・군・
구・읍・면・동과 같은 지방행정단위를 문화환경으로 가꾸기 위해서는
지방자치단체가 할 수 있는 일보다, 민간이 자발적이고도 주도적으로 참
여해서 이루어야 할 영역이 훨씬 넓다.

## 3. 몇 가지 제안

첫째, 민간의 역할이 크게 증대되어 자치단체와 더불어 문화환경가꾸기사업의 양대 주역이 되어야 한다. 앞에서 살펴본 바처럼 경기도를 문화환경으로 가꾸는 일은 자치단체가 직접 수행해야할 일보다, 민간 영역에서 해야 할 일이 더 많다. 건물의 외관을 문화적으로 바꾸는 일, 장르별 예술학원을 문화 프로그램 운영 장소로 활용하는 일 등 많은 분야가 민간의 자발적인 참여 없이 이루어지기 어렵다. 따라서 문화예술단체와 시민단체, 문화예술인과 관련 분야 전문가들은 지금보다 역량을 강화시키고, 필요시 새로운 조직을 결성해서 자치단체와 쌍방향 교류 속에서 정책을 생산하며, 때로는 독자적으로 때로는 자치단체와의 협조 하에 일을 추진해 나갈 필요가 있다. 이전처럼 문화예술인들이 자치단체가 주도하는 문화정책에 피동적으로 참여하여서는 문화환경가꾸기사업은 소기의 성과를 거둘 수 없다. 이제 자치단체와 문화예술·시민단체는 상호 대등하고 진정한 파트너로 거듭나야할 것이다. 이렇게 될 때 우리 사회 문화 분야의 민주화도 일보 전진할 수 있을 것이다.

둘째, 경기도 문화정책을 종합적으로 수립하고 집행하는 기구와 제도가 마련되어야 한다. 지금까지 경기도의 문화정책은 문화정책과에서 수행하는 문화재 발굴 보존, 문화산업, 문화기반 조성 및 각종 문화프로그램 기획과 지원, 교육관련 업무에 한정된 것으로 인식되었다. 그 결과 도민의 생활환경을 문화환경으로 가꾸는 일과 직결된 도시계획, 택지개발, 도로 건설, 공원 조성 및 관리 업무가 건설교통과 농정 차원에서만 다루어져 왔으며, 많은 문화예술프로그램이 운영되고 있는 자치센터는 자치행정 영역에서, 문화마을만들기사업은 주택정책 영역에서 문화정책과의 연관성 없이 추진되어 왔다. 그러나 도시계획, 택지개발, 도로 건설, 공원 조성 및 관리업무야말로 문화환경 조성 차원에서 접근되어야 하며, 자치 센터 운영이나, 문화마을만들기사업은 문화정책의 한 분야로 다루어져 야 한다. 그렇다고 이들 분야 업무를 문화행정기구에서 다루어야 한다는 것은 결코 아니며, 다룰 수 있는 성질의 것도 아니다. 다만, 추진과정에서 문화정책 차원에서 조정할 수 있는 제도적 장치가 마련되어야 한다는 것 이다. 이를 위해 먼저 경기도에 문화와 관련된 영역의 정책을 기획하고 조정하는 문화정책 기획조정기구의 신설이 검토되어야 한다. 아울러 도 시계획, 건축심의, 공원조성 및 관리, 자치센터 운영 등에 문화환경 전문 가가 참여할 수 있는 제도적 장치가 마련되어야 한다.

셋째, 기초자치단체의 자발적이고도 적극적인 참여가 있어야 한다. 왜냐하면 문화환경가꾸기사업의 실행단위는 기초자치단체 또는 그 하위 의 행정단위이기 때문이다. 이를 위해 경기도는 기초자치단체의 적극적 인 참여를 유도할 수 있는 제도적 장치를 마련할 필요가 있다. 각 기초단 체로부터 문화환경가꾸기사업의 계획을 제출 받아, 이 중 아이디어가 훌 륭하며 추진 의지가 확실한 단체를 선정하여 집중 지원하는 방안을 검토 해야 할 것이다. 그리고 각 기초자치단체는 지역 정체성에 기반 한 테마 가 있는 도시, 테마가 있는 마을로 조성하기 위한 계획을 수립하고 추진 해야 한다. 이때 수원은 성곽을, 구리는 고구려를, 화성은 효를, 파주는 분단과 통일을 각각 도시 테마로 설정할 수 있을 것이다.

(『기전문화예술』 2003년 1 · 2월호)

# 찾아보기

## 강진갑

경기문화연구소장, 문학박사.

한양대학교 사학과를 졸업하고, 2007년 2월 같은 대학교 대학원 사학과에서 「한국문화유산의 디지털 콘텐츠화 연구 - 경기도 역사문화체험 가상현실시스템을 중심으로」로 문학박사학위를 취득하였다. 한국사에서 디지털 콘텐츠를 주제로 한 최초의 박사논문으로 평가받고 있다.

경기도사편찬위원회 상임위원과 경기문화재단 문예진흥실장을 지냈으며, 지역사, 역사학의 디지털 콘텐츠화, 가상현실 역사학에 관심을 가지고 연구하고 있으며, 한국외국어대학교와 경기대학교에서 문화콘텐츠와 한국사를 강의하고 있다.

『한국문화유산과 가상현실』,『남한산성 품에 안은 산성마을』(공저),『아차산의 역사와 문화유산』(공저),『경기도 역사와 문화』(공저),「21세기 정보화시대 인터넷 향토지 편찬에 대하여」,「경기도 문화유산 가상현실 시스템 개발과 인문학자의 역할」,「지역문화진흥에 있어서 문화재단의 역할」 외 여러 편의 논저가 있다.

## 경기지역의 역사와 지역문화

초판인쇄  2007년 8월 15일
초판발행  2007년 8월 20일

지 은 이  강 진 갑
펴 낸 이  이 찬 규
펴 낸 곳  북코리아
등록번호  제03-01157호
주   소  121-802 서울시 마포구 공덕동 173-51
전   화  (02) 704-7840
팩   스  (02) 704-7848
이 메 일  sunhaksa@korea.com
홈페이지  www.ibookorea.com

값 15,000원

ISBN 978-89-92521-31-4 (93090)